組織論
補訂版

桑田耕太郎・田尾雅夫［著］

補訂版はしがき

　本書は，私たちが当初考えていた以上に増刷を重ね，多くの人たちに読まれることになった。想定外とはこういうことかもしれない。読んでいただいた人たちに大いに感謝しなければならない。しかし，多くの人に読まれた分，不都合な箇所に関する指摘もこれまでに多くいただいた。本書の枠組みそのものについて変更すべきところはないとは思う。したがって，改訂版を仕立てるほどのことはまだないが，部分的にいくつか修正を施して補訂版を出すことにした。さらにいっそう多くの人たちに読んでいただいて，組織論の世界を理解していただけることを願っている。

　2010年1月

桑田　耕太郎
田尾　雅夫

初版はしがき

　人は一生を通じて,さまざまな組織と関係する。病院,国家・行政機関,学校,企業,ボランタリー組織,その他,多くの組織との関わりなしには,私たちは生きていくことはできない。本書は,そうした組織の行動やそのメカニズムを解明する,『組織論』の教科書である。

　「現代は組織の時代だ」といわれて久しく,その重要性が指摘されてきたにもかかわらず,これまで組織論についての体系的なテキストが,わが国で出版されなかったのは驚きですらある。その意味で,『組織論』というタイトルのテキストを企画することは,それ自体かなり野心的な試みである。

　本書の最も野心的な試みは,その構成にある。本書の構成は,科学的管理法からはじまり,プロセス学派,近代組織論,コンティンジェンシー理論といった順に学説史を中心に編集されてきた経営組織論の伝統的テキストや,個人−集団−組織−環境といった分析レベル順に構成された従来のテキストとは,決定的に異なる視座に立っている。

　このテキストは,組織をいかに理解し,組織論をどう教育するかという視点から構成されている。私たちは,組織について学習し,理解するには,最初に環境との関係の中で組織の全体像を理解することが重要だと考える。組織の目標や構造・文化,組織内の人間行動も,組織と環境とのマクロレベルでの関係性を抜きには,理解できないと考えるからである。

　本書の構成は,第Ⅰ部を導入部とし,第Ⅱ部〜Ⅳ部で組織の静学

的理論，第Ⅴ部は組織の動学，第Ⅵ部で非営利組織のケースを紹介する構成になっている。第Ⅰ部では，組織の概念や分析方法について，基本的な理解を得ることを目的としている。第Ⅱ部では，組織と環境との関係を取り上げ，自律性を得ようとする組織と組織をコントロールしようとする環境との相互依存関係の中から，どのように組織目標や組織の有効性指標が決められるかを理解する。第Ⅲ部では，組織目標や有効性を達成するための，組織内メカニズムがどのように構築されているかを理解し，第Ⅳ部ではそれを実際に動かし，組織に生命を吹き込む人間の行動や組織内プロセスを取り上げる。第Ⅴ部では，組織の成長，発展のメカニズムと組織変革についての動学理論を紹介する。第Ⅵ部では，行政組織，医療や福祉のための組織，ボランタリー組織のケースを取り上げ，Ⅴ部までの理論が，非営利組織の分析にも適用できることを示す。

　本書のもうひとつの野心的な試みは，そのタイトルを『組織論』としたことである。本書の内容は，主に経営学の領域で蓄積されてきた組織論の研究成果を中心に書かれている。しかし，それは企業組織だけでなく，行政組織，医療や福祉のための組織，ボランタリー組織などの非営利組織の分析にも適用できるよう工夫されている。読者は第Ⅵ部で，こうした非営利組織の組織論のケースを見ることができる。

　本書は基本的に，組織論をはじめて専門に学習する学部大学生，大学院修士課程学生を対象にしている。これから組織論の研究者をめざそうとする大学院生，学部で必ずしも経営学や組織論を学習してこなかった社会人大学院生にとっては，本書は出発点としての基準となるだろう。また，企業組織や非営利組織の管理・運営，またその改革に関わる実務家にとっても，組織のメカニズムを理解する

助けとなるだろう。それは，本書が，組織に関する基礎的な理解からはじめつつ，組織変革や非営利組織など，学会や実務の世界における最先端の課題まで射程に入れているからである。

　このような本書は，文字通り組織的協働の所産である。コアとなったのは，すべての執筆責任を共同して負う著者である。組織である以上，個人に還元できない部分を多く含んでいるが，あえて分担を記すならば，第Ⅰ部・Ⅱ部・Ⅴ部は桑田が，第Ⅲ・Ⅳ部，第Ⅵ部は田尾が主に担当した。

　また，東京都立大学経済学部の加藤俊彦講師，三浦雅洋助手，京都大学大学院経済学研究科博士課程在学の西脇暢子さん，桑田ゼミナールOBの遠藤明子さん，伊藤佳美さんには，原稿を読んでいただき，コメントをいただいた。本書が少しでも読みやすくなっているとすれば，これらの方々のアドバイスによるものであり，記して感謝申し上げる。

　言うまでもなく，ありうべき誤謬は，すべて筆者の責任である。本書をテキストとして使用される研究者・教員，学生，実務家等の読者は，本書をよりよいものにする組織的協働の重要な参加者として期待されている。今後の改善のためにも，読者諸氏からご叱責をいただければ幸いである。

　最後に，『組織論』という野心的なテキストを企画された有斐閣，ならびに筆者たちのよきパートナーである書籍編集第2部京都編集室の秋山講二郎氏に，心より感謝する次第である。

1998年3月21日

桑田　耕太郎

田尾　雅夫

■著者紹介

桑田　耕太郎（くわだ　こうたろう）
1958年　東京都生まれ
1980年　横浜国立大学経営学部卒業
1985年　東京大学大学院経済学研究科博士課程修了
現　在　東京都立大学名誉教授，同大学院経営学研究科客員教授
主　著　"Strategic Learning: The Continuous Side of Discontinuous Strategic Change", *Organization Science*, November/December 1998, Vol. 9, No. 6.「ストラテジックラーニングと組織の長期適応」『組織科学』Vol. 25, No. 1。『現代経営学説の系譜』（共著，有斐閣）。『制度的企業家』（共編著，ナカニシヤ出版）。『創造する経営学』（編著，文眞堂）。

田尾　雅夫（たお　まさお）
1946年　香川県生まれ
1970年　京都大学文学部卒業
1975年　京都大学大学院文学研究科修了
現　在　京都大学名誉教授
主　著　『仕事の革新』（白桃書房）。『行政サービスの組織と管理』（木鐸社）。『組織の心理学（新版）』（有斐閣）。『モチベーション入門』（日経文庫）。『ヒューマン・サービスの組織』（法律文化社）。『企業小説に学ぶ組織論入門』（有斐閣）。『脱・会社人間』（福村出版）。『ボランタリー組織の経営管理』（有斐閣）。『セルフヘルプ社会』（有斐閣）。『公共経営論』（木鐸社）。『市民参加の行政学』（法律文化社）。『現代組織論』（勁草書房）。『公共マネジメント』（有斐閣）。

目　次

補訂版はしがき
初版はしがき

第 I 部　組織論の基礎

第 1 章　なぜ組織理論を学ぶのか

1 組織の遍在性 …………………………………………… 4
2 組織が与える影響 ……………………………………… 6
3 組織の研究方法 ………………………………………… 12

第 2 章　組織の定義

1 組織の定義 ……………………………………………… 19
2 意思決定と人間の行動 ………………………………… 26

第 3 章　組織均衡と組織論の枠組み

1 組織均衡と組織の存続 ………………………………… 42

2 オープンシステムとしての組織 ……………………… 48
3 組織構造の概念 ………………………………………… 56

第Ⅱ部　環境に組み込まれた組織

第 4 章　組織の戦略的選択　　65

1 組織理論の基本定理と環境の理解 …………………… 66
2 組織による環境の戦略的選択 ………………………… 68
3 境界の決定：取引コスト・アプローチ ……………… 71
4 環境の不確実性と組織の情報処理 …………………… 82

第 5 章　組織への環境からのコントロール　　91

1 資源依存と組織間関係 ………………………………… 91
2 個体群生態学モデル …………………………………… 104

第 6 章　組織目標と組織有効性　　119

1 組織目標の概念 ………………………………………… 121

2 組織目標の形成と変化………………………………… 125

3 組織の有効性指標…………………………………… 132

Column ① 価値と組織（140）

第Ⅲ部　組織構造のデザインと組織文化

第7章　組織構造と組織デザイン　143

1 組織構造の概念……………………………………… 143

2 サイズと組織デザイン……………………………… 147

3 デザイン要素と組織デザイン ……………………… 151

4 インセンティブ・システム ………………………… 155

5 官僚制システムを超えて …………………………… 157

第8章　組織デザインに影響を与える変数　163

1 目標の設定とライフスタイル ……………………… 163

2 コミュニケーションと意思決定 …………………… 168

3 技術要因，および，技術決定論の検討 …………… 171

4 コンピュータ化と技術革新 ………………………… 173

5 ジョブ・デザイン……………………………………………… 178

Column ② コンピュータ化（174）

第9章　組織文化　183

1 行　動　環　境 …………………………………………………… 183
2 組　織　文　化 …………………………………………………… 187
3 組織文化の形成 …………………………………………………… 190
4 組織文化の機能 …………………………………………………… 195
5 組織文化の革新 …………………………………………………… 198

第Ⅳ部　組織内プロセス

第10章　モチベーション　207

1 組織人になること ………………………………………………… 207
2 モチベーションの理論　その1　欲求説 ……………………… 212
3 モチベーションの理論　その2　過程説 ……………………… 216
4 組織コミットメント ……………………………………………… 220
5 モチベーション管理 ……………………………………………… 222

Columu ③ 燃え尽きる (211)

第11章 マネジメント・コントロール　229

1 対人的影響 ………………………………………………………… 229
2 リーダーシップ …………………………………………………… 231
3 カリスマ，あるいは，状況変革者 ……………………………… 236
4 職場集団のダイナミクス ………………………………………… 238
5 管 理 過 程 ………………………………………………………… 242

第12章 コンフリクト・マネジメント　249

1 パワー関係のダイナミクス ……………………………………… 249
2 コンフリクト・モデル …………………………………………… 251
3 個人間コンフリクト ……………………………………………… 256
4 集団間コンフリクト ……………………………………………… 259
5 コンフリクト・マネジメントの実際 …………………………… 263

第V部　組織のダイナミクス

第13章　組織の長期適応と発展過程　271

- **1** 組織の成長とライフサイクル・モデル ……………… 272
- **2** 経営戦略と組織のダイナミクス ……………… 276
- **3** 組織文化のダイナミクス ……………… 281
- **4** 比較静学モデルのまとめ ……………… 290

Columu ④　組織のデモグラフィー（294）

第14章　組織学習と変革　295

- **1** 組織発展の断続的均衡モデル ……………… 296
- **2** 組織学習論 ……………… 298
- **3** 安定的段階における組織学習 ……………… 303
- **4** 戦略的組織変革への障害 ……………… 307

第15章　組織の戦略的変革　317

- **1** 戦略的組織変革の必要性の認識 ……………… 318

2 革新的組織変革案の創造 ……………………………… 323
3 移行実施プロセスのマネジメント ……………………… 327
4 学習する組織と経営者の役割 …………………………… 332

第VI部　非営利組織

第16章　公的セクターの組織　339

1 公的セクターの基本的な成り立ち ……………………… 339
2 公的セクターの組織と環境 ……………………………… 341
3 行政サービスの構造 ……………………………………… 343
4 超高齢社会と地方自治体 ………………………………… 346

第17章　ヒューマン・サービスの組織　349

1 ヒューマン・サービス組織 ……………………………… 349
2 官僚制システムの特徴 …………………………………… 352
3 プロフェッションの組織 ………………………………… 355
4 経営管理の問題 …………………………………………… 358

第18章　ボランタリー組織　361

1　第三セクターへの期待 …………………………………… 361
2　ボランタリズム ………………………………………… 363
3　ボランタリー組織の経営管理 …………………………… 365
4　ネットワーク組織の展開 ………………………………… 368

終章　未来の組織と組織論の未来　373

1　組織論の基本的な考え方 ………………………………… 373
2　組織論の発展と人間観 …………………………………… 375
3　今後の課題 ……………………………………………… 379

索　　引 ……………………………………………………… 383

本書のコピー，スキャン，デジタル化等の無断複製は著作権法上での例外を除き禁じられています。本書を代行業者等の第三者に依頼してスキャンやデジタル化することは，たとえ個人や家庭内での利用でも著作権法違反です。

INFORMATION

●本書の特色

はしがきに示されているように，本書は，従来の科学的管理法に始まり，プロセス学派，近代組織論，コンティンジェンシー理論といった学説史順に編集されてきた経営組織論の伝統的テキストや，個人―集団―組織―環境といった分析レベル順に構成されたテキストと異なり，組織と環境とのマクロレベルの関係を重視した斬新な構成内容となっています。またそれは，行政組織，医療や福祉のための組織，ボランタリー組織など非営利組織についても分析されている点に現れています。

●サマリー

本書を理解する上で役立つよう各部の冒頭にサマリーが付いています。なお，本書の構成については，はしがきや第3章末尾で述べられていますので，あわせて参照してください。

●コラム

本文に関連して示唆しておきたい点や組織論のトピックを4項目取り上げています。

第Ⅰ部 組織論の基礎

組織論は，現代社会の基礎的構成要素としての組織を対象とし，その行動や構造，変化のメカニズムを解明する学問である。この第Ⅰ部は，組織論への導入として，組織論の研究対象である「組織」が現代社会において重要な制度となっていることを論じることから始め，組織論が何をどのように研究する学問なのか，それはどのような研究領域・課題を含んでいるのかを理解することを目的としている。

　第1章では，組織が現代社会において重要な制度であり，それを理解することの必要性がきわめて高いことを指摘する。第2章では，研究対象である「組織」の厳密な定義と，分析の立脚点となる「意思決定」の概念を導入する。第3章で，組織の存続条件，すなわち組織均衡論を，組織論の基本的な分析枠組としつつ，組織論の諸課題を明らかにしていこう。

第1章 なぜ組織理論を学ぶのか

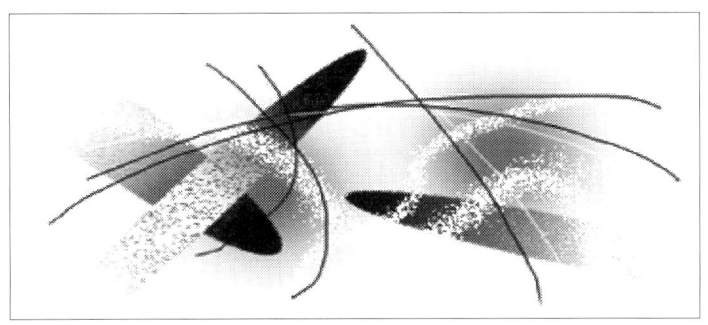

　組織論は,現代社会の基礎的構成要素としての組織を対象とし,その行動や変化のメカニズムを解明する学問である。組織についての厳密な定義は第2章に譲り,第1章ではまず,現代社会に生きる私たちが,なぜこのような組織理論を学ぶ必要があるのか,その理由を検討することからはじめよう。

　私たちが組織論を必要としている理由は,第1に組織が現代社会の基礎構成要素としてあらゆるところに存在し,第2に組織が私たちに与える影響が非常に大きく,その意味で重要な制度となっているからである。それにもかかわらず,第3にその行動のメカニズムや私たちへの影響を理解することが,必ずしも単純な仕方ではできないからである。だからこそ,私たちは組織理論を学ばなければならないのである。

1 組織の遍在性

　企業，大学，病院，政府，自治体，労働組合，警察，軍隊，ボランティア団体，宗教団体そして家族など，現代社会には，組織が満ちあふれている。現代社会は組織によって構成されているといってもよい（Boulding [1953]）。

　そもそも組織は，個人では達成できない仕事が，複数の人々が協働すれば実現されうると考えられる場合につくられる。現代社会の到るところに組織が存在するのは，現代社会が個人では達成できない仕事を多く生み出している社会だからである。

　これは現代社会において，第1に私たちが利用する技術が高度化しており，第2に私たちが処理すべき問題や社会環境の複雑性が増大してきているからである（Galbraith [1967]）。現代が「組織の時代」といわれるのは，社会におけるさまざまな機能（医療，教育，研究，行政等）が，技術の高度化と環境の多様化・複雑化のために，病院，大学，政府といった組織によって遂行されるからである。

1．技術の高度化

　私たちの生活を取り巻く生産物は，非常に多様かつ高度な技術的知識の結晶である。また新しい知識が開発される領域はますます広がり，知識が増加するスピードは加速化されている（Bell [1973]）。

　知識や技術が高度化すればするほど，個人で行えることは相対的に小さくなり，多様な人々の協働を必要とする問題が多くなる。たとえば自動車をつくるためには，機械工学，冶金工業，エレクトロニクス，化学，その他の最先端の科学技術知識を総動員する必要がある。それらのどのひとつの技術領域についても，高度な教育・訓練

を積まなければマスターできないし、そうした技術者でも、技術の最先端を極めるには多大な努力を必要とする。必要なすべての領域で、個人が最先端の知識や技術を修得することはほとんど不可能である。したがって、それぞれの分野の専門家による分業と統合のシステム、すなわち組織が必要になるのである。

2. 複雑性の増大

多様な要素間の相互依存関係が飛躍的に増大し、その複雑性が高まっていることも現代社会の大きな特徴である。このように相互依存関係が密な社会では、ある行為が環境のさまざまな局面に与える効果を分析しなければ、ひとつの政策さえ実行できない (Huber and Glick [1993])。

かつての世界は、地理的にも、また自然・文化・経済・社会・家庭などの局面でも、相互の関係性が現在より希薄であったために、それぞれの領域ごとに相対的に独立した特徴をもっていた。しかし、現代社会では、交通・通信技術の発展と、私たちが社会に与える技術的影響力の拡大とともに、一企業一個人の行為が、経済・社会・自然その他の局面に対し、全世界的規模の影響を与えることも可能になっている。したがって、私たちは環境の複雑さに見合った分業と統合のメカニズム、すなわち組織を必要とするのである。

大企業体制が現代社会のひとつの重要な特徴であることに異論はないであろう。現代の大企業は、その製品技術が多様で、それらは高度に複合化しているだけではない。そうしたビジネスを可能にするためには、莫大な資本、多様な専門能力をもつ人材、高度な生産設備が必要なだけでなく、その製品の販路を確保したり、顧客に多様なサービスを提供する必要がある。こうした多様な局面に対応するためには生産機能だけでなく、財務、人事、生産管理、マーケティング、研究開発などの諸機能を内部統合する必要がある。このように多様な機能を、個人で行うことは、ほとんど不可能である。こ

のような理由で，大規模な企業組織が生み出されるのである（Galbraith [1967]）。

2 組織が与える影響

　私たちが組織について理解する必要があるのは，私たちの社会や生活が，組織によって大きく影響を受けているからである。この節では，第1に組織から財・サービスの提供を受ける消費者として，第2に組織の中で働き，そこで所得等の報酬を受ける参加者として，第3に組織を通じて他者に何かを為さしめる経営者としての側面から，組織が私たちに与える影響について考えてみよう。このことは，組織論の主要な課題を展望することを意味する。

1．消費者として

　第1に組織の遍在性から明らかなように，現代社会で私たちが生活に必要とする財・サービスのほとんどは，組織によって生産・提供されている。わが国の治安は警察組織によって守られ，物質的豊かさや娯楽などは企業組織によって，社会的インフラストラクチャーの充実や平和，安全の保障は政治・行政組織によって，恵まれぬ人々の救済にはボランタリー組織や宗教組織によって，世界一の寿命は高度な医療組織によって可能となっている。こうした例は枚挙にいとまがない。現代社会がかつてより多少なりとも住みよい社会であるとすれば，それは私たちが，多くの組織を通じて実現されている製品・サービスの恩恵を受けているからにほかならない。

　第2に組織は，私たちの文化や社会にも影響を与えている。企業によって提供される自動車，鉄道，航空機等によって，私たちの生活空間は大幅に広がり，電話や，テレビ，コンピュータなどによっ

て人と人との社会的結合パターンは変化していく。

　芸術，スポーツなどの主要なスポンサーは，行政組織や企業組織である。「ブーム」や「流行」をつくり出すのも，企業やマスコミなどの組織である。「流行」という概念が，アメリカの自動車会社ジェネラル・モーターズの「Annual Model Change」という計画的陳腐化政策から生まれたことは有名である。またマスコミをはじめとするメディア企業によって世論が形成され，ときには善悪の判断といった倫理的な判断までがそれらによって影響を受ける。これらはいずれも，私たちの生活様式や思考様式が，組織によって大きな影響を受けていることの証拠である。

　このように組織は，私たちの社会生活に多大な影響を与えている。しかし，私たちの多くは，それぞれの組織の行動が，どのようにして計画され実現されるかについて，それがもたらす恩恵と問題点について，驚くほど少ししか知らない。ほとんどの場合，その財，サービスの品質やコストについて，受動的な関心しかもっていない。

　私たちが生活する社会は，これらの組織が公正かつ適切に，あるいは合理的に管理，運営されているという前提の上に成立している。その意味では，現代社会における諸問題は，こうした前提が崩れることから発生していると考えることができる。したがって社会を構成する組織の行動メカニズムを理解することは，現代人にとって不可欠の教養であるといえよう。

2．組織内部の参加者として

　私たちの多くは，組織の参加者として，人生の多くの時間を組織の中ですごしている。その結果，組織は私たちの行動，専門能力，生活パターン，社会的環境，価値観や思考様式，ときには人格にまで影響を及ぼすことがある。

　学校の生徒・学生，教員，事務員として，企業の従業員，管理者

として，病院の医師，看護婦，患者として，軍隊の兵士，警察官，公務員，官僚，政治家として，いずれも参加者として組織と関係をもっている。

　私たちが参加者として組織から大きな影響を受けるのは，第1に組織がとりわけ強力な影響過程をもっているからであり，第2にそのような組織の中で多くの時間をすごし，分業の一端を担っているからである。

　第1に組織がとりわけ強い影響過程をもつのは，そのコミュニケーションの経路と内容について高度の特定性がみられるからである（March and Simon [1958]）。人間の行動は，環境からの情報を主要なインプットとして決定される。組織の中の影響過程は，他の影響過程の拡散性とは対照的に，高度の特定性をもつがゆえに，個人の行動に重要な影響力をもってくる。

　たとえば企業組織において，顧客からの注文や上司からの命令が伝達される経路と，うわさ話が伝達される経路を比較してみればよい。前者は明確な経路を通し，特定の様式あるいは言葉によって，明確に伝えられる。これに対してうわさ話は，拡散的に伝えられ，その過程で，しばしば内容や言語が歪められるだけ，誰にどう伝わるのかも不明確である。

　組織内コミュニケーションの内容についての高度の特定性は，それとマスメディアを通じたコミュニケーションを比較してみればよくわかる。通常マスメディアが伝達する相手は，情報の送り手と同じ知識やテクニカルな語彙をもっている保証はない。送り手側も，受け手がどのような動機，性格の人間なのか具体的に知ることはない。そのため伝達されるメッセージは，「○○ビールはうまい」といった一般的な内容のものである。これに対して組織内の指示は，いつ，何を，どのように行うべきかについて，詳細に伝えたり，ま

た業界の専門用語や社内用語などのテクニカルな用語を用いて，関係者以外の者にその内容をわからなくすることもできる。また通常指示する者は，指示を受ける者の動機や性格，価値観などについて多くの情報をもっているため，よりきめ細かい表現を使ったり，報酬や罰を組み合わせることもできる。

影響過程の高度の特定性が，組織における人々の行動の予測可能性を高める。市場メカニズムと比較して，組織が複雑な環境に対して調整のとれた仕方で適応できる能力は，後に述べる構造的特徴とともに，この予測可能性があるからである。

組織内の機能と調整の高度の特定性が，そこに参加する人の行動に重要な影響を与えるとすれば，私たちは人間の行動を理解し，説明するためにも，組織について十分な理解をもたなければならない。

第2に，このように強い影響過程をもつ組織に長い時間参加していると，参加者はその行動だけではなく，個人の人格や価値観，思考様式にまで組織の影響を受ける可能性が高くなる。

私たちにとって組織は，そこに参加し労働サービスを提供することによって報酬を得る場である。また組織は，社会的分業の一端を担うことを通じて集団に所属するという社会的欲求を満たし，出世することによって他者に認められたいとする尊重の欲求，あるいは仕事のやりがいや生きがいを求める自己実現欲求などを満たしたり，ときに挫折感を味わったりする主要な場である（Maslow［1943］）。

組織がこのような場として私たちに多くの影響を与えるため，ときには個人と組織をめぐってさまざまな問題も発生する。たとえば，組織が要求する職務や人格と，個人としての人格との間に，葛藤や対立が起きる可能性がある（Argyris［1964］，McGregor［1960］）。組織内で個人に割り当てられる職務は，多かれ少なかれ断片的で専門化されたものであり，仕事としての全体性を欠いている。したがっ

て，ある職務は他の職務と調整される必要がある。一方，人間はある程度完結した仕事を遂行する上で，一定以上の自律性，独立性を維持し，自らの能力や柔軟性を伸ばそうとする。その結果，個人の価値観や信念が，組織における職務が要求するそれと矛盾することが起こりうる。

また一方では，組織に過度の忠誠を誓う人間類型が登場する可能性もある。組織に忠誠を誓い，精神的にも肉体的にも，家庭を捨てて組織のために働く人々を，ホワイトは「オーガニゼーション・マン」(Whyte [1956]) と名づけた。オーガニゼーション・マンは，「創造性の根源としての集団の信仰，個人の根源的欲求としての『帰属性』の信仰，さらにこの帰属性を達成するために科学を適用することの信仰」(p.9) をもち，すなわち「集団の論理」にしたがって行動するという。このような人間類型が増えるにしたがい，人々の思想の画一性が進む。組織や社会に順応するだけで，それらに反抗し，変革を生み出すエネルギーは失われるかもしれない。結果として個人と組織の間に，深刻な相克を生み出してしまう。

ホワイトが指摘するように，「問題は組織の中にあるわけではない。それは組織によせるわれわれの崇拝の中にある」。組織は人間が，人間のためにつくり出したものである。それを変えうるのは人間であり，組織と個人の相克を克服するためには，組織を理解することが必要なのである。

3. 経営者，管理者として

経営管理とは，「人々をしてあることを為さしめること」であるといわれる。それは経営者自らが商品を売買したり，加工し運搬するといった業務活動を行うことではない。経営管理とは，そうした業務が円滑かつ能率的に遂行されるよう，諸業務を計画，評価，調整し，また必要な諸資源の貯蓄，配分をする際の，意思決定およ

び行動を意味している。経営者がこのような管理活動を行う際に，「組織」という技術を利用するのである。たとえばウェーバー（Weber［1921（1972）］）のいう「官僚制」は，多くの従業員，課業，資源の調整を必要とするような組織状況に対して，技術的合理性にもとづくひとつの解決策を理念型として表したものである。

近代組織論の祖，バーナード（Barnard［1938］）が経営者の役割を解明する際に，組織の概念や理論から始めなければならなかった理由がここにある。経営者，管理者は，「自らの活動の本質的用具である公式組織の本質」について理解していなければならないのである。組織についての多くの研究が，社会学だけでなく，経営学・管理論の分野において盛んに行われているのも，こうした理由からである。組織論は，経営学や管理論の中核的基礎理論としての役割をもっているのである。

組織は特定の目的を達成するために，多くの場合，経営者たちのイニシアティブによって形成される人工的な存在である。しかし後に詳しく述べるように，一度組織が形成されると，そこには技術的，社会的，文化的，あるいは個人的な諸要因が，組織の中に持ち込まれ，結果として組織は非常に複雑な存在になってしまう。自らがつくり出したものであるにもかかわらず，経営者は組織をコントロールできなくなる可能性をもっている。

組織を形成し維持していくためには，経営管理能力が必要である。前に述べたように，社会の諸機能が組織を通じて行われる必要があるため，現代社会では経営管理能力が最も稀少な資源のひとつとなっている。そうした能力をもっている人々を，ガルブレイス（Galbraith［1967］）は「テクノストラクチャー」と呼んだ。彼らはその能力のゆえに，社会から存在を許され，大きなパワーをもって新しい社会階層を形成するにいたっている（Burnham［1960］）。

もし経営者の管理能力不足のために、社会的に有用な組織が失敗するとすれば、それは大きな社会的損失となる。たとえば、私たちの財産を預けている銀行が、経営者の無能力のために乱脈融資に走り、その結果倒産するようなことがあれば、その影響は個人の財産の問題から、国際的な信用秩序の崩壊にまで及ぶかもしれない。したがって、組織についての適切な知識をもつ経営者の育成と、彼らの行動の評価をすることが、現代社会にとって重要な課題となる。

　上に述べたように組織は、私たちの行動、生活、文化に大きな影響をもっている。したがって、組織の構造や機能、生成、変化、消滅のダイナミクスについて理解することは、現代社会を理解し、それを望ましい方向に発展させていくために、また組織に関わる個人として幸福な生活を送るために、必要不可欠の教養であるといえよう。そのために私たちは、組織論を学び、組織について研究する必要がある。

3 組織の研究方法

　組織について理解するためには、独自のディシプリンとしての「組織論」が必要なのであって、それ以外の方法によっては組織を理解することは難しい。この節では、他の科学によって一般的に採用されている方法論的個人主義と市場メカニズムを取り上げ、それらとの比較を通じて、組織論の必要性とそのイメージについて論じておこう。

1. 方法論的個人主義の限界

　方法論的個人主義とは，複雑な社会システムを，個人の行動に還元し，個人行動の総和としてそのシステムの行動を記述，分析する方法論である。たとえば，企業を資本家個人によって代表し，彼の効用が最大になるように（利潤最大化），企業は行動すると仮定することは，この方法論的個人主義によって可能になる。しかし，この方法では，現実の組織の最も組織らしい特徴，すなわち人々の行動が織り成す複雑で創発的な相互関係を理解することはできない（Coase［1937］）。

　企業における投資計画と利益計画の決定を例にとって考えてみよう。資本家にとっては，自らが提供する資本は少なく，逆に利益処分によって得られる配当は大きい方が望ましい。したがって少ない投資と高い利益を期待する。一方，消費者は高品質，高機能の財・サービスを，低価格で入手したい。すなわち，彼らにとって企業の投資は大きく，一方利益は小さいことが望ましい。原材料等の供給業者は，企業が設備投資などによって，より多く投資し，またコスト要因である原料等を大量に高く購入してもらいたい。したがって彼らにとっては，当該企業の投資は大きく，一方利益は小さい方が望ましい。

　一般従業員は，企業にとってのコスト要因である賃金を多く支払ってもらうとともに，ある程度の雇用の安定と昇進の可能性を確保したい。したがって一般従業員にとっては企業の投資は大きく，利益は一定水準以下にならないことが望ましい。企業の投資計画や利益計画は，これら企業組織に関する参加者の利害が調整される交渉プロセスを経て決定されるのである。

　このように考えると，企業の行動を単純に資本家によって代表し，利潤最大化をめざすと仮定する方法論的個人主義では，現実の企業

の行動を決定する状況を適切に描くことができないことがわかるだろう。現実の企業の行動を解明するには、具体的な組織目標がどのように決められるか、その組織的プロセスに焦点を当てなければならないのである (Cyert and March [1963])。

2. 市場メカニズムの限界

組織の目標形成プロセスの中心には、前述のように対立する要求・利害の調整がある。このような対立する利害の調整メカニズムとして最も一般的なものは、いわゆる市場メカニズムである。市場メカニズムは、商品をより高く売りたい売り手と、これをより低価格で購入したい買い手との利害の対立を、需要と供給の一致する点で決定される価格によって調整するメカニズムである。それでは組織内の利害調整プロセスを、市場メカニズムによって記述、分析できるであろうか。答えは否である。

企業組織の中では、部分的に市場メカニズムを導入して業務の調整を行うケースもみられるが、多くの場合、対立する利害の調整は「計画」と「権限」によって行われる。また、たとえば「来年度はA部門の利害を尊重するので、今年度はB部門の利害を中心に考えることを許してくれ」といった妥協や、時間の流れの中で利害対立を調整する方法（コンフリクトの準解決）、また政治的な説得などが行われる (Cyert and March [1963])。読者は、政府などの政策決定の場面で、こうしたさまざまな手法によって政策が決定されるケースを、容易に見つけることができるであろう。

組織内の計画・調整と市場メカニズムを比較するために、次のケースを考えてみよう。いまアメリカに本社のある多国籍企業A社が、日本に部品生産拠点B社を設立したと仮定しよう。A社はアメリカ国内で、競争相手と価格競争をしている。このときA社はB社から部品を輸入するが、社内振替価格を低く抑えるように

B社に指示するだろう。このような状況を長く続けると，市場メカニズムが機能する為替相場は，しだいに円高となる。一般に円高になれば，B社のドル建ての部品価格は上昇し，輸出数量は減るはずである。多国籍企業A社の場合，もしそうなればアメリカ国内の製品コストが上昇し，価格競争力を失うとともに，生産量が低下してしまう。したがってA社は為替相場とは関係なく，B社部品の振替価格を抑えつつ，数量的には従来と変わらぬ量の輸入を続けることになろう。その結果B社の日本国内での利益は低下し，一方で円高への強い圧力が続くことになる。

　このケースから，多国籍企業という組織内で行われるA社（買い手）とB社（売り手）で取引される部品の価格や数量が，親会社の計画と権限によって調整されること，それは市場メカニズムによって決まる為替相場の影響をほとんど受けないことがわかるだろう。もし現実の国際貿易の中で，このような組織的な取引が多いとすれば（現実には非常に多いのだが），為替相場は国際収支のバランスや各国の企業行動を調整する機能を失うことになる。適切な経済政策をつくるには，こうした取引を「組織」として認識し，理解することから始めなければならない。

　組織を理解するには，方法論的個人主義や市場メカニズムでは限界がある。組織と環境との関係，組織の行動メカニズム，組織内での人々の相互作用やその効果，そして組織内での成長，変化，発展を解明するには，独立したディシプリンとしての「組織論」を必要とする。本書は，このような組織論のテキストである。

　次章では，まず組織とは何か，その厳密な定義と概念，その分析ツールとして最も基本的な「意思決定」の概念を導入する。そこでは，人間の「合理性の限界」が，個人や組織の行動を説明する上で，

中心的役割を果たすことが明らかにされる。組織は自然に存在するものではないという意味で,「人工的」であり,合理性に限界のある人間の営為・努力によって形成・維持されるものである。したがって,組織に関する諸問題,諸現象は,組織を形成・維持するという視点から,統一的に理解されるのである。第3章では,組織が存続するための条件を明らかにするとともに,それから組織論が取り扱う主要な問題を導きだし,本書の構成を鳥瞰する。

● 参考文献 ●

Argyris, C. [1957], *Personality and Organization*, Harper & Row.（伊吹山太郎・中村実訳『新訳・組織とパーソナリティ』日本能率協会,1970）

Barnard, C. I. [1938], *The Functions of the Excutive*, Harvard University Press.（山本安次郎・田杉競・飯野春樹訳『新訳 経営者の役割』ダイヤモンド社,1968）

Bell, D. [1973], *The Coming of Post-Industrial Society*, Basic Books.（内田忠夫・嘉治元郎訳『脱工業社会の到来』ダイヤモンド社,1975）

Boulding, K. E. [1953], *The Organizational Revolution*, Harper & Row.（岡本康雄訳『組織革命』日本経済新聞社,1972）

Burnham, J. [1960], *The Managerial Revolution*, Indiana University Press.（竹山泰雄訳『経営者革命』東洋経済新報社,1965）

Coase, R. H. [1937], "The Nature of the Firm," *Economica*, Vol. 4.

Cyert, R. M. and J. G. March [1963], *A Behavioral Theory of The Firm*, Blackwell Business.

Galbraith, J. K. [1967], *The New Industrial State*, Houghton Mifflin Company.（都留重人監訳『新しい産業国家』河出書房新社,1968）

Huber, G. P. and W. H. Glick [1993], *Organizational Change and Redesign : Ideas and Insights for Improving Performance*, Oxford University Press.

March, J. G. and H. A. Simon [1958], *Organizations,* John Wiley & Sons. (土屋守章訳『オーガニゼーションズ』ダイヤモンド社, 1977)

Maslow, A. H. [1943], "A Dynamic Theory of Human Motivation," *Psychological Review,* Vol. 50.

McGregor, D. [1960], *The Human Side of Enterprise,* McGraw-Hill. (高橋達男訳『企業の人間的側面 (新版)』産業能率短期大学出版部, 1970)

Weber, M. [1921 (1972)], *Wirtschaft und Gesellschaft : Grundriss der Verstehenden Soziologie,* besorgt v. J. Winckelmann, Tübingen, J. C. B. Mohr. (世良晃志郎訳『支配の社会学』創文社, 1960, 他)

Whyte, Jr., W. H. [1956], *The Organization Man,* Simon and Scuhster. (辻村明・佐田一彦訳『組織の中の人間』創元新社, 1959)

第2章 組織の定義

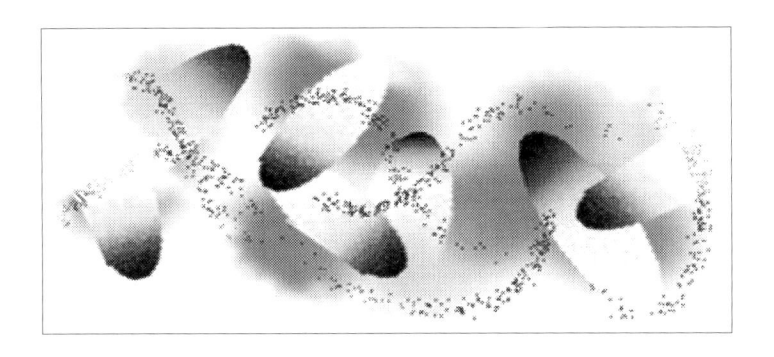

 この章では，まず組織論の研究対象である「組織」とは何かについて，厳密な定義と概念を導入する。次いで組織論研究における基本的な概念として，「意思決定」，「合理性の限界」，「満足化」の諸概念を導入していこう。

1 組織の定義

1．公式組織の定義

 企業，大学，病院，政府，労働組合などがすべて「組織」であるという場合，「組織」とはこれらに共通するある側面を意味している。企業や大学等は，それぞれ目的も違うし，必要とされる設備，そこに働く人々の特性，また彼らの社会的な相互作用パターンも異なっている。それにもかかわらず，それらを一般に「組織」と呼ぶのは，そこに「組織」と

呼ぶことのできる共通の何かが存在するからである。

厳密な定義を導入しよう。企業，大学，病院その他は，厳密には「協働体系（cooperative system）」という。協働体系とは，「少なくともひとつの明確な目的のために，2人以上の人々が協働することによって，特殊な体系関係にある物的，生物的，個人的，社会的構成要素の複合体」である。それぞれの協働体系に，前述した差異がみられるのは，この定義の中の，目的や物的，生物的，個人的，社会的構成要素，並びにそれらの特殊な体系的関係のあり方に差異があるからにほかならない。

したがって厳密な意味での「組織」は，あらゆる協働体系に共通した「2人以上の人々が協働する」という表現に含まれる体系として定義される。すなわち「組織」とは，

「2人以上の人々の，意識的に調整された諸活動，諸力の体系」
と定義される（Barnard [1938]）。

本書でバーナードの定義を採用するのは，第1にそれが比較的少数の変数しか含まないために，高い操作性をもち，第2に広範な具体的状況に妥当する本質的な概念であり，第3にその概念的枠組みと他の体系との関係が有効かつ有意義に定式化できるからである（稲葉 [1979]）。以下ではこれらのことを念頭において，組織の概念について若干詳しくみておこう。

2. 公式組織の概念

第1に，組織を構成する要素は，人間そのものではなく，人間が提供する活動や力である。個人は，パーソナリティ，個人的信念や価値観，身体的，性的，文化的特徴を兼ね備えたきわめて複雑な存在である。しかし組織を構成するのは，そうした個人ではなくて，その人が提供する活動である。個人と活動とを区別することが，最も本質的な点である。たとえば，ある組織において溶接作業を行うという職務を考えてみ

よう。組織として問題になるのは一定以上の品質の溶接が実現されるということであって、それを担当する個人がどのような個人的特徴をもっていようとも、直接には関係ないことがわかる。

　個人と、個人が提供する活動を明確に区別することから得られる最も重要な知見は、組織が成立するためには、個人から組織に必要な活動を引き出すことが必要だということである。すなわち「動機づけ (motivation)」が、組織論の主要なテーマのひとつとなる。いかに優れた能力をもつ人間がいても、その人の能力を十分に生かした活動を引き出すことができなければ、組織は失敗する。

　第2に、組織を構成する諸活動・諸力は、体系 (system) として互いに相互作用をもつことである。一般にシステムとは「相互作用をもつ要素の集合」であると定義されるが、それは相互作用をもつために個々の要素には還元できない全体としての特性をもつものである (Lange [1965], von Bertalanffy [1968])。組織が個人の努力の和以上の成果を達成できるのは、こうしたシステムとしての特性をもつからである。

　ボールディング (Boulding [1956]) によれば一般にシステムは、次の9つのレベルに分類される。(1)静的構造（絵画のような枠組みのレベル）、(2)単純な動的システム（時計のように、諸要素間の簡単な関係性に従い、予定調和的運動を繰り返すレベル）、(3)サイバネティック・システム（フィードバック制御装置のレベル）、(4)オープン・システム（細胞のように環境と新陳代謝したり、消化能力をもつ自己維持システム）、(5)遺伝－社会システム（植物のように多くの細胞の分業体系をもつシステム）、(6)動物システム（学習能力をもち目的志向的行動ができるレベル）、(7)人間システム（シンボル解釈やイメージ操作ができ、合理的行動が可能なレベル）、(8)社会システム（複数の人間が分業関係にある組織レベル）、(9)超越的システム（系統だった構造をもつが、経験的研究

ができない価値レベル)。後者にいくほど,高次元のシステムになり,イメージや情報が重要な役割を果たすという。

組織はこの第8番目のレベルに属するシステムであり,より下位の(1)から(7)のすべてのレベルの特徴をもつ。したがって,人間行動のシステムである組織は,技術的・機械的合理性を追求する内部構造をもつとともに,環境との相互作用をもつオープン・システムとしての側面,動機的・認知的有機体としての側面,利害関係の異なる人間同士の社会的相互作用の側面を合わせもつ。このように組織は,技術的合理性と社会的特性を合わせもつ「社会−技術システム (socio-technical system)」である (Emery and Trist [1965])。

ところで組織における相互作用は,必ずしもプラスの効果を生むとは限らない。ときには利害の対立や意見の不一致が起こり,組織が機能しなくなることもある。「コンフリクト」と呼ばれる現象がそれである (March and Simon [1958])。組織の参加者は,組織に必要な活動を提供するときに,何らかの報酬を受け取る。したがって各参加者は,自らに有利な報酬が得られるよう,組織に対して圧力を加え,個人的な動機や目的を,組織の行動に反映させようとする。その意味では組織を参加者間の利害対立,交渉,調整の場とみることもできる (Cyert and March [1963], Pfeffer and Salancik [1978])。

このようなコンフリクトを解決するには,政治的な妥協,説得,権力を背景にした交渉や強調,コンフリクトが発生しないような仕組みづくり(組織革新)などの方法がとられる。したがって望ましい相互作用の設計やコンフリクトの解決は,組織論の主要なテーマのひとつである。

第3に重要な点は,組織を構成する諸活動は,「意識的に調整」されていることである。人間の提供する諸活動を,ひとつの体系たらしめているのは,この「意識的調整」である。たとえば自動車

メーカーのエンジン部門は，生産すべきエンジンの台数，納期その他について正確に知っている。これはこの部門が市場の動向を予測したからではなく，その生産計画が，その企業内の他の部門での完成車生産計画と調整されているからである。

組織は計画や組織構造，コミュニケーションや権威を通じた影響過程など「意識的調整」のためのさまざまな手段をもっている。それらはまた組織論の重要なテーマを構成している。

したがって組織における行動は，重要な側面において参加者の「個人的」なものではない。たとえば，会社のために報告書を作成している事務員は，彼自身の個人的関心とはまったく関係のない場所，時間，形式，内容によって仕事をしている。その意味で「意識的に調整された行動」という場合，その担い手が特定の個人であっても，その行動は「個人的」なものではなく，「組織的」な行動なのである。

ところで一定期間以上，経験を共有した人々からなる集団では，各人の行動が「無意識的・暗黙的な調整」によって体系としての相互作用を生み出すことがある。この「無意識的に調整される諸活動の体系」を「非公式組織 (informal organization)」という。一方，本章で定義した「意識的」に調整が行われる組織をこれと対比して「公式組織 (formal organization)」という。以下，特に断らない限り，「組織」とは「公式組織」を指すものとする。

ここで組織の概念について，具体的なイメージをもつために，次の例を考えてみよう。ある道に，人の通行を妨げる岩がころがっており，その岩の片側にA，B，C，3人の男がそれぞれ自動車に乗ってやってきた状況を考えよう。いまAは家に帰るために，Bは恋人との待合せのために，Cは銀行強盗をして追手から逃れるために，その岩の反対側に行きたいという欲求をもっている。しかしそ

の岩は,ひとりの力では動かすことができず,3人の力を合わせれば,どかすことができるかもしれない。この状況では,3人の個人的な欲求,目的とは独立に,「岩をその道からどける」という共通の目的が存在する。このようなとき,組織がつくられる契機がある。

　岩を動かすにはどうしたらよいのだろうか。まず3人のそれぞれが,全力で岩を押すという活動を提供しなければならない（活動,力の提供）。また,岩を押す方向とタイミングを一致させ,3人の力を同じ向きに同時に合わせる必要がある（相互作用）。そのためには,事前にどの方向に押すか,岩のどの部分に力を作用させるかを打ち合せ,「1,2の3」といった合図とともに,力を合わせなければならないだろう（意識的調整）。これらの条件が整い,3人の提供する力が,意識的な調整によって,同じタイミングで,同じ方向ベクトルをもって相互作用し,合力が形成された瞬間に組織がつくられ,岩を動かすことができる。組織とは,岩が動き出してから,退けられるまでの間に存在する合力（意識的に調整された3人の力の体系）である。

3. プロセスとしての組織と経営者の役割

▶**プロセスとしての組織**

　上のケースから,組織の「プロセス」としての特徴を指摘することができる。すなわち組織は,一定の時間的広がりの中にのみ存在するということである。岩を動かすケースでは,岩の動きはじめから終わりまでの間に組織は形成され,途中で休憩があればその間は組織は存在しない。夜に工場が閉まっている場合,従業員が与えられた職務を遂行していないとき,組織は存在していない。企業や病院などの協働体系が,継続的に状態（state）として存在しているようにみえても,厳密にはその背後で組織がつくられては消え,またつくられるという繰り返しのプロセスが進行しているのである。

組織がつくられることを「組織化 (organizing)」と呼べば，組織は，繰り返し行われる組織化のプロセスのスナップ・ショットとして観察される。毎日，企業や役所で，前日と同じような行動の相互作用の体系がみられるのは，実態としてそのような体系が存在するからではなく，同じ相互作用パターンを繰り返し生み出す組織化への強い圧力がそこに存在するからである (Weick [1979])。組織構造とか組織文化は，こうした安定的パターンを生み出す主要な源泉として理解できる。

　継続的に存在する組織を，このように組織化が繰り返されるプロセスの中でとらえると，組織の安定と変化について，重要な視点を得ることができる。定常状態にある協働体系には，繰り返し同じ相互作用パターンを生み出すよう経営者が努力するとともに，非常に強い慣性が作用している。一方組織を変革するということは，そうした慣性をもたらす諸制度（組織構造や組織文化）を変革することを意味する。こうした問題は，本書の第Ⅴ部で詳しく論じられる。

▷経営者の役割

　組織における経営者，管理者の役割とは，協働体系が適切に機能するように，絶えず組織を維持することにある。一定期間以上存在する組織は，絶えず繰り返される組織化の努力によって維持されなければならないからである。

　組織は，(1)互いに意見を伝達できる人々がおり，(2)それらの人は行為を貢献しようとする意欲をもって，(3)共通目的の達成をめざすときに，成立する。読者は，前述の「岩を動かす状況」が，これらの条件を満たしていることを容易に理解できるだろう。すなわち組織成立にあたり必要にして十分な条件，「組織の三要素」とは，

(1)　伝達 (communication)

(2)　貢献意欲 (willingness to serve)

(3) 共通目的（common purpose）

である（Barnard［1938］）。

　結局，組織の形成は，組織の三要素を，そのときの環境条件に適するよう結合できるかどうかにかかっている。組織の存続はそうして形成された組織体系の均衡を維持しうるか否かに依存する。これこそが，経営者の役割にほかならない。

　以上，この節では「組織」ならびに「協働体系」の厳密な定義，概念について論じてきた。ところで日常言語では，軍隊を「兵士の集団」として考えるように，しばしば組織をそれに関係する人々の集団として考える。そこで本書でも以下では，意味の混同が生じない限りにおいて，組織を人間の集団として考える通常の慣習に従うことにする。

2 意思決定と人間の行動

　組織が人間の行動を構成要素にしていることを認めるならば，組織についての理論を構築するには，人間の行動について一定の仮定をおく必要がある。人間の行動をどのように考えるかによって，説明される組織現象も異なってくる。その意味で，人間の行動についての仮定は，組織現象を分析する基本的前提であり，また分析のツールを提供する。

　いうまでもなく人間の行動は，それ自体非常に複雑な全体性をもつものであるが，組織の概念で説明したように，組織分析にとって重要なのはその一部である。この節では，こうした意味で，組織論の前提となる人間の行動について論じる。

1. 意思決定の概念

「行動」を説明するには、行動の前段階にさかのぼって、なぜその行動をするにいたったのか、その理由を分析する必要がある。このように行動に先立って行われる行動の選択を「意思決定」という。人間は欲求を満たすために、意思決定する行動主体であると仮定するのである。

私たちが組織の中で特定の職務を行うのは、その組織をやめてほかの組織に移ったり、その組織の中で怠けるといったさまざまな可能性の中から、自らの欲求を満たすものとしてその特定の職務を行うという行動を選択したからだと考えるのである。

意思決定をするには、以下の5つの要素、すなわち「意思決定前提 (decision premises)」が必要である。

(1) 目標
(2) 代替的選択肢の集合
(3) 各代替的選択肢の期待される結果の集合
(4) 各結果がもたらす効用の集合
(5) 意思決定ルール

私たちが意思決定するというのは、追求すべき価値（目標）があり、それを実現する可能性のある代替的選択肢の集合が与えられたとき、その各選択肢がもたらすであろう諸結果を予測し、その結果がもたらす効用を計算した上で、何らかの基準に照らして望ましい選択肢をひとつ選択するのである。

このとき、採用する意思決定ルールによって、意思決定を「最適化」決定と「満足化」決定に分けることができる。私たち人間一般にとって、また組織論にとって重要な命題は、「たいていの人間の意思決定は、それが個人的なものであっても、組織的なものであっても、満足できる代替的選択肢を発見し、それを選択することと関係しており、例外的な場合にのみ、最適の選択肢の発見とその選択

に関係している」ということである（March and Simon [1958], 邦訳214ページ）。これは, 人間の合理性に限界があるからである。

▶最適化意思決定

意思決定に際し, 最大の期待効用をもたらす代替的選択肢を選択するという決定をする場合, その意思決定ルールは最適化ルールと呼ばれる。最適化意思決定は, これまで, 主に近代経済学および統計学の決定理論において研究されてきた。そこでは人間は, 次のように明確に定義された状況の中で選択を行う合理的存在, すなわち「経済人（economic man）」として考えられてきた。

1. 代替的選択肢の全集合が所与である。
2. 各代替的選択肢に, その諸結果の集合が付与されている。この点で既存の理論は, 3つのカテゴリーに分けられる。
   (a) 確実性の理論。意思決定者は, 各代替的選択肢の諸結果について, 完全で正確な知識をもっていると仮定する理論
   (b) リスクの理論。各代替的選択肢がもたらす諸結果の確率分布について, 正確な知識があると仮定している理論
   (c) 不確実性の理論。各代替的選択肢がもたらす諸結果の集合は知られているが, 特定の諸結果に明確な確率を付与することはできないと仮定している理論
3. 意思決定者は, 諸結果のすべての集合を, 最も好ましいものから最も好ましくないものまで順位づける「効用関数」ないし「選好関数」をもっている。
4. 意思決定者は, 次のような意味で好ましい諸結果の集合が得られる代替的選択肢を選択する。
   (a) 確実性の場合。最大の効用が得られる選択肢を選択する。
   (b) リスクの場合。期待効用が最大となる選択肢を選択する。期待効用とは, すべての起こりうる結果に付与されている効

用を，生起確率で加重平均した値として定義される。
(c) 不確実性の場合。合理性の定義に若干の問題があるが，一般的に知られているひとつの提案は，ミニマックス原理である。これは各選択肢に付与される最悪の諸結果の集合を考え，その「最悪の諸結果の集合」が他の最悪の集合よりも好ましい代替的選択肢を選択するルールである。

▶合理性の限界と満足化意思決定

　さて，私たちは現実の意思決定状況において，このような条件を満たす最適化意思決定を行うことができるであろうか。第1に私たちは，選択に際して，すべての代替的選択肢を知り，各選択肢がもたらすすべての結果を知っている（確実性，リスク，不確実性のいずれかひとつの意味において）であろうか。第2に，生起する可能性のあるすべての結果の集合に対して，完全な効用序列をつけることができるのであろうか。私たちが人間の能力について経験的に知っていることから考えれば，このような条件を満たす意思決定状況は，現実にはきわめて少ないといえよう。

　企業組織への参加，たとえば，大学4年生の就職活動を例に考えてみよう。

　第1に学生は就職できる可能性のあるすべての機会（日本国内でも数十万社はある）を知ってはいないだろう。現実には，親や大学教員，知人からの情報，企業の広告宣伝，就職情報誌からの情報などを活用して，代替的選択肢を探索しなければならない。それでも，せいぜい100社程度が候補として考えられるだけである。

　第2に，その候補企業について，もし就職した場合に，どのような結果が起こるかを正確に予測することは，ほとんど不可能に近い。多くの場合，初任給程度の情報は得られるであろうが，就職から定年までの長期にわたって起こりうるさまざまな結果を予測すること

はできない。たとえば入社後から,退職までの職務のローテーションや昇進,昇格の可能性と給与水準の変化,勤務地や所属部署,人間関係や結婚相手の可能性,等々について,就職という決定がもたらすさまざまな結果について正確に予測することは不可能だろう。現実には,非常に限られた不完全な情報と主観的バイアスのもとに,短期的で,具体的な結果予測を行うにすぎないだろう。

　私たちは第3の条件として,こうした多次元・長期的に生起する結果の集合を,明確に序列づける尺度を事前にはもっていないだろう。結果のある組合せが,ある時点でどの程度自分にとって好ましいかは,しばしばその結果が現実に起こって,経験して初めてわかるかもしれない。このように現実には,非常に限られた不完全な効用予測にもとづいて,就職企業を選択するのが一般的な学生の姿であろう。

　以上の例からわかるように,人間の知的能力には,私たちが直面する問題の複雑性と比較して,明らかに限界がある。すなわち人間の合理性には限界があるといえよう。これは人間有機体が,一時にひとつもしくは少しのことしかできず,また環境や記憶の中のほんの少しの部分にしか注意を向けられないという,神経生理学的制約をもっているからである。このことは,人間がまったく合理的ではないということを意味するわけではない。むしろ,私たちが関心があるのは限定された合理性(bounded rationality)の範囲内で,なお少なくとも意図的には合理的(intendedly rational)であろうとする人間の姿である(Simon [1947])。このように合理性に限界をもつ人間仮説を,先に述べた「経済人」に対して,「経営人(administrative man)」という。

　「合理性の限界」ないし「限定された合理性」の概念は,組織論において最も根源的な仮説のひとつとなっている。本書のはじめに,

そもそも個人ではできないが，複数の人々の協働によってならば達成可能な目的があるとき，組織はつくられると指摘した。この「個人ではできないこと」があるのは，個人の合理性に限界があるためである。その意味では，組織とはまさに，個人の合理性の限界を克服するためにつくられているといってもよい。そしてまた，組織現象に「組織らしさ」がみられるのは，組織もまた人間の合理性の限界を，完全には克服できないからである。それは組織が，合理性に限界のある人間の行動からなるシステムであるからにほかならない。読者はこのことを，本書を通じて理解することになるだろう。

さて人間の合理性には限界があるため人間は問題の複雑性のすべてをとらえることができない。この仮説から導かれる重要な帰結は，人間は問題の主要な局面のみをとらえた単純化されたモデルをつくり，その中で意思決定を行うということである（March and Simon ［1958］）。この単純化は次のような特徴をもっている。第1に意思決定ルールとして最適化ではなく，満足化（satisficing）ルールを採用する。第2に，代替的選択肢やその結果は，探索の過程を通じて逐次的に発見される。第3に組織や個人は，行動プログラムのレパートリーを形成し，反復的な意思決定状況では，それらを代替的選択肢として利用する。

▶満足化意思決定

最適化意思決定は，すべての代替的選択肢を相互に比較しうる諸基準の集合が存在しており，かつ当該選択肢がそれらの諸基準からみて他のすべての代替的選択肢よりも良いという条件を満たさなければならない。

このことを認めるならば，合理性に限界のある人間の意思決定は，限られた数の代替的選択肢を逐次的に探索し，各選択肢のもたらす結果および効用について限られた範囲内で期待を形成し，その効用

が一定の基準を越えていれば，その選択肢を採用するという仕方で行われることになる。このように一定の満足水準（satisficing level）を越える代替的選択肢を選択するという意思決定ルールは，「満足化」ルールと呼ばれる。

満足化ルールを採用すると効用関数は，連続的ではなく，段階的な形態をもつことになる。すなわち満足水準を基準に，満足するか否かという二値的な効用関数になる。したがってたとえば今年度実績で100億円の予算配分を受けた部門が，実績値を次年度の満足水準として設定しているケースを考えてみよう。この部門にとって，来年度の予算が10億円増加することから得られる追加的満足の絶対値と，同額削減されることからくる不満足の絶対値は，決して等しくない。前者では増加額が5億円であろうが10億円であろうが，満足していることに変わりはない。しかし後者の場合，満足の状態から不満足の状態に悪化するため，その損失の大きさは金額の絶対値とは比較にならないくらい大きい。このようなメカニズムが，満足化意思決定にみられるために，組織内では予算の下方硬直性がしばしば観察されるのである。

▶ **満足化と探索プロセス**

満足化ルールによる意思決定は，各選択肢を満足水準に照らして評価する。したがってもし探索された最初の選択肢が満足水準を越えれば，その時点で探索は停止され，選択がなされる。これに対して，最適化意思決定は，各選択肢を相互に比較し，最も効用の高いものを求めるため，可能性が残されている限り，すべての選択肢を検討しなければならない。

このことは満足化意思決定の質，つまり選択される代替的選択肢の内容は，満足基準のレベルだけではなく，その探索プロセスに高度に依存することを意味する。すなわち代替的選択肢を，どのよう

な順番で探索するか，どこから探索を始めて，どのような方向に探索を進めるかによって，最終的に選択される解が異なる。これは，最適化意思決定が，どのような探索プロセスを採用しても選択される選択肢は「最適」なものに限られるという意味で，探索プロセスにまったく依存しないのと対照的である。

　干し草の山の中から針を探すケースを考えてみよう。その中にある最も鋭い針を探す場合（最適化），すべての針を互いに比較して，最終的に最も鋭い一本の針を得るだろう。これはすべての針を検討するわけだから，干し草のどこから探索を始めても，唯一本の最も鋭い針にたどりつく。一方，ある布を縫うのに十分な鋭さの針を探す場合（満足化）には，干し草のどの部分から針を探し始め，次にどの方向に探索の範囲を向けるかによって，選択される針は異なるだろう。この場合「十分縫える」という意味の満足水準を満たす針が発見された段階で，探索は停止される。しかし一方で常に残された干し草の山の中には，選択された針よりも鋭い針が残されている可能性は否定できない。

▶行動プログラム

　ところで，代替的選択肢やその結果を予測する探索プロセスには，時間とコストがかかる。したがって，私たちにとって主要な関心は，限られた情報処理能力をいかに効率的に活用するか，すなわち，いかに効率的に注意（attention）を配分し，探索コストを節約するか，に向けられる。

　私たちの日常の行動の大部分において，この注意の配分は「行動プログラム」によって規定されており，それによって探索プロセスにかかるコストと時間は大幅に節約される。行動プログラムは，

　　　「もし条件がXならば，そのときYを行いなさい」

という形式で表現される。この条件節をプログラム喚起のステップ

といい，後半節をプログラム実施ステップという。プログラム喚起のステップには，その時点での目標や状況の諸制約条件が含まれ，プログラム実施ステップには，その条件 X のもとであらかじめ決められた満足水準を越えると期待されるひとつの選択肢が含まれる。したがって，行動プログラムをもっていれば，条件 X によってプログラムが喚起されると，注意の配分は，実施ステップのみに向けられ，ただちに行動が起こされる。このとき，複数の代替的選択肢を探索したり，その結果，効用を予測するための情報収集などは行われない。私たちの日常の反復的な行動のほとんど，そして後に述べるように組織内における多くの行動は，この行動プログラムによって支配されている。

私たちが，ほとんど自動的に行動し，意思決定している感覚をもたないのは，実は多くの行動がプログラムによって支配されているからである。ここで「プログラム」というのは完全な硬直性をもつものとして使われてはいない。むしろ，喚起ステップや実施ステップの規定の仕方によって，なお多くの自由裁量の余地が残された概念として用いられる。

以上のように，意思決定する人間に合理性の限界を仮定し，ほとんどの場合，満足化意思決定が行われると考えるならば，私たちは，動機づけられた人間の適応行動を次のように表現することができる。

(1) 意思決定主体の満足度が低ければ低いほど，代替的選択肢に対する探索活動はそれだけ積極的に行われる。
(2) 探索活動が積極化すればするほど，いっそう多くの報酬が期待されるようになる。
(3) 報酬の期待値が高くなればなるほど，満足度も高くなる。
(4) 報酬の期待値が高くなればなるほど，決定主体の希求水準も高くなる。

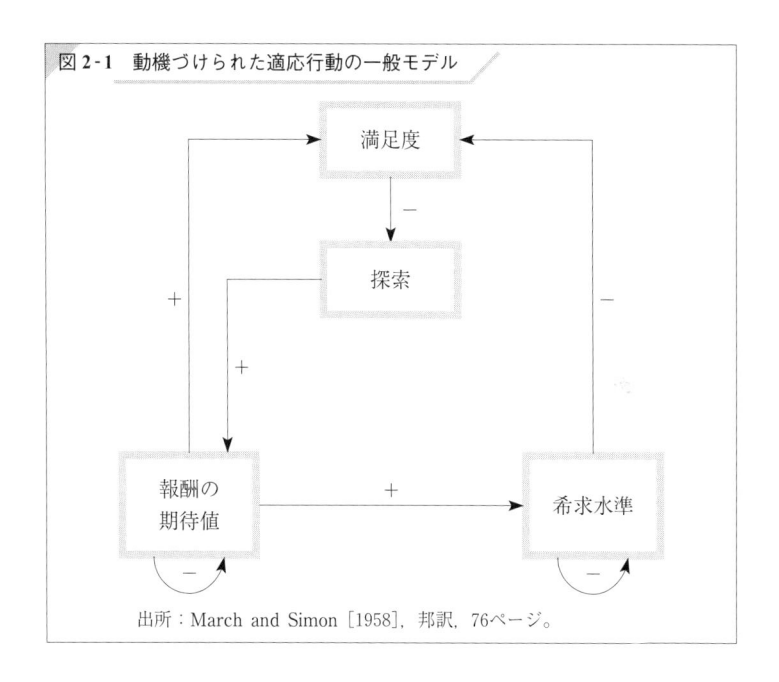

図2-1 動機づけられた適応行動の一般モデル

出所:March and Simon [1958],邦訳,76ページ。

(5) 希求水準が高くなればなるほど,満足度は低くなる。

このシステムを図示したものが,図2-1である。

▶人間行動の説明

　組織論は,人間の行動のほとんどは完全な合理性を前提とする最適化意思決定よりも,限定された合理性を前提とする満足化意思決定によって説明できると考える。組織はそもそも人間の合理性に限界があるから,すなわち個人の能力に限界があるから,複数の人間が協働しようとするときに作られるのである。このことは組織や人間の行動を説明する理論や,組織内の意識的調整の基礎となる「影響過程」について,最適化意思決定とは異なるインプリケーションが導かれることを意味する。

合理性に限界のある人間や組織の行動を説明するには，意思決定のプロセスを解明することがより重要になる。前述したように満足化意思決定では，意思決定の結果として行動内容が，意思決定プロセスのあり方に高度に依存しているからである。最適化意思決定の場合には，どのような意思決定プロセスを経ようと，結果として選択される「最適解」は定義上一義的に決まる。したがって完全な合理性を仮定する人間の最適化意思決定は，現実の意思決定プロセスがどうなっているかに関わりなく「合理的な人間は，このような選択をするはずだ」という説明をすることができるのである。新古典派経済学で，最適化の手法として「微分法」のような，私たちが日常頭の中で行っている方法と異なる計算方法を用いることができるのは，「最適化」ルールのもとでは，得られる解が計算方法（探索プロセス）にまったく依存しないからである。

　さて，意思決定プロセスを解明するということは，次のような問に答えることを通じて行われる。第1に，なぜある人はさまざまな欲求のうち特定のものを，特定の時間に喚起し，それを目標とするのか。第2に，その目標を達成する可能性のある代替的選択肢を，どの領域から探索を始め，いかなる順序でどの方向に向かって探索するのか，またそれはなぜなのか。第3に，その人は，起こりうる諸結果のうち，どの結果を予測しようとするのか。どの程度のタイムスパンで結果を考えるのか。どのような情報をいつ，誰からどのように入手し，いかなる論理にもとづいてその情報を解釈し，結果の予測に役立てるのか，それはなぜか。第4に，その人の効用体系はどのようになっているのか，諸結果を効用に対応させる際に，何を重視し，何に意味を見出すのか，その際に利用する情報はどのようなものか，それはなぜか。第5に，選択基準はどの水準にあるのか，またその水準の修正はどのように行われるのか，その理由は何

か。第6に,こうしたプロセスの全体が,どのような手続きや理論によって構成され,また資源が配分されるのか。こうした一連の問に答えるには,心理学,社会学,経済学,工学などのツールや理論を,総合的に活用する必要がある。このような意味で,組織論は,きわめて学際的(interdiciplinary)な学問であるということができる。

▶**影響過程と合成された意思決定**

人間の意思決定において,意思決定前提が探索されるプロセスによって,選択される行動が異なるとする考え方は,組織における基本的特徴である影響過程や動機づけ過程についても,重要な意味をもっている。伝統的には,賃金などの報酬さえ与えれば,人は従うはずだと考えられてきた。しかし,満足化意思決定を前提とすると,人の動機づけや影響過程は,はるかに複雑な様相を呈する。

人の行動に影響を与えたり,動機づけたりするには,その人の意思決定プロセスに介入し,その過程で喚起され,探索される意思決定前提に影響を与える必要がある。すなわち個人に影響を与えるということは,代替的選択肢の喚起される集合の性格や,喚起された代替的選択肢の知覚される諸結果の集合,各代替的選択肢が評価される基準となる個人の諸目的等を変えることを通じて行われるのである。

したがって組織において,たとえば生産量の決定などの意思決定は,ある人の意思決定の結果が,他の人の意思決定前提を変化させ,その人の意思決定の結果がまた他の人の意思決定前提を変化させるという仕方で行われる。このような意味で,組織における意思決定は,意思決定前提への影響過程を通じて「合成された」意思決定であるということができる(Simon [1947])。

企業の財務担当取締役が,工場建設の資金手当てとして,ある金額を借り入れる契約にサインすることはよくあることだろう。この

取締役は企業組織に代わってこの意思決定をし，組織をその決定に従わせる権限をもっている。それでは彼の意思決定はいかにしてなされたのだろうか。おそらく技術部門の部長は，彼の部門がデザインした特定の工場建物（見積り費用5億円）が必要だと決定する。技術部長の直接の上司である全般管理者は，その概要について技術工学的な側面では反対しないが，コスト面でそれだけの価値があるか疑問をもつ。しかしこの全般管理者は意思決定する前に，社長や何人かの取締役に，この追加投資のリスクを承認する気があるか打診し，また資金手当ての可能性や時期について相談する。その結果，彼はコストの削減を中心とする探索のやり直しを要求する意思決定をし，コストを4億円に切り詰めるよう技術部長に指示する。これを受けて技術部長は部下たちと再度提案を練り直す。こうして正式に提案が起草され，技術部長，全般管理者たちの承認を経て，取締役会に提示される。取締役会では議論の後，提案を承認するが，資金手当ての額については，コスト見積りのミスや建設資材等の価格変動のリスクを折り込んで4億5000万円にするよう修正する。コストが4億円以上かかると，その会社の資金繰りが苦しくなる可能性があるからである。次いで，議論を尽くした後，ある利子率以下での抵当借入によって，できればA社から資金調達することが決定され，財務担当取締役がこれに着手することを認可する。財務担当取締役はA社との交渉の末，取締役会で決められた条件を満たす契約を成立させる。こうして，彼は最終的に契約書にサインすることになる。

　結局最終の交渉を行いサインするという意思決定をするのは，財務担当取締役であるが，その意思決定はほとんど従属的なものである。このプロセスの中で，主要な決定は，どの個人または集団によってもなされたとはいえない。それは多くの個人，取締役会での意

思決定とそれらの相互作用を通じて導き出されたものである。組織それぞれの影響では、権威、手続き、非公式のコミュニケーションなどが利用されており、各意思決定主体の意思決定前提は、その前の段階で為された意思決定に依存している。組織における意思決定のほとんどは、この例が示すように、影響過程を通じて「合成された」意思決定なのである。

▶ま と め

この章でみたように「組織」は、「2人以上の人々の意識的に調整された諸活動・諸力の体系」である。人間の合理性には限界があるため、それを克服しようと組織はつくられる「人工的」存在である。しかし、その限界を完全には克服できないところに、組織に関して経験的に研究することのできるさまざまな現象が生じる。

このことから次章では、まず組織の存続条件について検討し、組織論の研究テーマが、組織の生存をめぐって展開されることを明らかにしよう。その過程で、この章で定義した組織の厳密な定義を、私たちが現実に観察する制度としての組織に適用するために、必要な諸概念を導入しよう。

● 参考文献 ●

Barnard, C. I. [1938], *The Functions of the Executive,* Harvard University Press.（山本安次郎・田杉競・飯野春樹訳『新訳 経営者の役割』ダイヤモンド社、1968）

von Bertalanffy, L. [1968], *General System Theory : Foundations, Development, Applications,* George Braziller.（長野敬・大田邦昌訳『一般システム理論：その基礎、発展、応用』みすず書房、1973）

Boulding, K. E. [1953], *The Organizational Revolution,* Harper&Row.（岡本康雄訳『組織革命』日本経済新聞社、1972）

Boulding, K. E. [1956], *The Image, Knowledge in Life and Society,* The University of Michigan Press.（大川信明訳『ザ・イメージ』誠信書房，1962）

Emery, F. E. and E. L. Trist [1965], "The Causal Texture of Organizational Environments," *Human Relations,* 18.

稲葉元吉 [1979]，『経営行動論』丸善。

Lange, O. [1965], *Wholes and Parts : A General Theory of System Behavior,* Pergamon Press.（鶴岡重成訳『システムの一般理論』合同出版，1971）

March, J. G. and H. A. Simon [1958], *Organizations,* John Wiley & Sons.（土屋守章訳『オーガニゼーションズ』ダイヤモンド社，1977）

Pfeffer, J. and G. R. Salancik, [1978], *The External Control of Organizations : A Resource Dependence Perspective,* Harper & Row.

Simon, H. A. [1947], *Administrative Behavior,* The Free Press.（松田武彦・高柳暁・二村敏子訳『経営行動』ダイヤモンド社，1989）

Weick, K. E. [1979], *The Social Psychology of Organizing,* 2nd ed. Addison-Wesley.（遠田雄志訳『組織化の社会心理学』文眞堂，1997）

第**3**章 　*組織均衡と組織論の枠組み*

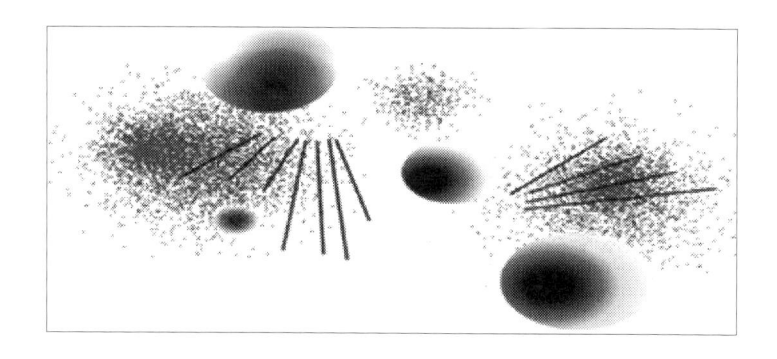

　この章では，組織および意思決定の概念を基礎に，本書の第Ⅱ部以降で取り上げる，組織の行動やそのメカニズムを解明するための枠組みとして，「組織均衡論」を紹介する。それにもとづいて，組織の生存条件としての有効性と効率性，組織の境界や組織構造といった主要概念と，組織論が取り扱う主要な問題・テーマと，それらの全体的関係を理解することができるだろう。ここで組織均衡論を基礎的枠組みとして紹介するのは，現段階で組織均衡論のみが，内部環境と外部環境を区別する境界，ミクロ（個人）レベルの問題とマクロ（組織）レベルの問題，組織の短期適応と長期適応問題などを統一的に把握できる唯一の理論だからである。

1 組織均衡と組織の存続

1. 組織均衡論

前章でみたように,組織が成立しているということは,その協働体系が有効かつ能率的に機能していることを意味する。したがって,私たちが組織の中で経験するさまざまな事象(コンフリクトとか動機づけ等)や,組織について観察しうる諸現象・諸制度(組織構造等)は,基本的に組織の成立・存続をめぐって現れる。また経営者や管理者が行う経営管理活動も,いかにして組織を成立させ,維持していくかという観点から展開される。したがって,組織論の主要な課題を理解するには,まず組織の存続条件について検討することから始める必要がある。

組織が成立・存続していくためには,どのような条件が必要になるか,この点を明らかにした理論が,組織均衡論である(March and Simon [1958])。ここで「均衡」とは,組織がその参加者に対して,継続的な参加を動機づけるのに十分な支払いを整えることに成功していること,すなわち組織が生存に必要な経営資源の獲得・利用に成功していることを意味している。

組織均衡論の中心的公準は,次の5つの言明によって示される(Simon, Smithburg and Thompson [1950])。

1. 組織は,組織の参加者と呼ばれる多くの人々の相互に関連した社会的行動の体系である。
2. 参加者それぞれ,および参加者の集団それぞれは,組織から誘因を受け,その見返りとして組織に対して貢献を行う。
3. それぞれの参加者は,彼の提供される誘因が,彼が行うこと

図3-1　組織均衡

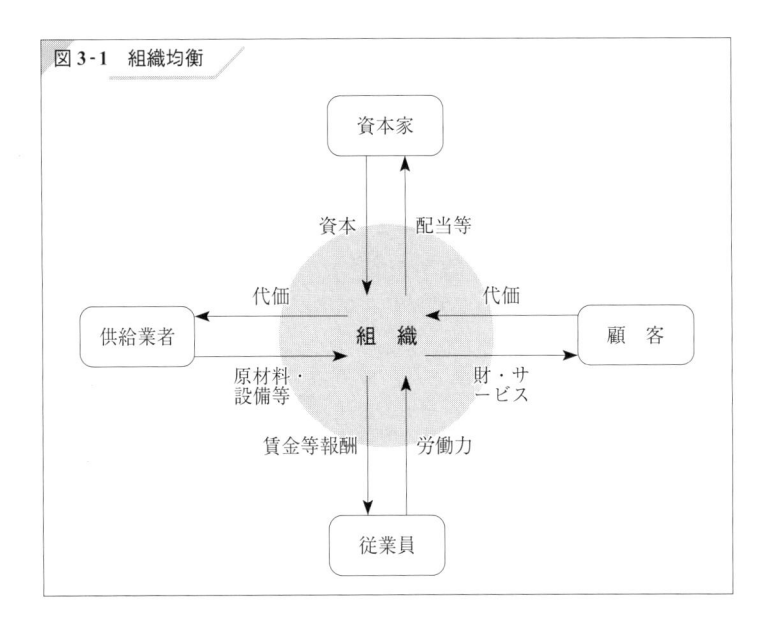

```
                    資本家
                  ↑     ↓
                  資本   配当等
                  ↓     ↑
     代価              代価
供給業者 ← ―――  組 織  ――― ← 顧 客
     →              →
  原材料・          財・サ
  設備等            ービス
                  ↑     ↓
                 賃金等報酬 労働力
                  ↓     ↑
                   従業員
```

　を要求されている貢献と，（彼の価値意識に照らして，また彼に開かれた代替的選択肢に照らして測定して）等しいかあるいはより大である場合にだけ，組織への参加を続ける。
4．参加者のさまざまな集団によって供与される貢献が，組織が参加者に提供する誘因をつくり出す源泉である。
5．したがって，貢献が十分にあって，その貢献を引き出すのに足りるほどの量の誘因を供与している限りにおいてのみ，組織は「支払い能力がある」――存在し続けるであろう。

　第1・第2の公準は，組織および参加者の定義である。前章でみたように組織は，参加者が提供する貢献（行動）のシステムである。参加者は，組織から提供される誘因と引き換えに，組織に対して貢献行動を提供する。この「参加者」の概念によれば，企業組織の場合，従業員，資本提供者，生産手段供給者のほか，顧客も参加者に

含まれることになる。資本家の組織に対する貢献は資本提供であり、彼らにとっての誘因は配当等である。従業員の貢献は労働力の提供であり、誘因は賃金などの報酬である。供給業者は生産手段を提供し、誘因としてその代価を受け取る。そして顧客は、商品を誘因として受け取り、貢献として代価を支払う参加者である（図3-1）。

第4の公準は組織が参加者の貢献をインプットとして、参加者の誘因をアウトプットとして生産する変換体系であることを示している。参加者からの貢献は、組織へのインプットであり、その組織が利用しうる経営資源である。したがって組織の規模や成長は、経営資源の量によって測定することができる。企業組織の成長は、利用資本や、使用生産要素、あるいは従業員数や売上高の増大等として理解することができる。

第3公準は、「その組織に参加するか（貢献を提供するか）否か」について、参加者個人の意思決定に関する公準である。参加者は組織から支払われる誘因がもたらす効用から、組織に対して提供する貢献効用を差し引いた超過分が正である場合に、すなわち I_i（i番目の参加者の誘因効用）$-C_i$（i番目の参加者の貢献効用）≥ 0 のとき、その組織に貢献を提供し続ける。

この $I_i-C_i=0$ となる点は、参加者が他の組織を去るか否かについて無差別になる点である。誘因－貢献の差引き超過分は、その参加者の価値意識（満足基準）に照らして決められる「移動の願望」と、彼に開かれた代替的選択肢によって決定される「移動の容易さ（他組織への参加の可能性）」という2つの要因の関数である。たとえば、伝統的な日本的雇用慣行にみられるように、他の組織に移動することが難しければ、たとえ現在勤務している組織の処遇に不満足を感じていても、その人はその組織にとどまることになる。一方、労働者の企業間移動障壁が低くなれば、現在勤務している企業に満足し

ている労働者でも,他の企業がより良い雇用条件を提示すれば,他企業に移る可能性は高まる。特に有能な労働者ほど,他組織への移動の容易さも多くなるため,そうした人材を引きとめるためのコストは非常に高くなる。

組織均衡の考え方は,企業の競争戦略についても適用できる。現在ある企業の商品を購入している消費者についてみれば,その企業の商品について価格面での満足度が高くても,他の企業がより低価格あるいは高性能の商品を提供すれば,その顧客は他企業に奪われてしまう。一方ある企業の商品－価格の組合せから得られる満足度が低くても,規制や独占等の理由により,他にそれに代わる商品の入手が難しければ,消費者はその企業の商品を購入し続けるだろう。企業の競争戦略とは,いかにして現在の顧客の貢献を維持しつつ,他の企業の顧客を自社の組織均衡に参加させるかに関わる意思決定にほかならない。

組織均衡論の第5公準は,すべての参加者について,$I_i \geqq C_i$が成立していなければ,組織は生存し続けることができないことを意味している。このことは次に述べるように組織が,一定以上の有効性と能率を達成しなければならないことを意味する。

2. 有効性と能率

組織の適応行動や組織構造,組織における管理活動や人々の諸行為は,第一義的に,組織の共通目的を達成するための手段としての側面をもっている。一般にある目的を達成する手段の組合せが複数存在するとすれば,特定の組織の特徴を理解するためには,どのような基準によって特定の手段の組合せが選択されたかを理解する必要がある。このことは,私たちを「有効性(effectiveness)」と「能率(efficiency)」の概念に導く。すなわち組織の諸特性は,組織目標を達成する可能性が高いという意味で,有効性の高い手段の集合から,より能率的なも

のとしてデザインされ、選択されたものとして理解できるのである。

組織の有効性とは、共通目的を達成するための手段の選択に関する概念である。ある手段が、組織の目標水準を達成するとき、その手段は有効であるという。企業組織の場合、たとえば、売上目標、利益目標、財務面での成長率・安定性目標、製品の品質基準、顧客満足度目標などが、組織目標として設定される。その企業組織がどのような活動を行うのか、そのためにどのような技術・設備を利用するのか、組織の構造やマネジメント・システムをどのようにするか等は、第一義的にいずれも組織目的を達成できるか否か、つまり有効性の観点からデザインされる。

その意味で有効性は、多かれ少なかれ、技術的な合理性と密接に関係している。したがって有効性を評価するには、どの目標についての有効性であるのかを明確にする必要がある。組織が具体的にどのような目標を設定するか、有効性を測定する指標をどのように設定するかについて詳細は第Ⅱ部で論じる。

ところで、第2章で述べたように、満足基準による意思決定を前提とすれば、ある目標について有効な手段は複数存在する。それら複数の手段の中から、具体的にどれが選択されるかについて決定するには、有効性以外の基準が必要となる。このことは、私たちを「能率」の概念に導く。

「能率」とは、一般に、インプットのアウトプットへの変換率（アウトプット／インプット）として定義される。組織均衡論で示したように、組織のインプットは参加者からの貢献であり、アウトプットは参加者に対して支払われる誘因である。組織が生存するためにはすべての参加者について $I_i \geqq C_i$ が必要であるから、組織は一定以上の能率を達成しなければならない。したがって組織における手段の選択は、有効性の基準を満たすものの中から、より能率的なもの

が選択されることになる。能率の基準は,一定の資源の使用から最大の成果を生む選択肢の選択を要求するのである（Simon [1947]）。

このように組織における「能率」は,組織活動を引き出すのに十分なほど,参加者の動機を満足させて,組織均衡を維持することを意味する。インプットとアウトプットがともに金銭やエネルギー等の客観的尺度で測定できる場合には,経済学や工学的観点から「能率」を比較的容易に測定できる。しかし,より心理的・個人的な動機や貢献は,客観的に測定することが困難である。さらに組織参加者の動機は,それぞれ異なっているから,「能率」を評価するには,誰にとっての能率かを考える必要がある。また各参加者の利害によってある参加者の立場からは能率的な手段が,別の参加者にとっての能率を損なうこともある。

したがってそれぞれの参加者は,自己の利害を組織の決定に反映させようとする。それぞれの参加者は有効性の基準をどのように決定するか,すなわち組織目標の設定と,組織が採用する能率の基準の設定を通じて,組織の意思決定に自己の利害を反映させようと努力する。したがって,組織の意思決定のガイドラインとなり,それを評価するための有効性と能率の基準をめぐって,さまざまな利害が対立する可能性がある。ある目標について有効な手段が,別の目標の達成を妨げるかもしれない。またある参加者にとって能率的な決定が,他の参加者にとっては,非能率的なものであるかもしれない。しかし基本的にすべての参加者について,$I_i \geqq C_i$が達成されなければ,組織は存続できない。したがって組織の管理者は,有効性と能率をめぐる利害の対立を調整するよう意思決定を行う必要がある。これが,組織における管理過程の本質であり,組織現象を理解する基本である。

2 オープンシステムとしての組織

「組織」の最も本質的かつ厳密な概念を理解したところで，私たちは次のステップに進むことになる。すなわちこの抽象的な定義から始めて，企業，行政組織，病院など，現実に制度として存在する協働体系（日常私たちが用いる意味での「組織」）を分析するために，より制度的レベルの諸概念を導入する。厳密な「組織」概念は，さまざまな協働体系に共通するサブシステムとして定義され，その意味で組織の最も本質的な側面，特徴，問題領域を描くことができる。しかし厳密な意味での「組織」が，そのまま現実社会に存在するわけではない。私たちが観察しうるのは，より制度的特性をもつ具体的な協働体系だからである。

1. 組織の境界

厳密な「組織」の概念を，具体的な協働体系に適用する際に，最も基本的となる概念は「境界（boundary）」である。前節でみたように，組織の行動やそのメカニズム，組織内の人間行動を理解するには，それらがデザインされる際の基準となる組織目標や，有効性と能率を評価する基準が，誰によってどのように決定されるかを説明する必要がある。そのためには，組織と各参加者との関係を詳細に検討する必要がある。

ところで前節までの抽象的理論では明確に区別してこなかったが，現実の組織では，必ずしもすべての参加者が，組織と等しい関係をもっているわけではない。従業員のように1日8時間以上も，組織の影響力のもとにいて，組織と運命をともにする参加者もいれば，顧客のように商品を購入する瞬間にのみ，その組織の参加者となる

者もいる。組織の政策決定に直接影響を及ぼす大株主のような利害関係者もいれば、受動的な一般株主のような参加者もいる。このような区別をより明確にするために、「境界」概念を導入しよう。

一般には、組織の内部と外部を区別する境界があることは、自明のように考えられている。しかし、組織の厳密な定義に「境界」概念が含まれていないことからもわかるように、組織の境界は決して自明でもなければ、アプリオリに決定されるものでもない。たとえばスターバック（Starbuck［1976］）は、組織の境界を決定することを、電磁場や雲の境を決定することにたとえ、その難しさを指摘している。その意味では境界の決定は、研究・分析の目的によって多かれ少なかれ恣意的になる。

ここでは「境界」について、まず主要な3つの基本的アイディアを示し、オープンシステムとしての組織の特徴を明らかにしよう。

▶厳密な「組織」概念における環境

一般にシステムの環境とは、そのシステムの行動に影響を与える変数の集合を意味する。前章で定義した厳密な「組織」の概念を採用すれば、組織は参加者が提供する行動のシステムであり、参加者自身は組織に含まれない。したがって組織に影響を与えるすべての参加者、その他の行動主体、諸要因は「組織」にとって「環境」を構成する。

しかし、それぞれの参加者についてみれば、その組織への参加の程度（たとえば1日のうち何時間位をその組織の行動提供に費やしているか）や、その組織の目標に影響を与える程度、その組織から影響を受ける程度や内容が、すべての参加者について等しいわけではない。したがって、「諸活動の体系」以外のすべての要因を環境とするこの概念では、その組織により深く関わり、強い影響を受ける参加者と、そうでない者、その組織の戦略行動に大きな影響を与える要因

とそうでないもの,これらの区別ができないことになる。

▶ドメインとしての境界

第2の「境界」概念は厳密な組織の概念に,「参加者」を加えたものを,「組織内部」とする考え方である。ここで組織均衡に参加する参加者,参加者から組織が受け取る貢献,組織が参加者に支払う誘因(報酬)という3つの要素によって決定される空間を,組織の「ドメイン」と定義しよう(Levine and White [1961], Thompson [1967])。

ドメイン:｛参加者,貢献(経営資源),誘因(生産物)｝

このドメインとしての境界概念を採用すれば,ある企業の内部には,その企業に出資している投資家,その企業の商品を購入する消費者,その企業に労働・サービスを提供する労働者,そして原材料・設備等を提供する供給業者等が含まれる。これに対して,外部環境には,その企業以外に出資している資本家,その企業の商品を購入していない消費者,他企業で働く労働者や学生などの潜在的労働者,その企業と取引関係にない供給業者等,現在取引関係にないすべての要因が含まれることになる。

ドメインによる境界概念を採用すると,組織における管理活動として,外部環境にある人々に働きかけて組織に参加させることと,組織内部に参加したメンバーから適切な活動を抽出することが,区別されることになる(Barnard [1938])。たとえばある企業A社のドメインの外にいる消費者は,A社の競争相手から商品を購入しているかもしれないし,またA社の供給している商品について情報をもたないために,それを購入しないのかもしれない。このような外部環境にある消費者に働きかけて,A社の商品を購入するようにしむけること,これは宣伝・広告等を中心とするマーケティングや競争戦略におけるエッセンスである。

同様にA社のドメインの外部にいる人々や組織には，たとえばA社が新しい製品分野に多角化戦略を採用した場合に，関係をもつ可能性のある供給業者や消費者が含まれる。またA社の株価しだいで出資したり，TOB（乗っ取り）を計画する可能性のある投資家，他社に勤務する従業員や失業者，あるいは学生などの潜在的労働者が含まれる。これらの対象の一部に働きかけ，A社のドメインを拡張したり修正したりすることを伴う組織の環境適応は，第4章で述べる経営戦略のエッセンスである。

▶意識的調整の及ぶ範囲としての境界

　組織の境界についての第3の考え方は，一般的な意味での「環境」のうち，組織の定義の中心的メルクマールである「意識的調整」が及ぶ範囲内を内部環境，その範囲外にある諸要因を外部環境とする考え方である。この「境界」概念が，私たちが日常用いる意味での「境界」に最も近い概念である。

　組織の意識的調整が及ぶ範囲は，組織と誘因・貢献を取引する参加者との関係性に依存して決定される。したがって組織の境界は，具体的に個別の取引関係を意識的調整という視点から検討することによって決定される。

　このことをみるために企業組織の場合を例にとり，組織の参加者と境界について考えてみよう。前節で指摘したように，最もプリミティブな意味で，企業組織に貢献行動を提供する参加者は，投資家，労働者，供給業者，顧客である（詳細は第4章を参照）。

　第1に現代企業の投資家は，オーナーマネージャーのような特別な場合を除いて，企業の外部環境を構成すると考えられる。株式会社制度の普及によって，いわゆる「所有と経営の分離」が進み，他方で技術の高度化・複雑化，多数機能をもつ複合化した組織の登場は，「専門経営者」の登場を促した（Berle and Means [1932], Burnham [1960])。結果として,投資家の意志や行動と,企業の戦略行動との結びつきは弱くなった。また企業組織からみると,投資家とは証券市場を介して取引を行うため,彼らを直接的な意識的調整のもとに置くことはできない。投資家は,どの企業に資本を提供しようと,まったく自由である。しかし,証券市場における擬制資本の運動にみられるように,彼らの行動は,企業組織に直接的影響を与えることも少ない。その意味で,一般投資家は企業組織にとって外部環境を構成すると考えられる (Gordon [1961])。

第2に,潜在的な労働サービスの束をもつ者として,通常の労働市場にある単なる労働者は企業の外部環境として,一方雇用契約にもとづき従業員として内部労働市場に参加している者は内部環境として考えることができる。従業員を単なる労働者や他の組織参加者から区別する基準は,「雇用契約」に求められる (Williamson [1975], Simon [1957])。雇用契約は権限関係を受容するという形式の特殊な契約であり,従業員は組織が行使する権限に服することに同意し,組織は従業員に一定の報酬を支払うことに同意する契約である。この雇用契約があるために,従業員は勤務時間,場所,内容,方法その他の行動について,非常に強い調整力のもとに置かれるのである。

第3に顧客は市場危険の源泉であり,企業にとって最も重要な参加者であるが,戦略上主要な外部環境を構成している。商品として財・サービスの提供を受け,その代価を支払うという顧客の貢献は,明らかに企業による意識的調整の範囲を越えている。企業と顧客の取引を媒介する製品市場には,株式会社や証券市場のような制度的クッションもなければ,雇用契約のように権威関係にもとづく安定的な取引関係が存在するわけでもない。顧客はまったく自由であるとともに,彼らの行動は企業組織の行動や生存可能性に直接的影響

図 3-2 組織と環境

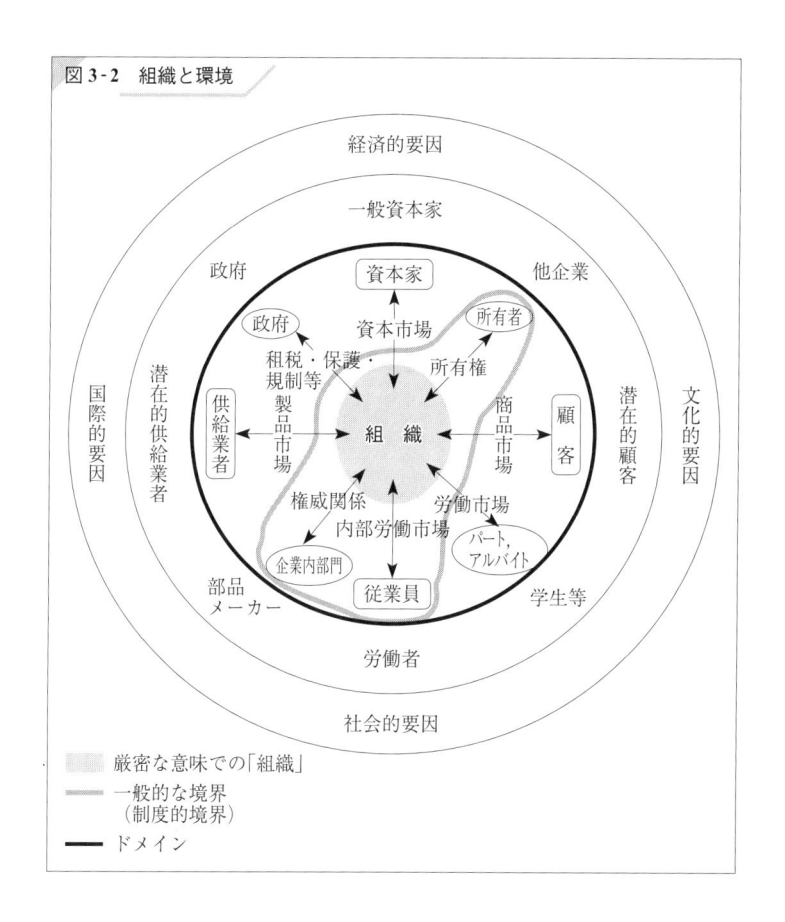

- 経済的要因
- 一般資本家
- 政府／他企業
- 国際的要因／文化的要因
- 潜在的供給業者／潜在的顧客
- 部品メーカー／学生等
- 労働者
- 社会的要因

中心部：
- 資本家（資本市場）
- 所有者（所有権）
- 政府（租税・保護・規制等）
- 供給業者（製品市場）
- 組織
- 顧客（商品市場）
- 企業内部門（権威関係）
- 従業員（内部労働市場）
- パート，アルバイト（労働市場）

凡例：
- 厳密な意味での「組織」
- 一般的な境界（制度的境界）
- ドメイン

をもっている。

一般に供給業者は，市場を介して企業と関係するため，外部環境の構成員として扱われる。ある企業にとって特に重要なインプット資源の取引市場は，ウィリアムソン（Williamson [1975]）のいう取引の「特異性」が高く，不完全競争市場である場合が多い。この取引に関する不確実性や供給業者からの影響力を小さくするために，

第 3 章 組織均衡と組織論の枠組み

企業は重要な資源の供給を内部化し,権限関係のもとに置くことがある。これがいわゆる「make or buy」の意思決定であり,その結果として行われる垂直統合(川上統合)である。このように供給サイドについて,境界をどのように決定するかは,それ自体がその企業の戦略的意思決定に依存している。

組織の境界に関する以上の論点を図示したものが,図3-2である。いずれの境界概念を採用するかは,その研究の目的による。本書では特に断らない限り,第3の概念,つまり意識的調整の強く及ぶ範囲としての境界概念を前提として論じる。

2. 組織と環境:資源依存パースペクティブ

組織の境界に関する以上の分析は,私たちを組織と環境についての資源依存パースペクティブへと導く。

すなわち,まず第1に,組織は生存するために,環境から諸資源を獲得する必要がある。諸資源を獲得するということは,それらの諸資源を支配している他の諸組織と,相互作用をもつということを意味する。この意味で,どのような組織も完全に自己完結的ではあり得ず,自身の存続条件を自由にコントロールできないという意味で,組織は環境に資源を依存している。

第2に組織の境界は,誘因-貢献の資源取引に対して,その組織がもつ「統制能力(意識的調整)」によって定義される。ある組織の統制能力は,その同じ資源取引に対する,他の社会的参加主体の統制能力との相対的関係によって決められる。結局ある組織の内部環境は,権限関係等によって,直接的に統制可能な連結行為(資源取引)の集合として記述される。

第3に,組織は明確な共通目的をもつ合理的体系としての側面だけではなく,さまざまな利害をもつ参加者の連合体,もしくはそうした利害をめぐって影響力と統制力とが取引される場としての側面

をもっている。組織の有効性や能率は，こうした参加者の要求に準拠して測定，評価される。第Ⅱ部で述べるようにこの連合体の中で，どの参加者が権力を握るかは，その参加者の提供する資源の重要性と稀少性に依存している。

第4に参加者には，組織の境界の内部（組織の統制能力が強く働く）にいる者と，外部環境にいる者とがいる。この外部にいる参加者が組織の社会的環境を形成し，組織の自由裁量を制限して，彼らの利害に沿うように組織をコントロールしようとする。一方，組織は，できる限りの自由裁量を獲得し，外部環境に影響を与えようと努力する。

以上から明らかなように，私たちが研究する組織は，オープンシステムである。一般に環境から遮断されたシステム内部で自給自足しているシステムは，「クローズドシステム（closed system）」と呼ばれる。これに対して，「オープンシステム（open system）」とは，環境から資源をインプットし，それを消費することを通じて，再び環境に何らかの資源をアウトプットするシステムである。

オープンシステムとしての組織は，環境との相互作用の中で，生存し，存続し，成長・発展し，あるいは衰退していくシステムである。環境の変化に適応していくために，自らの行動を決定し，またその構造を修正する必要がある。また組織の行動が，環境に新たな変化をもたらす。このような意味で，組織は，その行動を決定するために必要な目標や一連の制約条件を，環境との関係の中で形成することになる。本書の第Ⅱ部はこうした問題に焦点が当てられる。

3 組織構造の概念

　組織均衡論および,「限定された合理性」の概念から導かれるもうひとつの重要な概念は,「組織構造」である。この節の目的は, 一定期間以上存続する組織が「構造」と呼びうる安定的側面をもつこと, そして組織の構造とは何かについて理解することにある。

1. 能率と専門化の利益

　組織均衡論で明らかにされたように, 組織が存続するためには, 一定以上の有効性と能率を達成しなければならない。組織が「構造 (structure)」をもつのは, 合理性に限界のある人間が, 一定以上の有効性と能率を達成するという条件を, 構造をもつことによって満たすことができるからである (March and Simon [1958])。

　合理性に限界のある人間を仮定するならば, その人間の行動から成る組織が, インプットの総和より大きいアウトプットを生み出すには, 何らかのメカニズムが必要である。このようなメカニズムのひとつが, 分業と統合のメカニズムにほかならない。組織が一定以上の能率を発揮するためには, 分業にもとづく専門化の利益が, 分断された業務を統合するコストよりも大きいことが必要である。組織は構造をもつことによって, 統合のコストを低く抑えつつ, 専門化の利益を発揮しようとする。

　合理性に限界のある人間の意思決定は, 満足基準によることが多い。この満足基準にもとづく意思決定過程で重要な局面となっているのは, 意思決定前提 (代替的選択肢やその結果, 効用についての情報) の探索活動にある。この点が最適基準による意思決定との, 著しい違いであることは前章で述べた通りである。したがって意思決定の

効率を上げるには,この探索活動をいかに有効かつ能率的に行うか,そこにかかる時間とコストをいかに節約するかがカギとなる。

第2章でみたように,探索活動を効率化するために,私たちが用いるのが行動プログラムである。この行動プログラムをもっていると,余計な選択肢を探索して,その結果や効用を予測するための情報を集める必要がない。

この行動プログラムが,組織における専門化の基礎をなしている。行動プログラムは,限られた問題領域において,満足のいく解と対応している。特定の問題領域についての専門家は,素人に比べて,より多くの行動プログラムをもち,すばやく喚起できるために,より迅速にその問題を解決できる。すなわち専門化の利益は,特定のプログラムを反復的に使用することから得られる。したがって組織では,類似の行動プログラムを必要とする単位ごとに分業が行われ,それぞれの単位が専門化の利益を追求することになる。

分業による専門化の利益を追求する一方で,それらを調整・統合する必要性も高まる。専門化の利益が,調整・統合のコストよりも大きくなければ,組織は十分な能率を達成できない。そこで調整・統合コストを低くするという要請が生まれる。

組織内諸活動の調整・統合は,基本的にコミュニケーションを通じて行われる。調整・統合コストの削減は,そのコミュニケーション・プロセスそれ自体をプログラム化することによって可能となる。つまり,調整・統合のために利用される用語,時間,伝達形式を曖昧性の少ないものに特定化し,また使用するコミュニケーション・チャネルについても特定化する。これによって,いつ,誰が,どのようなチャネルを通じて,何を,どのように指示し,報告すればよいか,さらに例外的事件が発生した場合には,誰に相談すればよいか,その形式はどうすればよいか等について,組織メンバーは自動

的に対応することができる。ある組織の中で，特定の用語が，特定のチャネルを通じて繰り返し流されることによって，そのチャネルの利用頻度は高まる。その結果，単純なシンボルで，大量の情報を，曖昧さを少なくして伝達することが可能になり，コミュニケーションの能率は上昇する。このように，コミュニケーション・プロセスそれ自体をプログラム化することによって，分業された諸活動の予測可能性は非常に高くなり，それらの調整・統合コストを大幅に節約することができる。

このように，組織は，専門単位を形成する行動プログラムの集合と，それらを互いに結びつけ調整・統合する行動プログラムの体系とをもつことによって，組織能率を達成しようとすることがわかるだろう。

2. 組織構造の概念

ところで一般に「構造」という言葉は，システムにおける要素間の連結パターンを意味する。建築などの場合には，柱，ハリ，天井，床，窓等の要素の連結パターンが構造である。しかし組織のような社会的体系の場合，要素（人間の行動）の相互作用パターンは，時間的な広がりまで含めると無限にある。したがって，社会体系の場合，「構造」を「繰り返し観察できる」という意味で「安定的」な「要素の連結パターン」と理解するのが適当であろう。

社会体系の「構造」について，このような考え方を採用すると，組織の構造は，組織の中の行動パターンのうち，比較的安定的な局面から構成されていると理解できる。人間の合理性に限界があり，かつ組織が一定以上の有効性と能率を達成しなければならないとすれば，組織は安定的な行動プログラムに裏づけられた構造をもつことになる (March and Simon [1958])。

3. 組織の短期適応と長期適応

行動プログラムは，ある限られた範囲の状況に対して，一定水準を越える成果と結び付く解を対応させている。したがって，組織の適応力は，まず第一義的に，その組織のもつ行動プログラムのレパートリーによって決められる。しかし既存の行動プログラムのレパートリーでは，対処しきれない環境の変化が起きたときには，組織の適応力は，新しい行動プログラムを作成したり，既存のプログラムを修正する能力に依存することになる。

行動プログラムのレパートリーは，組織構造に具体化されているから，私たちは組織構造と組織の適応現象の関係を次のように考えることができる。すなわち，既存の組織構造の枠組みの中で行われる適応を「短期適応 (short-run adaptiveness)」という。一方，これに対して，組織構造の変更を伴って展開される適応を「長期適応 (long-run adaptiveness)」という。

▶**本書の構成**

第Ⅱ部では，組織と環境との関係について扱う。そこでは，まず組織の行動にとってコンテキストとなる環境の概念と，その分析方法が示される。その上で，環境が組織に与える影響と，組織による環境の戦略的選択とのインターフェイスとして，組織の目標や有効性基準が形成されるプロセスについて論じる。

第Ⅲ部と，第Ⅳ部は，主に組織の短期適応の分析にあてられる。第Ⅲ部では組織構造の概念を導入し，それが組織の行動に与える影響や，組織構造のデザインに影響を与える要因を分析する。

第Ⅳ部ではそうした組織構造の中で，人々の行動や相互作用が決定される過程について分析する。そこでは，メンバーのモチベーションやリーダーシップ，コンフリクト・マネジメントが取り上げられる。

第Ⅴ部では，組織の動学（長期適応）について論じる。環境の変化と組織戦略の変化，並びに組織内部の構造や組織行動変化の間で展開される，ダイナミックな関係がここで議論される。

　本書は基本的に組織一般を対象とするが，第Ⅳ部までは，「企業組織」を前提とした議論が中心となる。しかし，本書の議論が，企業以外の非営利組織にも適用できることを示すために，第Ⅵ部では，非営利組織のケースが扱われる。そこでは，行政組織，医療や福祉のための組織，ボランタリー組織が取り上げられる。

　本書の構成を要約すれば，次の表のようになる。

第Ⅰ部	導入・基礎		
第Ⅱ部	環境に組み込まれた組織	｝外部適応	｝静　学
第Ⅲ部	組織構造と組織文化	｝内部統合	
第Ⅳ部	組織内プロセス		
第Ⅴ部	組織のダイナミクス		｝動　学
第Ⅵ部	非営利組織のケース		

● 参考文献 ●

Barnard, C. I. [1938], *The Functions of the Executive,* Harvard University Press.（山本安次郎・田杉競・飯野春樹訳『新訳 経営者の役割』ダイヤモンド社，1968）

Berle, A. A. Jr. and G. C. Means [1932], *The Modern Corporation and Private Property,* Macmillan.（北島忠男訳『近代株式会社と私有財産』文雅堂，1958）

Burnham, J. [1960], *The Managerial Revolution,* Indiana University Press.（竹山泰雄訳『経営者革命』東洋経済新報社，1965）

Gordon, R. A. [1961], *Business Leadership in the Large Corporation,* University of California Press.

Levine, S. and P. White [1961], "Exchange as a Conceptual Framework for the Study of Interorganizational Relationship," *Administrative Science Quarterly,* Vol. 5.

March, J. G. and H. A. Simon [1958], *Organizations,* John Wiley & Sons. (土屋守章訳『オーガニゼーションズ』ダイヤモンド社, 1977)

Simon, H. A. [1947], *Administrative Behavior,* The Free Press. (松田武彦・高柳暁・二村敏子訳『経営行動』ダイヤモンド社, 1989)

Simon, H. A. [1957], *Models of Man,* John Wiley & Sons.

Simon, H. A, D. W. Smithburg and V. A. Thompson [1950], *Public Administration,* Alfred A. Knopf. (岡本康雄・河合忠彦・増田孝治訳『組織と管理の一般理論』ダイヤモンド社, 1977)

Starbuck, W. [1976], "Organizations and Their Environments," in Marvin D. Dunnete (ed.), *Handbook of Industrial and Organizational Psychology,* Rand-McNally.

Thompson, J. D. [1967], *Organizations in Action,* McGraw-Hill. (鎌田伸一・新田義則・二宮豊志訳『オーガニゼーション・イン・アクション』同文舘, 1987)

Williamson, O. E. [1975], *Markets and Hierarchies : Analysis and Antitrust Implications,* The Free Press. (浅沼萬理・岩崎晃訳『市場と企業組織』日本評論社, 1980)

第Ⅱ部 環境に組み込まれた組織

組織をオープンシステムとして認識することは，組織を環境に「組み込まれた存在」として認識することを意味する（Granovetter [1985], Pfeffer [1991]）。このことは環境の諸要因が，組織が自らの行動や構造を決定する際の自由裁量を，多かれ少なかれ制約していることを意味する。しかし一方で組織もまた，自らが関係すべき環境や，環境との関係のあり方をデザインする自由をある程度もっており，またそうした自律性を確保しようと努める。

　私たちが組織について観察するマクロ・レベルの現象の多くは，環境要因に制約されつつ，なお自律性を確保しようとする，組織と環境とのインターフェイスとして分析することができる。この第Ⅱ部では，組織の構造や組織プロセスをデザインしたり，評価する際に中心的役割を果たす組織目標や組織有効性の基準が決定されるのは，この組織と環境とのインターフェイスにおいてであることを学習する。

　第4章では，まず組織と環境との関係をどのようにとらえることができるのか，また組織が自らの環境を選択し，環境との関係をデザインしていく可能性について検討する。第5章では逆に，環境はどのように組織の自律性や自由裁量を制限するのかを検討していく。こうした環境と組織の複雑な相互関係から，組織内部の構造やプロセスをデザインする基準となる組織目標や，組織有効性の基準がどのように決定されるかについて，第6章で検討することにしよう。

第4章 組織の戦略的選択

　この章では，組織が環境に対して意図的に合理的に適応できると仮定した，戦略的選択の理論を取り上げる。

　企業を設立することを考えれば，まず経営者は顧客に何を提供するかを決めるだろう。その結果，必要な資金量や設備，従業員のタイプや人員が決まる。組織と経営資源の取引関係をもつ利害関係者が決まると（ドメインの決定），次は利害関係者とどのような取引関係を結ぶかを決めることになる（制度的境界の決定）。こうしてひとたび組織が適応すべき環境が決まると，組織は環境を構成する諸要因の不確実性に対して適応していこうとする。

　以下では，組織と環境の基本的関係について簡単に説明した後，ドメインの決定，制度的境界の決定，不確実性への適応について論じていこう。

1 組織理論の基本定理と環境の理解

　組織が成立するためには，環境が準分割可能（nearly decomposable）であることが必要である。すなわち，

　　「社会の常規的または反復的諸要求が，複数の専門化した集団あるいは組織単位をつくることによって，各々の組織単位がひとつの問題を処理している間に，別の組織単位は他の問題を処理しているという仕方で，同時平行的に処理することができる。」
　　（Simon［1983］）

という条件が満たされているとき，組織はつくられる。これはサイモンが「組織理論の基本定理（the fundamental theorem of organization theory）」と呼んだ命題である。

　組織理論の基本定理は，第1に私たちの合理性に限界があるため，環境の複雑さをそのまま扱うことが困難であること，したがって第2に環境を互いに独立した部分に分割して，それぞれの部分に専門的に対応する部門をつくることによって対処できる場合に，組織がつくられることを示している。

　完全な合理性が仮定する客観的な全体環境から，限定的に切り取られ，より単純化された部分環境では，合理性に限界のある人間でも環境からの諸要求や変化に規則性を見出すことができる。したがってそれら規則性をもった諸要求に対して，行動プログラムによって対応することが可能となり，組織として専門化の利益を得ることができるのである。

　たとえばわが国の行政組織が，農林水産省，通商産業省等の組織編成に分かれているのは，農林・水産業関係の問題と商工業関係の

問題とは,互いに独立した環境セクターとして対応できると考えられているからである。

▶環境の分割とセクター

類似の要素,もしくは互いに密な関係をもつ要素から成る部分環境を「セクター (sector)」と呼ぶことにしよう。いうまでもなく環境の分割の仕方は,一義的ではない。それは,全体環境を準独立的なセクターに,つまり互いに密接な関係をもつ要素の部分集合とそうでない部分とに分割して認識・理解する際,私たちが依拠する知識や技術に依存している。組織の分業構造は,環境がどのようなセクターに分割されるか,すなわち知覚された環境の分割パターンに大きく依存している。

環境をセクターに分割する一般的な例として,以下のような分類がある (Daft [1992])。

(a) 産業セクター（競争相手,産業規模,競争状況等）

(b) 原材料セクター（供給業者,不動産会社,サービス供給等）

(c) 人的資源セクター（労働市場,大学,職業訓練学校,労働組合,他社の労働者等）

(d) 財務資源セクター（資本・証券市場,金融機関,借入・貸出金利,個人投資家等）

(e) 市場セクター（顧客,クライアント,潜在的顧客等）

(f) 技術セクター（生産技術,科学,研究・機関,新素材技術,製品技術等）

(g) 経済条件セクター（景気,失業率,インフレ率,成長率,投資等）

(h) 政府セクター（法的規制,税,公的サービス,政策決定プロセス等）

(i) 社会－文化セクター（年齢構成,価値観,教育水準,伝統,職業倫理等）

(j) 国際セクター（外国投資,外国政府,現地文化,国外市場,為替

レート，諸規制等)

　これらの環境セクターの各要素が，潜在的に組織に影響を与える可能性をもっている。しかし，ある組織にとって，すべてのセクターのすべての要素が，等しく重要なわけではない。組織に対して間接的に影響を与える「一般的環境（general environment）」と，組織や部門と直接相互作用をもつ「特定的環境（specific environment）」とを区別することができる。一般的環境は，どの組織にも共通に影響を与える要因から構成されているのに対し，特定的環境は，それが関係する組織によって，さらにひとつの組織の中でも下位部門によっても異なっている。組織均衡論で示したドメインとは，特定的環境の中でも特に，組織と資源取引のある環境構成者から成り立っている。

2　組織による環境の戦略的選択

　組織は環境を戦略的に選択したり，自らの都合の良いように環境を操作するための，パワーと自由裁量をある程度もっている（Child [1972]）。第1に，組織の経営者は，その組織が活動する環境，すなわちドメインを決定することができる。ドメインは，組織がどの利害関係者のどのような資源をインプットとし，アウトプットとして何を提供するかを決めることを通じて確定する。

　企業は，どのような商品を生産し，いかなる顧客を対象にそれを販売するかを決定することができる。これが決まると，必要な生産諸資源，必要資本量，必要な労働力のタイプと量等が決まるため，資源取引をする利害関係者が決まってくる。ドメインが決まれば，その組織の行動に影響を与える諸要因，つまり特定的環境を確定す

ることができる。いうまでもなく,このような意思決定こそが,経営戦略の本質である(Chandler [1962], Ansoff [1965])。

 第2に組織は,組織と資源取引を行う利害関係者が決まると,次は彼らとどのような取引関係を結ぶかを決める必要がある。取引関係には,双方の合意にもとづく一定期間以上安定した契約関係から,市場取引のように拘束力をもたない不安定な関係まである(Williamson [1975])。前者には,たとえば企業と労働者の間で結ばれる雇用契約や所有権による内部化等が含まれる。後者の典型は,市場における顧客との売買関係である。

 市場取引の場合でも,組織は顧客にさまざまな影響力を行使しようとする。現代の大企業は,消費者から自社商品に対する需要を喚起するために,さまざまなマーケティング活動を行っている。供給が需要を生み出すこうした現象を,ガルブレイス(Galbraith [1967])は「依存効果」と呼んだが,それは組織が,環境をある程度操作できることを端的に示している(マーケティング活動に関する説明は,他の書に委ねる)。こうした関係性の決定を通じて,組織は内部環境と外部環境の境界を決定することになる。

 第3の決定は,外部環境の諸条件に適合する,内部組織のデザインである。外部環境の諸要因・諸特性が決まれば,それに適応するために適した内部組織の構造や管理システムを,組織は選択することになる。

 以下では,企業組織を念頭において,順に検討していこう。

1. 事業ドメインの選択:戦略決定

 企業組織にとって,いかなる事業に携わるべきかは,最も基本的な意思決定である。いかなる商品(財・サービス)を,どのような顧客に販売するべきか,つまり事業ドメイン決定は,その企業の存続・成長の可能性に最も影響を与えるからである。

表 4-1 製品 - 市場戦略

市場＼製品	現在製品	新製品
現在市場	市場浸透戦略	製品開発戦略
新市場	市場開発戦略	多角化戦略

　事業ドメインとは，組織ドメインのうち，原材料の供給から商品の販売にいたる一連のビジネス・プロセスにかかわるサブ・ドメインである。第3章で述べたように，組織ドメインとは，|参加者，誘因，貢献|からなる組織の生存空間である。したがって，事業ドメインは，参加者を顧客および供給業者に特定化した空間となる。参加者を顧客に限定すれば，顧客から得られる貢献は，商品の対価としての収入であるから，事業ドメインは|顧客，商品|となる。顧客サイドの事業ドメインは，誰に，何を売るかの決定である。

　一方，参加者を供給業者に限定すると，供給業者への誘因は納入された原材料等に対する支払いであるから，供給サイドの事業ドメインは，|供給業者，生産資源|となる。この場合，この供給業者から，何を仕入れるかの意思決定は，供給業者や資源の選択だけでなく，何を自社内で製造し，何を外部から調達するかという，いわゆる「内部化の意思決定」も含んでいる。

▶製品 - 市場戦略

　事業を定義する具体的な次元には，さまざまなものがあるが，ここでは製品 - 市場戦略に焦点を当てて説明する。顧客サイドの事業ドメインは，企業が提供する誘因としての「製品」のタイプと，顧客のタイプによって定義される「市場」という二次元によって記述できる。経営戦略論でいう「製品 - 市場戦略」とは，このような事業ドメインの決定を意味する。「製品 - 市場戦略」には，表4-1に

示す4つのタイプがある。

「市場浸透戦略」は，現在の製品を，現在と同じタイプの顧客層に，より広く提供することを通じて，既存の製品—市場分野における市場占有率を高めていく戦略行動をいう。具体的には競争戦略やマーケティング戦略等の手段を通じて，顧客層に影響を与えていく。

「市場開発戦略」は既存の製品をもってこれまでとは異なるタイプ（たとえば性別，年齢層，所得層，地理的特性等）の顧客層に製品を提供していく戦略行動をいう。市場を外国にまで拡大していく国際化戦略もこれに含まれる。

「製品開発戦略」とは，現在の市場にある顧客の貢献を引き続き獲得するために，新製品の開発・導入によって対処する戦略行動である。

「多角化戦略」は，新しい製品をもって新しい市場を開拓していく戦略行動である。

（経営戦略論の詳細については，石井・奥村・加護野・野中［1996］，大滝・金井・山田・岩田［1997］を参照されたい。）

3 境界の決定：取引コスト・アプローチ

組織と利害関係者との関係を決めることは，どのようなメカニズムで資源取引が調整されるのかを決めること〔市場メカニズムを通じてか，階層的権限関係（内部組織）によって調整されるのか〕，すなわち組織と環境の制度的境界を決定することを意味する。市場メカニズムによって調整される場合には，組織も利害関係者もともに自由に行動し，その行動は自動的に調整される。内部組織すなわち階層的な権威による調整の場合，資源の取引は，より上位の権威によって

計画と統制を通じて調整される。

> 1. 取引コスト・アプローチ

このような制度の選択を説明する論理として重要なのは、制度派経済学者によって開発された取引コスト・アプローチ（transaction cost approach）である（Williamson [1975]）。取引コスト・アプローチは、次の2つの命題を前提としている。

1. 経済活動は取引とみることができる。
2. 取引を調整する組織形態（市場か階層か）は、取引コストに依存する。

取引コスト・アプローチでは、ある資源取引が内部化、つまり階層組織のもとで調整されるのは、この場合の取引コストが、市場メカニズムで調整される場合の取引コストよりも低いからであると説明される。したがって取引コスト・アプローチの主要な内容は、取引コストがどのようにして決定されるか、その決定要因を明らかにすることにある。

「取引コスト」とは、正当な取引契約を結ぶために必要なコストと、その契約を正しく履行させるのに必要なコストの和として定義される。「正当」な取引契約を結ぶためには、取引相手が提供する資源の内容や信頼性を適切に評価し、取引相手が自己に有利になるような駆引き的行動を排除する必要がある。そのためには取引される諸資源や取引相手の態度等について、十分な情報を収集・処理する必要があり、そのためにコストがかかる。

仮に正当な取引契約が結ばれたとしても、それを相手が正しく実施する保証はない。労働契約を結んでも、雇われた労働者は、怠けたりだらだらと仕事をするかもしれない。契約を正当に履行させるには、相手の行動をモニターする必要がある。これらの情報コストやモニタリング・コストが、取引コストの主要な部分を占める。

▶取引コストの決定要因

　取引コストは，基本的に次の2つの要因によって決定される（今井・伊丹・小池［1982］）。第1は取引に関わる意思決定主体についての2つの人間的特質である。まず，現実に取引を行う意思決定主体の合理性には限界がある。彼らの情報処理能力に限界があるため，正当な契約を結ぶのに必要な情報をあらかじめすべてもっていることはなく，そうした情報を収集し，処理するにはコストがかかることになる。また，一般に人は自ら有利になるよう取引を導こうとする「機会主義（opportunism）」をもっており，その結果，場合によっては，自己に不利益となる情報を相手に伝えなかったり，ときには嘘をつくことさえある。こうした機会主義は，取引に駆引き的行動をもたらし，取引コストを高める可能性がある。

　第2は，取引される財・サービスの特性，および取引が行われる場の特性である。たとえば財・サービスの特性が複雑で，それについての情報が取引する主体間で偏在している場合，取引コストは高くなるだろう。正当な契約を結ぶための情報収集，処理の必要性が高まり，また少数主体間で駆引き的行動が展開される可能性が高くなるからである（図4-1）。

　人間の合理性の限界が深刻な問題となるのは，直面する環境の不確実性が高い場合である。なぜなら不確実性や複雑性は，処理すべき情報量が，人間が処理可能な能力に比べて著しく高い場合に生じる環境の特性だからである。したがって，取引される財・サービスが複雑になると，その品質や信頼性を評価して適正な価格を設定するために必要な情報コストは高くなる。一方，標準化された財・サービスの取引コストは低くなる。その結果，複雑性の高い財・サービスの取引は，市場を通じて調整するよりも，階層組織に内部化し，計画と統制によって調整した方が取引コストが低くなるため，

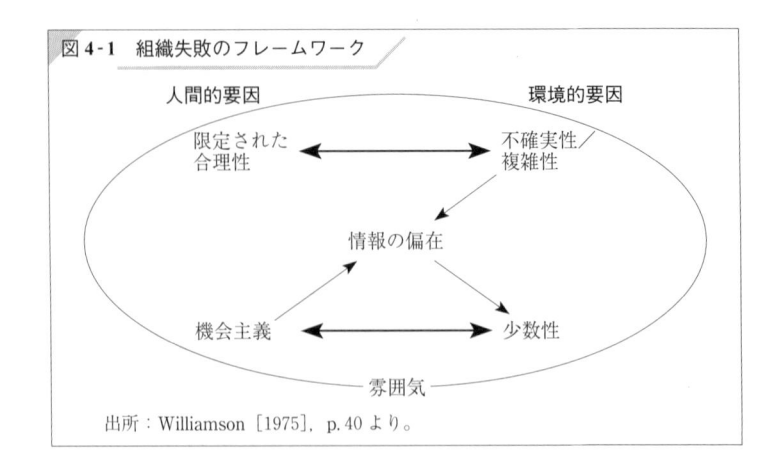

図4-1 組織失敗のフレームワーク

```
        人間的要因              環境的要因
         限定された    ←→    不確実性/
          合理性                複雑性
                                ↓
                    情報の偏在
                  ↗           ↘
         機会主義    ←→      少数性
                    雰囲気
```

出所：Williamson [1975], p.40 より。

内部化される。

　機会主義的行動が問題となるのは，取引される財・サービスに関する情報が，取引主体間で偏って存在する場合である。「情報の偏在 (information impactedness)」といわれるこのような状況下では，相手の無知に付け込む駆引き的行動が可能になるため，市場取引のコストは高くなる。第2に取引が少数主体間で行われる場合には，機会主義的行動は取引コストを高める。一方，完全競争市場が成立する多数主体間での取引では，個々の行為主体は取引コストの決定に影響を与える十分な力をもたない。

2．制度の選択

　典型的な企業組織では，組織と従業員の制度的関係として「内部労働市場」が，また組織と資本家の制度的取引関係として「株式会社制度」が採用されている。ここでは，取引コスト・アプローチによって，こうした制度が採用される理由を検討していこう。

1 内部労働市場

　私たちが一般的に知っている企業の雇用システムは，経済学でい

う純粋な市場メカニズムとは明らかに異なっている。組織には，必要とされる知識や技能の異なるさまざまな職務が存在する。第一線の営業部員と，営業部長との職務は，明らかに異なっているから，それに対応する労働市場も異なる。純粋な市場論理を当てはめれば，みかんとりんごの市場が異なるように，それぞれの職務ごとに異なる労働市場が成立し，それぞれについて労働時間と賃金が決定されることになる。したがって労働者はどのような職務につき，何時間働けば，賃金をいくらもらえるかを知って就職することになる。これが市場メカニズムである。

現実の組織では，一部のパートやアルバイト，日雇労働を除いて，純粋な市場メカニズムによる雇用システムを採用しているケースは少ない。新卒採用の場合，一般に就職が決まった時点では，労働者は自分がどのような職務を担当するのか，どの程度働くのか，いくら賃金がもらえるのか等について，ほとんど知らない。組織内の職務割り当ては，辞令を通じて命令される。このように組織内の職務という労働需要を，組織の権威を通じたその組織メンバーの昇進・配置転換によって充足していくシステムを「内部労働市場 (internal labor market)」という。

現実の組織で内部労働市場が一般的なのは，純粋な市場メカニズムを採用すると，取引コストが非常に高くなるからである。例として大企業の営業部長職を，市場メカニズムを通じて充足するケースを想定してみよう。

まず第1に，その職務内容と必要な知識・技能等の条件を，契約に明確に記述するコストがかかる。大企業の営業部長の職務は，非常に多様・複雑で，環境条件に応じて臨機応変の判断を必要とするため，マニュアル化が非常に困難である。これは，職務を理解したり記述するわれわれの認知能力に限界があるためである。

第2に，応募してきた労働者がその職務に必要な十分な能力をもっているか，その企業にとって有害な行為（たとえば産業スパイのような行為）を行う可能性があるかどうかを評価するコストがかかる。これは評価する側に合理性の限界があり，応募者の能力を正しく知るのに十分な評価能力も，評価に必要な情報ももたないからである。応募者の能力や性格についての情報が，評価者と応募者の間に明らかに偏って存在し，応募者側が機会主義的に行動する可能性が高いからである。応募者は，自己に不利益な情報を企業に進んで知らせようとはしない。こうした情報を手に入れるには，相当の情報コストを必要とする。

　取引コストを高める第3の原因は，モニタリング・コストである。ある人が営業部長の職についたとしても，その人の行動がその組織の成果にどのような貢献をしているのか，これを評価することは非常に困難である。たとえば売上高が伸びたとき，それが営業部長の能力によって達成されたのか，それとも製品デザインや，製品の信頼性が良かったからか，あるいは競争相手の失敗によるものなのか，その理由を特定することは難しい。また，その営業部長が勤務時間中に，契約通りの行動をしているのか，決裁権限を私利私欲のために利用したり，産業スパイ的行為をしていないか，これらのことをモニターするには，そのような行為を判断できる能力をもつ人が，常に監視していなければならない。これには非常に大きなコストがかかる。

▶職務の特異性と取引コスト

　以上のような理由で，大企業の営業部長のように特異性（ideosyncracy）の高い職務を，純粋な市場メカニズムを通じた売買契約のような形で採用することには，非常に高い取引コストがかかることになる。

ここで「特異性」の高い職務とは，特定の組織の特定の職務に必要な知識や情報を習得する機会が非常に限られている職務のことである。その組織に一定期間以上所属し，ある特定の経験を積まなければ習得できない規則や慣行，組織内のパワー分布や人間関係，業界・関連企業についての情報や専門知識，標準的なテキストに書かれていないため容易に学習することが困難な技能等が含まれる。これに対してマニュアルが整備されているファーストフードの売り子や，資格試験によって技能が測定できるタイピストのような職務は，職務特異性が低い。したがってこれらの職務は，アルバイトや日雇いのような市場メカニズムで労働者を雇っても，取引コストは高くならない。

　職務の特異性が高いと，「実行による学習」を通じてしか必要な能力を獲得できない。その能力を適切に表現したり測定することも困難なので，必然的に対象者は少数になり，また能力についての情報の偏在が生まれる。その結果，機会主義的に行動する可能性が高まり，取引コストを引き上げることになる。

▶内部労働市場の利点

　特異性が高い職務について内部労働市場が形成されるのは，内部労働市場がこうした機会主義を抑制し，取引コストを下げることができるからである。その理由には，次の5つがある。

　第1に，内部組織には内部監査能力が備わっている。組織内では，日常の言動を通じて，その人の能力，人格や性格，社会性等を評価できる。仮に自身の能力を偽って入社しても，この長期間にわたる内部監査を経て，その人の能力は露呈されてしまう。こうした組織内での能力監査をもとに，次第に特異性の高い職務へと昇進を通じて配属されるようになる。

　第2に内部労働市場への入り口を限定し，その職務の報酬等を低

く設定することで，機会主義的行動を排除できる。市場から雇用した労働者を，最初から賃金の高い職務に配置すると，その人は意図的に仕事を怠け，賃金だけをもらい企業をやめるという行動をとるかもしれない。このような人間を「フリーライダー（ただ乗り野郎）」という。内部組織の場合，一定期間以上，低賃金（場合によってはアルバイトよりも低い賃金）の職務を担当させることで，このようなフリーライダーにとっての魅力を少なくし，そのような動機をもつ人間を排除できる。

　第3の理由は，職務に賃金を組み合わせた職務給や能力給を採用することによって，個人的な賃金交渉の機会をなくすことができる。個人的に賃金交渉する機会がなくなれば，個人が自己の能力や賃金交渉について，機会主義的に行動する場が失われる。高い賃金を得たければ内部監査で高い評価を得て昇進するか，能力，資格を認定されなければならない。したがって機会主義的行動や，フリーライダー的行動は，割にあわなくなる。

　第4に，内部組織が賃金以外に昇進という誘因を与えることができる。昇進という誘因は，より責任・権限の大きな職務につくことによって，賃金が上昇するだけでなく，達成感や，社会的に認められたいとする欲求を満たす重要な効果をもっている。

　最後の理由は，内部労働市場では組織内で雰囲気とか集団圧力が生まれるため，個人の機会主義的行動を抑制できるからである。仕事を怠けたりする行為は，たとえ上司に見つからなくても，仕事の仲間集団の中で，社会的に制裁を加えられる。集団の雰囲気やインフォーマルな規範は，特定の個人がそうした規範から逸脱することを妨げる。このような集団圧力によって，個人の極端な機会主義的行動は抑制される。

　以上のように，職務の特異性が高い職務については，階層的権限

関係の方が市場メカニズムに比較して取引コストが低く押さえられるため，内部労働市場が形成される。この場合労働者は，「彼に職務を割り当てる権限を受け入れることについて契約し，具体的にどの職務を割り当てられるかは将来にのばす」という特殊な契約，いわゆる「雇用契約」を組織と結ぶことになる。

2　株式会社制度の選択

現代の大企業にとって，その安定的な存続のためには，大量の資本が安定的に供給されることが必要である。組織の行動範囲は広がり，必要とされる技術や，設備等の資本財も多様かつ高価になってきているからである。資本家に依存する度合が高くなれば，現代の企業組織は彼らからの影響を受け，自由裁量を制限される可能性も高くなるはずである。

しかし，現実には株式会社制度を採用することを通じて，「所有と経営の分離」(Berle and Means [1932]) や「経営者革命」(Burnham [1960]) といわれる現象が進行し，資本家の企業に対する影響力は低下している。むしろ企業が自由裁量をもちすぎるために，最近では，「コーポレートガバナンス」といったことが論じられるほどである。これは，企業組織は「株式会社制度」を選択することで，大量資本の安定供給という生存に必要な資源を資本家に依存しつつ，なお資本家が経営に与える影響を最小限にとどめることができるからである。

▶ 株式の分散

株式会社制度は，有限責任制度を基礎として，資本を比較的少額の株式に分割し，多数の大衆に販売することを通じて，社会に分散した多数の投資家から少額ずつ出資を求め，全体として大きな資本の集中を可能にする仕組みである。

株式会社制度を採用することによって，第1に，株式が広く社会

に分散するため、各資本家が企業に及ぼす影響力は相対的に小さくなる。株式が広く分散すると、ごく少数の大株主と、多数の小株主が誕生する。株式会社の経営に参加する程度は、各資本家が出資する持ち分によって決定されるから、多くの小株主は、経営への発言力は小さい。そもそも企業が倒産しても、自身の出資株式分の損失にとどまる有限責任制のもとでは、大組織を経営する能力も意志ももたない一般人が、純粋な貨幣株主となれるのである。その結果多くの出資者は無機能株主となる。

▶株式の証券化と擬制資本

第2に、株式の流通証券化によって、擬制資本が登場するため、株主の行動が企業に与える影響は小さくなる。証券取引所や金融機関が発達すると、株式は証券化され、売買の対象となっていく。本来の資本とは、企業が原材料・生産設備等の諸資源や労働力を手に入れるために機能する。株式が発行された時点で、払い込まれた貨幣は、このような意味で資本となる。しかし、株式が証券化していると、株式購入のために投資家が支払った貨幣は、本来の資本として機能せず、証券市場で独立した運動を展開する「擬制資本」となる。

たとえば今ある株式会社A社の設立時に、1億円の出資をして株主になった投資家Xを考えてみよう。この1億円はこの企業の資本金として利用される。彼が株式を手放すとき、本来ならばA社はXに1億円を返還する義務がある。しかし証券市場においてXは、別の投資家Yに株式を売却することで、保有株式を換金することができる。この場合、YがA社の株式を購入するために支払った貨幣は、Xのもとに渡るのであって、A社の資本金として組み込まれるわけではない。Xが最初にA社に払い込んだ額と、株式と引き換えにYがXに支払った額の差額は、Xの利益（また

は損失）となるのであって，A社の資本金には何ら影響を与えない。このように現代の株式会社制度のもとでは，証券市場での資本家の行動は，現実に企業活動に必要とされ，機能する資本に影響を与えない。資本家による投資あるいは株式売却という行動は，他の投資家の利益または損失を生み出すだけである。企業はこうした擬制資本の運動とは独立に，大量の資本を安定的に活用することが可能になる。擬制資本の登場は，企業組織に対する資本家の影響を小さくする。

　ところで，投資家の行動が，企業経営にまったく影響を与えないわけではない。擬制資本の運動のもとで，株式の価格は市場メカニズムによって決定される。したがって多くの投資家がある企業の株式を売却すると，株式価格は場合によっては本来の企業価値を下回る可能性もある。このとき，一定以上の資金をもつものが，その企業の株式を大量に買い占めることが可能になる。このようにして株式が特定の資本家に集中すると，その資本家は株主総会，取締役会等を通じて直接企業の意思決定に参加し，影響力を行使できるようになる。

　換言すれば，現代の企業は，株式会社制度の採用によって，広く分散した投資家から，経営意思決定に対する直接的影響力をきわめて低く押さえつつ，安定的に大量の資本の供給を受けることができる。しかし，特定の投資家によってTOB（take over bid）される危険性も同時にもっている。したがって投資家の影響力からは相対的に自由であるとしても，株価がTOBを誘発するほど相対的に低くならない程度に，投資家に対する配慮をしなければならない。

4 環境の不確実性と組織の情報処理

1. 環境の不確実性と組織へのインパクト

組織が適切な行動を展開するためには、それに先立つ意思決定の際に、十分な情報処理を行う必要がある。その行動が満たすべき諸条件は何か、それらの諸条件は互いにどのように関係し、また変化する可能性があるのか。組織がとりうる選択肢にはどのようなものがあるのか。それを支える代替的技術の発展や変化と、各選択肢の費用対効果の関係はどう変化するのか。ある行動を採用した場合、環境のどのような要因に、いかなる影響を与えるのか、また短期的な効果と長期的効果はどう異なるのか等々。組織は多くの情報を収集して、分析、処理しなければならない。

組織はこのような意思決定を適切に行うための情報処理システムとしての側面をもっている。したがって、組織が直面する環境の不確実性が異なる場合、処理するべき情報量が異なるため、それに適した情報処理システムとしての組織も異なる。このような環境の不確実性が組織の情報処理システムに与える影響について、最も重要な貢献をしたのは、「構造コンティンジェンシー・アプローチ (structural contingency approach)」をとる一連の研究である。

▶環境の不確実性

不確実性 (uncertainty) は、組織が有効性を達成するための最も基本的な問題である。組織がさまざまな特性をもつのは、不確実性に対処していくためである (Thompson [1967])。不確実性とは、意思決定主体が環境要因について、合理的意思決定をするのに十分な量の情報をもっていないことを意味する。したがって不確実性が増

図 4-2 環境変化・環境の不確実性

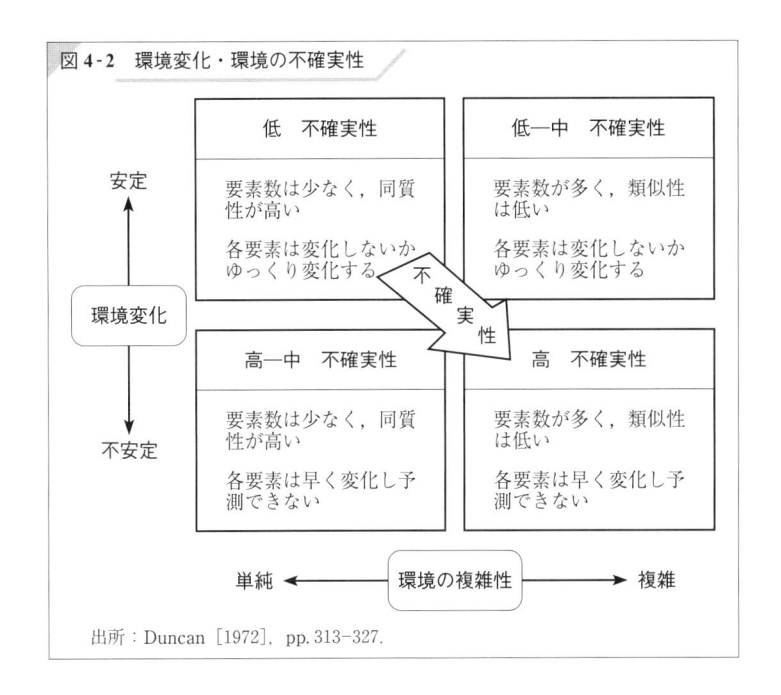

	単純 ← 環境の複雑性 → 複雑	
安定	低 不確実性 要素数は少なく，同質性が高い 各要素は変化しないかゆっくり変化する	低―中 不確実性 要素数が多く，類似性は低い 各要素は変化しないかゆっくり変化する
不安定	高―中 不確実性 要素数は少なく，同質性が高い 各要素は早く変化し予測できない	高 不確実性 要素数が多く，類似性は低い 各要素は早く変化し予測できない

出所：Duncan [1972], pp. 313-327.

大すれば，有効な意思決定が行われなくなり，結果として組織は失敗する可能性が高まる。

　環境の不確実性は，環境の複雑性と変化性の関数である（Duncan [1972]）。環境の複雑性は，組織の活動に関連する環境要因の数の多さや相互の異質性，要素間の相互作用関係を表している。数多くの異質な要素が，互いに関係している環境では，ある要素の変化が，タイムラグやフィードバックを伴って，環境全体に波及していく。したがって組織の行動が環境にどのような影響を与えるのか，それが環境でどう評価されるのかを知るために，膨大な量の情報を入手し，処理しなければならない。

　一方，環境の変化性とは，環境構成要素が一定期間安定している

か否か，その変化が予測可能なものであるか否かを表している。安定した環境とは，要素が変化しないか，変化するとしても周期的運動のように一定の規則性をもっている環境である。このような環境では，組織は規則（行動プログラム）に従って，ルーティン化された行動を繰り返していればよい。これに対し，不安定な環境では，不規則な変化が頻繁に起こるため，それに対応するために組織は，大量の情報収集・処理しなくてはならない。

環境の複雑性（単純—複雑）と変化性（安定—不安定）の2つの次元を組み合わせると，不確実性を測定するフレームワークを得る（図4-2）。左上のセルから右下のセルにいくにしたがって，不確実性は高くなる。

2．不確実性への組織の対応

環境の不確実性が高まると，それに適応し，有効な意思決定をするために，組織が処理しなければならない情報量が多量になる。ここでは，不確実性に対処する組織の特性と，部門間の分化，統合の問題を取り上げよう。

不確実性の高い環境に適した組織と，それが低い環境に適した組織とでは，その情報処理特性，つまり公式化の程度やコミュニケーションのあり方に違いがある。このように，あらゆる環境に適した組織化の「唯一最善の方法（one best way）」は存在しない，というのがコンティンジェンシー・アプローチの主要なメッセージである。全体組織を構成する下位部門組織は，それぞれが直面する特定的環境が異なるため，多様な環境に直面する全体組織は，異なる情報処理特性をもつ下位部門組織を内にもつことになる。その結果，部門間の分化が進むとともに，それらを統合するメカニズムが必要になる。以下，順にこのことをみていこう。

▶機械的管理システムと有機的管理システム

環境の不確実性は，組織の管理システムの公式化（formalization）の程度に影響を与える。「公式化」は，あらかじめ用意された規則や責任 − 権限関係等によって対応できる程度を意味する。

バーンズとストーカー（Burns and Stalker [1961]）は，英国の産業企業20社を調査し，外部環境が組織内部の管理システムに影響を与えることを明らかにした。外部環境が安定的ならば，内部管理システムは，規則や手続き，明確な責任 − 権限の階層化等の特徴をもつ。すなわち不確実性が低ければ，公式化の程度は高くなる。また多くの意思決定はトップマネジメント・レベルで行われ，組織は集権化されるという。彼らはこの種の管理システムを，「機械的管理システム（mechanistic management system）」と名づけた。

一方，変化が速く，不確実性の高い環境の組織では，規則や手続きはあらかじめ用意されていないか，あっても実際の仕事の場では，しばしば無視されている。階層的な責任―権限関係もあまり明確でなく，人々は有効な意思決定を行うために比較的自由に組織内を走りまわる。権限は分散化されており，より現場の問題発生に近い点に委譲されている。バーンズ＝ストーカーは，この種の管理システムを「有機的管理システム（organic management system）」と呼んだ。すなわち不確実性が高まると組織は有機的になる。表4−2は，機械的管理システムと有機的管理システムの比較である。

▶分化と統合

環境の不確実性は，組織内部の部門間における分化（differentiation）と統合（integration）の程度に影響を与える（Lawrence and Lorsch [1967]）。

第1に，不確実性が増大すると，組織内の部門間の分化が進む。分化とは，異なる部門の管理者間で，認知・感情的志向に差異があ

表4-2　機械的管理システムと有機的管理システム

機械的管理システム	有機的管理システム
(1) 機能的タスクの専門分化・分割	(1) 共通のタスクに対し，異なる知識・経験を基礎とする専門化
(2) 各タスクの抽象性（全体目標や技術と関係が遠い）	(2) 各タスクの具体性（全体状況の結びついている）
(3) 直属の上司による各成果の調整	(3) 横の相互作用を通じた各タスクの調整・再定義
(4) 各役割の職務・権限及び方法の明確化	(4) 責任を限られた領域に限定しない（問題を他者の責任にしない）
(5) 職務・権限・方法が機能的地位の責任に変換される	(5) 技術的規定を越えたより広い関心へのコミットメント
(6) 制御・権限・伝達の階層的構造	(6) 制御・権限・伝達のネットワーク型構造
(7) 階層トップへの知識の集中による階層構造の強化	(7) ネットワーク内での知識の分散，権限・伝達の中心はアドホックに変化
(8) メンバー間の垂直的相互作用（上司―部下）	(8) より水平的相互作用，異なる地位間の伝達は命令的ではなく指導的
(9) 上司の指示・命令に支配された職務	(9) 情報提供と助言的内容のコミュニケーション
(10) 組織への忠誠と上司への服従の強調	(10) タスクそのものと優れた仕事をしようとする精神へのコミットメント
(11) 組織内特有の知識・経験・スキルの強調	(11) 組織外の専門家集団でも通用する専門能力およびそうした集団への参加の強調

出所：Burns and Stalker [1961], pp. 119-122 より作成。

る状態をいう。したがって部門間の分化が進むと，部門間の公式的構造のデザインや組織文化における差異が大きくなる。すでに述べたように，私たちは外部環境を一括して取り扱うのではなくて，異なる特性をもつサブ環境（セクター）に分割して，その複雑性に対

応しようとするからである。

たとえばローレンスとローシュ (Lawrence and Lorsch [1969]) は，10社のR & D部門，製造部門，営業部門を調査した。その結果，部門間の分化に次のような特徴を見出した。R&D部門は，高学歴の技術者を中心に科学技術セクターを中心に適応し，新製品の開発や品質の改善を目標にしていた。また構造の公式化の程度は低く，長期的時間視野で行動をしている。製造部門は，原材料・装置等の供給業者や工場労働者等から成る特定的環境に直面し，効率的生産（低原価，低水準の不良品発生率）を目標とし，3カ月～1年程度の時間幅で，公式化の程度の高い構造をもって行動する。一方，営業部門は，絶えず変動する消費者や競争業者等から成る市場セクターに適応するため，顧客満足度を高めることを目標とし，比較的短期的な時間幅の中で行動する。公式化の程度は，中程度である。

このように組織内で分化が進むと，部門間の調整はしだいに困難になる。部門間の調整により多くの時間・資源・労力を投入しなければならない。「統合」とは，部門間の協調の程度を意味する。不確実性が高くなると，分化が進み部門間の調整の必要性が高くなる。

分化した部門を統合する第1の方法は，公式の統合担当者をおくことである。この統合担当者は，リエーゾン担当者 (liaison personnel) とかブランド・マネージャー，あるいはコーディネーターと呼ばれる。たとえばブランド・マネージャーは，ひとつのブランドについてR&D・製造・営業等異なる機能部門に横串を通すタスク・フォースを形成し，全体の調整に責任を負う統合担当管理者である。

調整の必要性に対処する第2の方策は，公式組織の構造がもつ調整能力を高めることである。たとえば，調整の必要な部門を横断的に貫く構造をつくり，マトリックス組織にしたり，プロジェクト・

チーム，タスク・フォース等の自己完結的組織単位を形成し，その中に調整の必要な諸業務を組み込む方法がある（Galbraith [1972]）。またトヨタ自動車の「かんばん方式」のように，調整が必要な諸業務間で，常に情報を伝達，共有できる仕組みを組織構造に組み込む方法もある。調整に必要となるコミュニケーションの一部を，情報システムによって置き換える方法である。

　不確実性によって生じる調整の必要性に対する第3の方法は，スラック資源をもって不確実性がもたらすショックを和らげることである。スラック資源とは，現在の業務間で直接活用されていない余裕資源である。たとえば営業部門と製造部門の間に在庫をもつことによって，営業部門は顧客の需要の変化に対応でき，かつ製造部門はそうした変化に関わることなくコンスタントに操業することができる。このような在庫が多くなりすぎると，逆に高コストを負担することにもなる。

　このように不確実性は，組織に多様な影響を与える。特に組織構造のデザインによって不確実性に対処する方法は，第8章で詳しく論じられる。

　この章では，組織が環境に対して合理的に適応できると仮定した理論を紹介してきた。こうした理論が完全に適用可能なのは，組織に十分な自由裁量がある場合に限られる。しかし現実には，組織は必ずしもこうした合理的適応を行うのに，十分な自由裁量をもつことができない可能性がある。次章では，こうした問題を取り上げよう。

● **参考文献** ●

Ansoff, H. I. [1965], *Corporate Strategy*, McGraw-Hill.（広田寿亮訳『企業戦略論』産業能率短大出版部, 1969）

Burns, T. and G. M. Stalker [1961], *The Management of Innovation*, Tavistock Publication.

Chandler, A. D. Jr. [1962], *Strategy and Structure*, MIT Press.（三菱経済研究所訳『経営戦略と組織』実業之日本社, 1967）

Child, J. [1972], "Organization Structure, Environment and Performance : The Role of Strategic Choice," *Sociology*, 6.

Daft, R. L. [1992], *Organization Theory and Design*, 4th ed., West Publishing Company.

Duncan, R. B. [1972], "Characteristics of Organizational Environment and Perceived Environmental Uncertainty," *Administrative Science Quarterly*, Vol.17, No.3.

Galbraith, J. K. [1967], *The New Industrial State*, Houghton Mifflin Company.（都留重人監訳『新しい産業国家』河出書房新社, 1968）

Galbraith, J. R. [1977], *Organization Design*, Addison Wesley.

Granovetter, M. [1985], "Economic Action and Social Structure : The Problem of Embeddednes," *American Journal of Sociology*, Vol. 91, November.

今井賢一・伊丹敬之・小池和男 [1982], 『内部組織の経済学』東洋経済新報社。

石井淳蔵・奥村昭博・加護野忠男・野中郁次郎 [1996], 『経営戦略論（新版）』有斐閣。

Lawrence, P. R. and J. W. Lorsch [1967], *Organization and Environment*, Division of Research, Harverd Business School.（吉田博訳『組織の条件適応理論』産業能率大学出版部, 1977）

大滝精一・金井一頼・山田英夫・岩田智 [1997], 『経営戦略：創造性と社会性の追求』有斐閣。

Pfeffer, J. [1987], "Bringing Environment Back in," in David J. Teece (ed.), *The Competitive Challenge*, Ballinger.

Simon, H. A. [1983], *Reason in Human Affairs,* Stanford University Press.

Thompson, J. D. [1967], *Organizations in Action,* McGraw-Hill.（鎌田伸一・新田義則・二宮豊志訳『オーガニゼーション・イン・アクション』同文舘, 1987）

Williamson, O. E. [1975], *Markets and Hierarchies,* The Free Press.（浅沼萬理・岩崎晃訳『市場と企業組織』日本評論社, 1980）

第5章 組織への環境からのコントロール

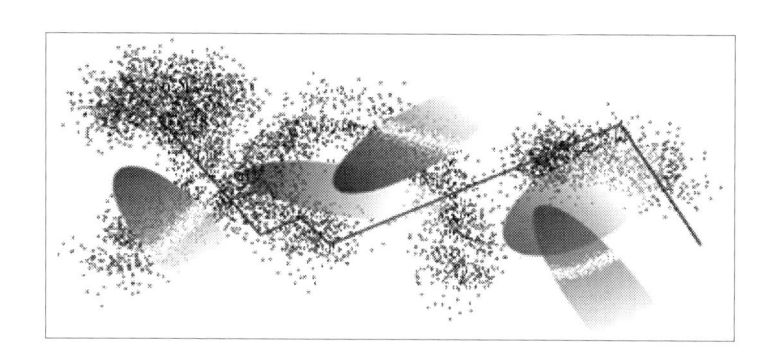

　この章では，外部環境によって組織の自由裁量が制限される可能性について研究する。第1に，ある組織と環境を構成する諸組織との関係のあり方，すなわち組織間関係が，その組織における必要資源の獲得可能性に与える影響と，環境構成者が組織に対してパワーを行使する可能性について取り上げる。次によりマクロ的な観点から，環境が組織の個体群（population）に与える生態学的効果について検討する。

1 資源依存と組織間関係

　組織均衡論（第3章）で示したように，組織はその存続に必要な資源の多くを外部環境の構成者に依存している。もし資源供給者と資源需要者が多数いて，取引される資源が差別化されていなければ，

つまり経済学でいう完全競争市場が成立していれば，個々の経済主体は互いに影響を与えることはない。しかし現実の社会では，完全競争が成立することは稀である。組織の生存に必要なある資源が稀少で，他の供給者からは入手できない場合には，その資源の供給者は，その組織に対して大きなパワーをもつ。その外部構成者は，その組織の生殺与奪の権を握っているからである。具体的にはその外部構成者は，その組織の政策決定会議のメンバーに，自らの利害を反映するメンバーを送り込んだりして，その組織の目標形成や意思決定に影響を与えようとする。このように資源依存関係は，組織の意思決定に対して，より具体的な要求をつきつけるパワーを行使する可能性を決定する。

1. 組織間関係の概念

組織間の資源依存関係が組織の意思決定に与える影響をイメージするために，次の例を考えてみよう。ある企業A社とそのメインバンクB銀行との関係は，資金供給と利息支払の取引関係にある。A社の業績がよく，金融が緩和されている時期には，A社はB銀行以外の金融機関からも資金調達ができる。A社のB銀行に対する資源依存度は低く，B銀行がA社の意思決定に与えるパワーも小さい。

しかし金融市場がタイトになり，A社の業績が悪化してくると，メインバンク以外から資金調達することは困難になるため，A社のB銀行に対する資源依存度は高くなる。その結果，B銀行はA社に対し，B銀行に都合のよい意思決定をするようにパワーを行使することができる。たとえば，A社の投資計画や雇用計画のような政策決定を，B銀行が詳細にチェックし，ときに修正を求めることもある。またA社の取締役会のメンバーに，B銀行の利害を代表する人間を送り込み，より直接的にA社の意思決定に影響力を行使するかもしれない。

A社がこうしたB銀行のパワーを受け入れるのは，そうしないと資金調達の可能性が失われ，A社の存続が困難になるからである。B銀行のパワー行使の結果，A社の意思決定における自律性は低くなる。たとえばA社単独であれば採用したような新規事業投資計画も，B銀行が財務面での健全性を強く要求すれば，棄却されてしまうかもしれない。役員給与や新入社員採用計画等も，B銀行のパワーによって，抑制されるかもしれない。このように，ある組織の他組織への資源依存度が高まれば高まるほど，その組織は他組織からパワーを行使されやすくなり，意思決定の自律性は失われることになる。

　組織間関係 (inter-organizational relations) は，相互に自律的であろうとしつつ，なお相互に直接的な依存関係をもつ組織間の関係を意味している。その意味で，組織間関係は，いわゆる「市場」での取引の調整や，組織内部の「権限関係」とは異なる関係である。市場では，売り手と買い手がそれぞれまったく自律的に意思決定し，それぞれの行動は，価格メカニズムによって予定調和的に調整される。また組織内の異なる部門の行動は，あらかじめ決められた計画や，より上位の管理者の権限によって調整される。これらに対し組織間関係の調整は，複数の組織間で締結される契約や合意，あるいは非対称的なパワー行使の関係に基礎を置いている。このような組織間関係の生成・維持・展開を解明する研究領域は「組織間関係論」といわれる（山倉 [1993]）。

　組織間関係は，組織が存続するために必要な資源を，外部の組織に依存せざるを得ないことから生じる。したがってこの節では，組織はどのようなときに他組織に依存するのか，外部組織はどのようにパワーを行使するのか，またどうすれば他組織への依存度を減らすことができるのか（環境操作戦略）といった組織間関係問題を検

討していく。

以下では分析の対象となる組織を「焦点組織 (focal organization)」，その組織と資源取引を行い外部環境を構成する組織を「利害者集団 (interest group)」あるいは「利害関係組織 (stakeholders)」という。

2．利害者集団からのパワー

利害者集団が，焦点組織に対してもつパワーとは，次のことをなしうる能力によって測定できる (Gordon [1961])。

(1) 利害者集団の望むところに，焦点組織の経営者の注意を向けさせる。
(2) 利害者集団が経営意思決定に参加することを，焦点組織の経営者に承認させる。
(3) 焦点組織の人事を意のままに変更する。

第1の能力としてたとえば，ある企業の投資案を，所轄官庁やメインバンクがチェックする権限をもつような場合，その企業は投資案立案のプロセスでそれら外部環境構成者の期待を折り込まざるを得なくなる。第2の能力として，そうした利害者集団が，その企業の取締役会に役員を送り込むことを通じて，投資案等の作成プロセスに参加することができ，より直接的に彼らの利害を反映させるケースがある。第3の能力は，最も強力なものである。たとえば，株主総会の議決を左右しうるだけの議決権をもつ株式を保有している場合，その企業の経営陣は，その利害者集団の意に沿う意思決定を行うよう非常に強い圧力を感じる。なぜならば彼らの意に沿わない意思決定を行った場合，彼らはそうした経営陣を解雇することができるからである。

それでは利害関係組織が，焦点組織に対してパワーをもつには，どのような条件が必要なのか，次にこれを検討しよう。

3. 資源依存と外部環境からの統制

組織はオープン・システムとして外部環境に依存するため，外部環境構成者から統制されたり，さまざまな制約条件を課されることは不可避である。フェファーとサランシック（Pfeffer and Salancik [1978]）は，ある組織が，外部からの諸要求に応じる程度に影響を及ぼす条件として，以下のことを指摘している。

1. 焦点組織は，環境からの諸要求を知覚している。
2. 焦点組織は諸要求をもつ利害関係組織から資源を獲得している。
3. その資源は，焦点組織の存続・操業に不可欠もしくは重要である。
4. 利害関係組織はその資源の配分や使用法，その資源へのアクセスをコントロールできる。焦点組織にとって，その資源を入手できる代替的な源泉は利用できない。
5. 焦点組織は，その利害関係組織の操業，生存にとって重要な資源の配分や使用，それらへのアクセスをコントロールできない。
6. 焦点組織の行動や成果が，可視的であり，利害関係組織はその行動が自らの要求を満たすものかどうか評価できる。
7. 焦点組織がその利害関係組織の要求を満たすことは，やはりそれが依存している他の環境構成者の要求を満たすこととは矛盾しない。
8. 焦点組織は，利害関係組織がどのような要求をするか，どのようにそれを決め，表明するかをコントロールすることはできない。
9. 焦点組織は外部からの要求を満たすであろう行動や成果を生み出す能力をもっている。

10. 焦点組織は、存続しようと望んでいる。

つまりある組織の，他の組織に対する依存度を決める要因として，次の3つが重要である。第1の要因は，その資源の重要度であり，その組織の存続や生存にとって，その資源が必要とされる程度である。第2の要因は，その利害者集団が，その資源の配分や利用に対してもつ自由裁量の程度である。第3の要因は，代替的な資源獲得の可能性，あるいはその利害者集団による資源の統制の度合である。

▶資源の重要性

組織にとって，ある資源の重要性には，その資源の相対的な取引量と，その資源の緊要性（criticality）の2つの次元がある。

資源の重要性を決定する第1の要因は，その資源の相対的な取引量である。これはその組織が外部環境と取引する全資源の総量に占める，特定の資源の取引量の比率によって定義される。単一製品を生産し，特定の顧客（たとえば親会社）にのみ供給している（下請会社のような）企業は，その売上のすべてをその顧客（親会社）に依存している。また木材加工業や石油精製企業のように，そのインプット資源が単一である企業はあまり多くはないが，それらの企業にとって木材や原油などの資源はきわめて重要性が高い。

第2に，資源の緊要性とは，その資源が入手できない場合に，その組織が生存・存続していく能力と関係している。ある種の資源は，取引量比率が低くても，緊要性が高いことがある。たとえば，ほとんどの企業組織は，電力供給がなければ操業できないが，多くの場合，企業の支出に占める電力料金はそれほど高くない。しかし電力の緊要性が高いため，電力会社のパワーは強くなる。

ある資源の緊要性は，環境の変化がもたらす諸条件によって変わる。工場の保守部員のサービスは，工場の機械が正常に作動してい

るときは重要ではないが，機械が故障したとき，緊要性が高くなる。同様に電力供給は，平時に緊要性が意識されることが少ないが，円安や原油価格が高騰したときに，その緊要性が高まる。

　組織にとって問題となるのは，その資源の重要性だけではなく，その重要な資源が安定的かつ確実に入手できるか否かである。重要な資源の供給が，不確実，不安定になると，その組織の存続が不確実になる。そうすると他の参加者も，その組織に対して信頼を失い，それぞれが提供する資源の価格をより高く設定するようになる。その結果，その組織の能率は低下し，存続していくことがますます困難になるという悪循環に陥ってしまう。したがって，重要な資源の供給をより確実かつ安定的にすることが，経営者にとって大きな責任となる。

▶資源の配分と使用法に対する自由裁量

　組織間の資源依存度を決める第2の要因は，他の組織が保有している資源の配分や使用法の決定に対する自由裁量の大きさである。資源の配分やその使用法を決定する能力・自由裁量をもつ組織は，その資源を利用する組織に対して，大きなパワーをもつことができる。焦点組織にとって必要な資源の入手や使用法が，他の組織によって決定されるとすれば，焦点組織はその資源を自由に処理できなくなるからである。

　資源に対するコントロールをもつための第1の基礎は，いうまでもなく「所有」である。私有財産制の社会では，「所有権」は，その資源の所有者がその資源を自由裁量をもって処分する権利を意味しているからである。たとえば個人の頭の中にある知識は，こうした資源の典型であろう。医師や弁護士，エンジニアなどの専門家が，患者等クライアントに対してもつパワーの源泉は，まさに彼しかアクセスできない専門知識や情報にある。

資源を所有していなくても，その資源へのアクセスや使用法を規制することはできる。こうした資源へのアクセスや使用法の規制は，資源に対する統制力の第2の基礎となる。民間組織や政府組織等，どのような組織でも予算作成のような資源配分プロセスに影響を与える能力は，その資源に対してある程度の統制力を与える。企業の予算を審議する取締役会メンバーを選任したり，そこにメンバーを送り込む能力をもつ利害者集団が，大きなパワーをもつのは，彼らがこうした人事を通じて，その企業の資源配分に影響を与えることができるからである。

　ある種の資源は，所有者以外の者によって使用されることがある。このとき，実際にその資源を使用する者や組織が，その資源に対する統制力をもつ場合がある。たとえば，工場の諸施設は，企業の所有物であるが，それを使用するのは労働者である。そして労働者はストライキやサボタージュを通じて，自らの利害を組織の経営意思決定に反映させることができるが，それは，彼らが工場施設という資源の使用についてかなりの裁量をもっているからである。

　資源の統制力のもうひとつの源泉は，法や規制を制定し，資源の所有や配分，使用法を規制する能力にある。たとえば政府・行政機関は，立法や許認可権，規制や行政指導などを通じて，民間企業が獲得，利用できる資源の量や質，使用法などをコントロールできる。私たちが私的に所有する土地の処分や活用，工場の設計基準や株式上場基準，市中金利等も，政府の統制に依存している。このような場合，利害関係組織自体が資源を所有していなくても，焦点組織はその組織によるパワーの行使を受け入れざるを得なくなる。民間企業が行政組織の影響力を受け入れる背後には，こうした論理が存在する。

▶ 資源コントロールの集中

　利害者集団が焦点組織にとって重要な資源をコントロールできるだけでは，焦点組織を利害者集団に依存させるには十分ではない。ある焦点組織が特定の利害者集団に依存するのは，重要な資源に対する統制力が，その利害者集団に集中している場合である。すなわち，焦点組織が必要な資源にアクセスするための代替的な可能性があるか否かが，その焦点組織が資源統制を行う組織に依存するか否かを決定する第3の要因である。もし焦点組織にとって重要な資源を供給する利害者集団が多数あれば，個々の利害者集団に対する依存度は，相対的に低くなるだろう。

▶ 相殺パワー

　ある組織が外部環境にある他の組織に依存するかどうかは，以上述べた資源の重要性，資源の配分と使用に対する統制，資源コントロールの集中という3つの要因によって決まる。しかし，組織間依存関係がただちに，組織間パワー関係を実現するわけではない。なぜならば，資源をめぐる組織間の依存関係は，どちらかが他方に一方的に依存するというよりも，しばしば相互依存関係を生み出すからである。したがって，依存関係のもとでなお一方が他方にパワーを行使するという関係が生まれるには，その依存関係が非対称で，従属する側の組織が「相殺パワー（countervailing power）」をもたないことが条件となる。

　相互依存関係にある2つの組織において，一方が他方にパワーを行使しうるためには，資源取引関係が非対称的である必要がある。組織Xが組織Yに商品を販売し，したがってXはアウトプットを吸収してくれるYに依存するということは，同時に組織Yの生存に必要なインプットを組織Xから入手するという意味でYがXに依存することを意味する。しかし，この資源取引は，両方の組織に

等しく重要であるという保証は存在しない。それぞれの組織の規模やその資源取引の比率が異なっていたり、緊要性に差があるからである。

また2つの組織間で複数の資源を取引している場合には、それぞれの資源取引における依存度の合計によって、パワー行使関係が決まる。資源Aについて、組織Xが組織Yに依存し、逆に資源Bについては、YがXに依存する場合、相対的に相手への依存度が大きい組織は、相手からパワー行使を受ける可能性が高くなる。このような現象はしばしば観察されるため、現実の組織間関係は非常に複雑なものになっている。

▶資源依存に関するその他の条件

以上のように、ある組織がほかの組織に影響力を行使する能力は、その組織にとって重要な資源に対して、その配分や使用法についてコントロールする自由裁量をもっており、かつ相手が相殺パワーをもたない場合である。こうした潜在的影響力を具体的なパワー行使に結びつけていくには、さらに以下のような条件が必要である。

第1に、利害関係者が焦点組織に影響を行使するには、彼らの要求を明確に知覚させることが必要である。たとえば労働者の要求は、個人のレベルにとどまっている限り、組織はそうした要求を知覚することは少ない。しかし労働組合を組織したり、団体交渉といった手段をもつことで、労働者の要求ははじめて組織によって知覚されることになるだろう。

第2に、焦点組織の行動に対して、利害関係者はモニタリング能力をもつ必要がある。利害関係者が焦点組織の行動を十分にモニターできない場合、焦点組織は、環境構成者の要求を満たしているかのようにごまかすことが可能になる。焦点組織の行動の可視性（visibility）は、目標の設定の仕方にも依存する。たとえば、貿易

交渉にみられるように数値目標を設定する場合と,「〜するように努力する」といった目標を設定する場合とでは,明らかに異なる (March and Simon [1958])。焦点組織が環境構成者の要求を満たすよう行動したかどうかは,後者よりも前者の場合の方が,はるかに明確に評価できる。

第3の条件は,組織が利害関係者の要求に応えるために利用できる資源が有限であることと,組織が生存のために必要な資源を,異なる要求をもつ複数の利害関係者に依存していることと関係している。このような状況では,利害関係者の利害が互いに矛盾することがあり,焦点組織はそうした利害の調整の場となる (Cyert and March [1963])。焦点組織がある利害関係者Aの要求を満たすような行動をとることが,別の利害関係者Bの利益を損なう可能性がある場合,Aの要求がそのまま実現される可能性は低くなる。これは焦点組織が,すべての要求を同時に満たすのに十分豊かな資源をもたなかったからである。

またAの要求を満足することが,他の利害関係者にとって不利益を生まない場合,彼ら利害関係者はAの要求に対して無関心となる。一般に他の利害関係者の無関心圏にある要求は,それへの抵抗も少なく,比較的認められやすい (Barnard [1938])。影響力が小さい利害者集団の要求が,比較的簡単に認められることがあるのは,それが他のより影響力の大きな組織の利害に影響を与えないという意味で「無関心圏」にあるからである。

▶シンボルとしての経営者

以上のようにある組織の意思決定における自由裁量は,資源依存関係にある利害関係組織によって大幅に制約される可能性がある。このことを認めるならば,トップマネジメントは組織の全権限をもつという一般に信じられている通念は,虚構であることがわかる。

たとえ最高経営者といえども，自分の組織を自由に経営することはできず，利害関係組織の影響力を受け入れなければならない。その意味では経営者は，自らの自由裁量権限以上の責任を負う。

また経営者を特定の利害関係者（たとえば株主）のエージェントとして扱い，組織の行動を記述しようとする論理にも限界がある。組織は複数の多様な利害関係組織からなる環境の中で，存続していかなければならないからである。

4. 組織の環境戦略

組織は環境を構成する利害関係者からの圧力を受け，その自由裁量を制約されるだけの存在ではない。一方で組織は彼らからの圧力に抵抗して，できるだけ自由裁量を確保しようとする動機をもつ。

そのために組織がどのような環境戦略行動をとるかは，環境や他組織との依存関係のあり方による。組織間のパワー行使の可能性は，重要な資源取引に対する焦点組織の依存性とその資源取引に対する他組織の支配力によって決まる。したがって，資源依存を回避したり，管理しようとする組織の戦略は，第1に資源依存関係そのものを回避する戦略と，第2に資源依存を認めつつも他組織からの支配を回避する戦略とに分けられる。

第1の資源依存を回避する戦略には，代替的取引関係の開発，および多角化という，2つの典型的な方法がある。あるインプット資源を単一の供給源に依存している場合，それを複数の供給源から購入することで，相対的に特定の組織への依存度は低下する。またこれまで天然ガスを利用していた生産工程を，石油で代替できることが技術革新によって可能になれば，天然ガスはもはや重要ではなくなる。また異なる事業分野に多角化していけば，既存の事業活動と異なる活動を行うようになり，新たな資源を利用したり，異なる顧客・競争相手と直面することになる。

資源依存関係それ自体を変更することができない場合には，組織は資源依存関係自体を認めつつも，他組織からのコントロールを最小限に抑える戦略をとる。これによってその資源の独占者は，そのパワー行使が法的に制限される。他組織のコントロールを制限するより間接な方法として，交渉（bargaining），包摂（cooptation），結託（coalition）等の方法がある。

　交渉とは直接組織間の財・サービスの取引に関する合意を意図した折衝である。経営者と労働者との団体交渉のように，折衝を通じて将来の行動に関する相方と満足しうる決定に到達しようとする。

　包摂は環境からの脅威を回避するために，組織のリーダーシップ構造あるいは政党決定機構に，利害関係者の代表を参加させることを意味する。たとえば財務的資源が必要な企業が金融機関の代表者を自社の取締役に招くこと等に典型的にみられる。包摂は，敵対する可能性のある利害者集団を，焦点組織に対して援助するように導いたり，重複するメンバーシップを通じて，組織間相互の情報伝達を迅速かつスムーズにしたり，相互に合意しうる目標を発見しやすくする効果をもつ。

　結託とは，共通目的のために2つ以上の組織が連合することを意味し，限られた側面ではあるが共同行為を展開することも含まれる。たとえば複数の製品規格が存在すると消費者は，どの規格が業界標準になるか見極めるまでその製品を買い控えして，結果として市場の成長率が低くなる。このような場合，企業間で結託して技術や製品デザインについての仕様を統一し，事実上の業界標準（de facto standard）をつくる場合もある。

2 個体群生態学モデル

　前節までは，分析レベルを個々の組織レベルにおいて，外部環境が与える影響について取り上げてきた。ところで環境が組織に与える影響は，個々の組織体レベルを超えて及ぶことがある。たとえば，特定の地域に立地する企業群とか，特定の産業に属する企業群などが，環境の変化に応じて盛衰することなどは，明らかに個別組織の範囲を超えたレベルで，環境からの影響が作用したと考えられる。

　このように共通の特性をもつ組織の集合に対して，外部環境が与える影響を取り上げたモデルとして最近注目をあびているのは，「個体群生態学モデル (population ecology model)」である (Hannan and Freeman [1977])。

　組織の個体群生態学モデルは，進化論や生態学の影響を強く受けている。古典的な進化論は，さまざまな「種 (species)」からなる生態系を分析対象とし，環境からの影響を「自然淘汰」という概念でとらえる。自然淘汰の圧力は「種」に対して作用すると考え，種の誕生や盛衰・絶滅によって生態系の変化を説明する。

　組織の個体群生態学モデルでは，何らかの共通の属性をもつ組織の集合が「種」に相当する単位であり，多様な組織形態をもつ組織の集合によって構成される「組織個体群 (population of organizations)」を生態系に相当する分析対象としてとらえる。自然淘汰の圧力は，共通の組織形態をもつ組織の集合に対して作用し，それらの誕生・繁栄・盛衰・消滅によって，組織個体群全体の変化を説明しようとする。ここでは環境からの影響は，個々の組織に対して何かを要求するというよりむしろ，ある共通の属性をもった組織の集合の生

存・繁栄を許容するという「淘汰（selection 選択）」の圧力として働く。

　たとえば，最近の小売業界の動向を例に考えてみよう。従来の小売業界は，大規模小売店（スーパー，デパート等）と地域密着型の専門小売店（八百屋，肉屋等）が支配的だった。これに対し，最近では郊外型のディスカウント・ストアや，営業時間や品揃えに特徴をもつコンビニエンス・ストア等，新しい組織形態の小売店が登場し急速に成長してきた。これに伴い従来の大規模小売店の業績が悪化したり，古くから町の商店街を構成してきた地域密着の専門小売店が衰退しつつある。

　このような現象を，個体群生態学モデルは次のように説明する。小売業界を，非常に多くの組織から成る個体群として認識するとすれば，従来は大規模小売店と地域密着型専門小売店という2つの「種」によって支配されていた。この個体群の中に，ディスカウント・ストアやコンビニエンス・ストアという新しい「組織形態」（種）が生まれ，それが勢力を伸ばしていくにしたがって，従来あった「種」の生存がおびやかされ，一部は淘汰されてしまったのである。

1. 組織形態とニッチ

組織の個体群に対する淘汰の圧力によって，変化を説明しようとする個体群生態学モデルは，組織の変化や適応について，いくつかの重要な仮定を置いている。第1に，組織の特徴は「組織形態」と呼ばれる概念で把握されること，第2に，組織の生存可能性は，その組織形態と「ニッチ」と呼ばれる環境に依存していること，第3に，組織は非常に強い慣性をもっており，基本的に変化しないことである。

▶組織形態

　個体群生態学モデルでは，淘汰の対象となるのは，個々の組織で

はなく,共通の特徴をもつ組織の集合である。この「共通の特徴」は,「組織形態」と呼ばれる。ハナンとフリーマンによれば,「組織形態とは,組織の行動,つまりインプットをアウトプットに変換するための青写真」であり,組織の構造や行動パターン,その組織を特徴づける価値観などを意味するという。換言すれば組織形態とは,その組織がもつ特定の目標,環境,諸行動の組合せである（Aldrich［1979］）。たとえば総合病院,個人病院,特定病院（老人医療専門等）の差,総合商社と専門商社の差,輸出依存度の高い企業と国内取引中心の企業の差等,さまざまな尺度で組織形態を識別することができる。

　たとえば,組織形態の区別として最も一般的なのは,「スペシャリスト（specialist）」と「ジェネラリスト（generalist）」の区別である。スペシャリスト組織は,ジェネラリスト組織に比べて,より限られた領域の業務を徹底的に行う。たとえば総合大学に比べて,単科大学（工科大学など）は,より狭い学問領域を対象にしたスペシャリスト組織である。また低価格品から高級品までフルラインで製品を提供するメーカーと少数の品種のみを提供するメーカーなども,ジェネラリストやスペシャリストの区別の例である。

▶ニッチ

　組織の個体群生態学モデルで,ある組織形態をもつ組織の集合が,淘汰されるか否かに関わる重要な概念は「ニッチ（niche）」である。ニッチは「生態学的位置」あるいは,「すき間」を表す言葉であり,組織の個体群生態学モデルでは,その組織の個体群が存続し,再生産できるだけの資源レベルの組合せから成る領域を意味する。環境は多様なニッチに分割され,あるニッチにあってはその組織個体群は,他の組織個体群と直接的に競合する。

　いうまでもなく,スペシャリスト組織は,狭いニッチに焦点を当

て，あまり余分な資源（スラック）や超過能力をもたずに，そのニッチを深耕し，効率性を追求する。他方，ジェネラリスト組織は，より広い幅をもつニッチを対象とし，リスクを分散することはできるが，特定のニッチでは必ずしも最適となる保証はない。両者の間には，能率（狭い領域の深耕）とリスク分散（安定性）とのトレード・オフがある（Hannan and Carroll [1992]）。一般にスペシャリスト組織が支配的になるのは，環境の不確実性が低いときである。ある程度環境の変化がある環境ではジェネラリスト組織が支配的になる。しかし，環境変化の幅が大きく，かつ頻繁に起こる環境では，それに適応しようとするジェネラリスト組織のコストは非常に高くなる。このように大きな変化が頻繁に起こる環境では，スペシャリスト組織の方が，逆境にあってはそれを乗り切るまで我慢するという対応をとることで，長期的に生存する可能性が高くなるだろう。

2．組織慣性

個体群生態学モデルは，組織の形態について強い慣性（inertia）が働いていることを前提としている。慣性が作用しているということは，環境適応のために，自身を変化させる組織の能力が低いことを意味している。進化論のアナロジーを使えば，私たち「ヒト」という種の生物学的特性（手，足，神経系，等）は生まれながら与えられたもので，生きていく過程で私たちの自由意志によって変えることはできない。個体群生態学でモデルでいう組織の慣性についても同様に，生まれながらにもつ「組織形態」という特性は，変えられないと仮定する。したがって新しい組織形態の登場は，既存の組織の変化によってではなく，新しい組織形態をもつ組織が誕生するという「変異」プロセスを通じて現れる，という説明論理を採用する。

組織が強い慣性をもつのは，組織内部および外部環境から，組織が変化することに対して制約が課されるからである。

▶組織慣性への内的制約

　組織慣性が生まれる内部からの制約条件には，次の4つのものがある。第1に，組織が既存の設備や資産に大きな投資をしていると，そのことが変化に対して埋没コスト（sunk cost）を生み出すからである。埋没コストは，現在の活動を続けている限り，付加価値を生み出す投資として考えられるが，それをやめて新しい活動を行うとすれば，無駄な費用として考えられるものである（March and Simon [1958]）。

　第2に，意思決定者が利用できる情報に関する制約がある。組織は現在の業務をより能率的に行えるようデザインされている。したがって意思決定者が入手できる情報は，現在の業務・職務に関係するものが中心となり，新しい変革のための情報は入手しにくい。

　第3に，組織内の政治的制約がある。一般に組織を変えるには，組織内の資源を再配分することが必要となる。しかし，そうした動きに対し，現在資源の優先配分を受けて，パワーをもっている部門や人々が大きな抵抗を表す。資源の再配分は，既得権益をもつ人々のパワーを低下させる可能性をもつからである。

　第4の制約は，歴史や伝統からくる変化への抵抗である。歴史的一貫性を保ち，伝統を守ろうとする組織の性向は，新たな変革に対して大きな障害となる。

▶組織慣性への外的制約

　組織に慣性を与える外的制約には，次の2つのものがある。第1に，新しい領域への参入や現在の領域からの退出に伴う法制面・財務面での障壁がある。退出障壁が高ければ，既存の活動を続けることに強い誘因が働き，新市場への参入障壁が高ければ，新しい活動をすることから得られる期待利益は大幅に低下する。その結果，現在の活動を続けようとする強い慣性が生まれる。

第2に，外部環境からの「正当性（legitimacy）」の要求が組織に慣性をもつことを要求する。組織と参加者は組織均衡論で示したような資源取引を行っている。各参加者は誘因－貢献が正になることを第一義的に要求するが，それとともに誘因の「信頼性（reliability）」と，貢献に関する広義の「会計責任（accountability）」を組織に要求する。ここで信頼性は，組織が参加者に支払う誘因の，品質におけるバラツキ（偏差）を意味する。

　広義の会計責任とは，組織に対するインプット資源が，組織内でどのような手続きに従って処理され，どのような成果を生み出したかを説明する責任を意味する。現代社会では，一時的に誘因効用と貢献効用の差別超過分が正になるだけではなく，一定期間以上にわたって高い信頼性（たとえば安定した配当とか雇用の安定等）と，会計責任（財務諸表や品質基準の開示等）を維持しなければ，その組織は社会に存続する正当性を確保することができない。こうした信頼性や広義の会計責任を確保するには，頻繁に組織内の活動や手続き（プログラム）を変更しない方が望ましい。この意味で，社会で正当性が認められる組織には，安定を求める強い慣性が作用することになる。

　個々の組織が自らの組織形態を変化させて環境に適応していく能力が，このように限られているならば，組織個体群がどのように変化するかを解明するには，環境からの淘汰圧力が，さまざまな組織形態の生成や死滅にどのような影響を及ぼすかを検討する必要がある。

3．自然淘汰モデル

　個々の組織について強い慣性を前提とする個体群生態学モデルでは，組織の個体群の変化を，自然淘汰モデル（natural selection model）によって記述・説明する。自然淘汰モデルは「変異（variation）」，「選択・淘汰

図 5-1(a) 個体群生態学モデルの自然淘汰プロセス

変異 → **選択** → **保持**

- 変異：組織の個体群に多くの変異が発生する
- 選択：ある組織形態はニッチを見出すことができ存続する
- 保持：環境に適した組織は成長し、環境の中で制度化される

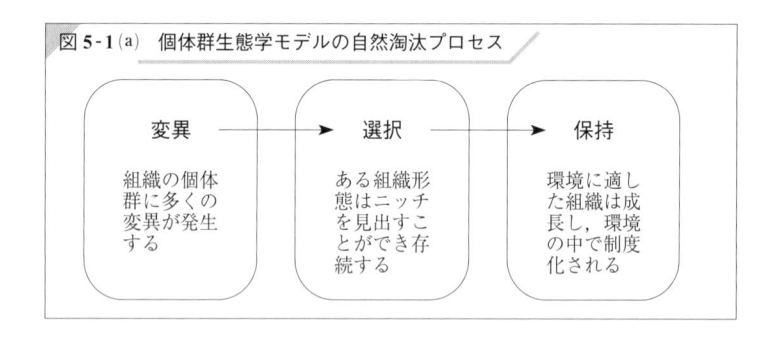

(selection)」,「保持（retention）」という3つのステップによって，組織個体群の変化を説明する。

「変異」は，組織個体群の中に新しい組織形態をもつ組織が生まれることを意味する。環境による「選択・淘汰」の対象となる組織形態の多様性はこの変異プロセスを通じて生まれる。そうした組織形態のうち，あるものは適当なニッチを見い出すことができると，環境に良く適合するという理由で，他の組織形態を制して選択される。環境に適合しない組織は，その生存に必要な資源を獲得することができず，環境によって「淘汰」されてしまう。選択された組織形態は，環境と対立しない限り維持され，再生産されていくことになる。これが「保持」である（図5-1(a)(b)）。

▷**変　異**

環境が特定の組織形態を選択・淘汰するためには，その組織個体群の中に，多様組織形態をもつ組織が存在することが前提となる。この多様な組織形態の誕生を，「変異（variation）」という。

組織個体群に変異が起こる源泉には，企業者（entrepreneur）や既存の組織の経営者，あるいは政府等によって意図的，計画的に新しい組織がつくられる場合だけではなく，非意図的，非計画的に新し

い組織形態が誕生してくる場合も含まれる。いずれの場合も，選択・淘汰の素材を提供するという意味で，個体群生態学モデルでは無差別に扱われる。

変異には，2つのタイプがある（Aldrich [1979]）。第1は，組織間で異なる組織形態が生まれる場合である。たとえば，機能別部門組織構造をとる企業と事業部制組織構造をとる企業の差，あるいは有機的組織と機械的組織の差などである。これに対し第2は，組織内で，異なる組織形態の下位組織が生まれる場合である。たとえば大規模な組織内でみられる，部門間で異なった組織形態や管理プロセスをとる場合の差異がこれに含まれる。

第1に，組織間での差異は，まずそれぞれの組織が設立された時期を反映して起こる。異なった時期に設立された組織は，それぞれの設立時点での環境コンテキストに適合するように設計される。この初期コンテキストが，組織形態に刷り込まれて（inprinted）いき，後々まで伝統，慣習，組織文化として継承されていくことになる。たとえば創業者の個性や信念，重要な役割を果たした利害関係者との取引などが，後世にまで伝えられてその企業のアイデンティティの一部となる。

第2に，組織内で変異が生まれる可能性は，その組織の各部分がルースに結合されている（loosely coupled）程度が大きいほど高くなる。組織内の各部分が，ルースに結合されていると，タイトに結合している場合と比べて，各部門が他の部門とより独立して行動することができる。ルースな結合の組織では，各部門が分権的で自己完結的に構成され，他部門への依存度が低くなる。各下位組織がそれぞれ独立に，対応する環境の部分に適応していくと，組織全体としては，内部に多様な組織形態をもつ可能性が高まる。

また組織内での変異は，管理の失敗によっても起こりうる。つま

図 5-1(b) 自然淘汰モデル

初期状態

組織形態A, B, Cによって構成される組織個体群
（組織形態Aの組織群、組織形態Bの組織群、組織形態Cの組織群）

変異 →

新しい組織形態Dをもつ組織群の誕生
（A、B、C、組織形態Dの組織群）

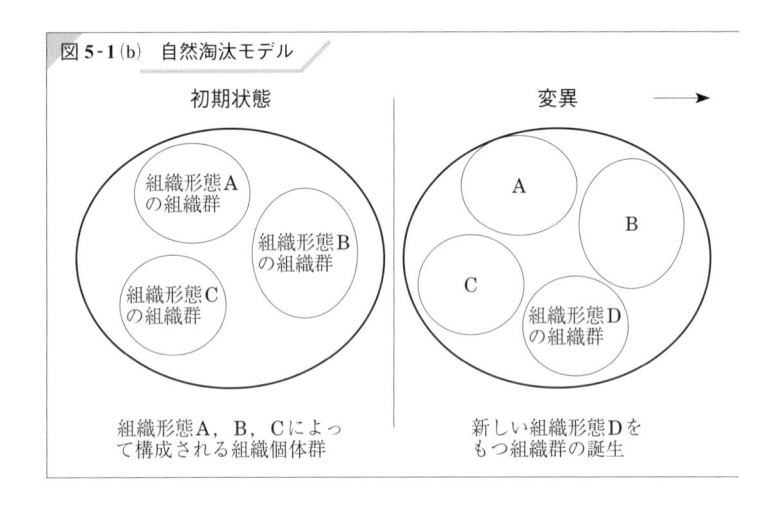

り分権化された組織では，トップマネジメントの政策や計画が，組織の末端にまで浸透しなかったり，それらの解釈の差異が大きくなることもある。その結果，トップマネジメントの計画や意図とは異なるときには矛盾した活動が，下位部門組織で行われることもしばしば起こりうる。

組織個体群の中で変異が起こると，新しい組織形態は普及プロセス（diffusion process）を経て，伝播していく。普及プロセスの中で重要な役割を果たすのは，第1に人の移動（personnel movement）であり，第2にエージェントを通じた学習（vicarious learning）である。

たとえば米国の半導体産業を構成する諸企業は，ショックレー（W. Shockley）を中心にしたショックレー研究所，あるいはその後のフェアチャイルド社からスピンアウトした人々が設立したものが多いことはよく知られている。ある組織から独立して新しい企業を起こした経営者が，元の組織では製造部門に属していた半導体企業

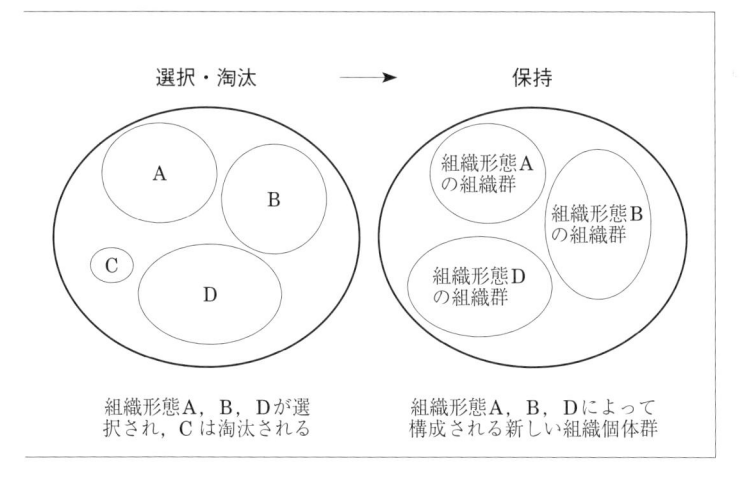

```
選択・淘汰  ──→  保持

    ┌─────────────┐    ┌─────────────┐
    │   A    B    │    │ 組織形態A   │
    │             │    │ の組織群  組織形態B │
    │  C    D     │    │          の組織群  │
    │             │    │ 組織形態D         │
    │             │    │ の組織群          │
    └─────────────┘    └─────────────┘
    組織形態A, B, Dが選     組織形態A, B, Dによって
    択され，Cは淘汰される    構成される新しい組織個体群
```

は，やはり製造を中核とする効率的な構造をもつのに対し，元の組織のエンジニアリングや研究開発部門からスピンアウトした人々によって設立された企業は，より独創的で，技術革新を志向した組織になる傾向がある（Brittain and Freeman [1980]）。

変異によって生まれた組織形態の普及は，それを媒介するエージェントによって促進されることがある。たとえば技術的革新や経営革新は，研究者などによって学会で取り上げられたり，業界誌・専門誌の記事を通じて，他の組織の知るところとなる。またビジネス・スクールやその他のプロフェッショナル・スクールでの教育を通じて，そうした知識をもつ人々が組織に供給されていく。組織形態の普及において，他組織からの借用や模倣は重要な役割を果たす（Cole [1959]）。

▷ **選択・淘汰**

たとえ計画的であろうと非計画的であろうと，組織個体群の中に新しい組織形態の組織が発生すれば，それらは環境にどの程度適合

するかによって選択されることになる。変異によって生まれた組織のうちある組織形態をもつ組織は，環境にニッチを見出すことができ，生存に必要な資源を確保することができる。一方ある組織形態をもつ組織は，環境からの要求に適合することができず，その結果環境によって淘汰されてしまう。環境にある資源が有限であるとすれば，結局，特定のニッチの中では，少数の組織形態が選択され，長期に生存することになる。

選択・淘汰のメカニズムは，第1に市場における競争を通じて起こる場合と，第2に政治的権力によって起こる場合がある（Hannan and Freeman [1977]）。同じ産業に属する企業は，共通の市場において，消費者からの貢献を得るために競争している。このことは資本，原材料などの要素資源，労働力の獲得についても同様である。いずれの場合も，環境にある資源は限られているから，その資源をめぐって複数の組織が生存競争することになる。

環境による組織形態の第2の選択メカニズムは，政府などによる規制・政策である。特許法，最低賃金や労働条件，公害や安全性等についての規制，監督官庁によるより直接的な指導や検査は，組織の行動のうち何が淘汰されるかを規定する制約条件として，重要な役割を果たしている。たとえば，わが国では，大学間のカリキュラムの類似性が高いのは，それらに対する規制・条件が厳しく制限されているからである。すなわち規制に適合しない組織形態をもつ組織は，淘汰され生存できない。一方，そうした規制が緩和されれば，選択される組織形態の多様性は増大することになる。

▷保　　　持

個体群生態学モデルにおいて「保持（retention）」とは，選択された組織形態が，長期にわたって存続することを意味する。この保持と変異は，組織個体群の変化に対して，互いに対立する圧力として

作用する。組織に変異をもたらす一連の要因は，ある組織形態が保持される可能性を低くする。一方で，ある組織構造や行動を維持しようとする力が強ければ，組織形態に変異が生まれる可能性は低くなる。

オルドリッチ（Aldrich [1979]）が指摘するように，組織構造に関する多くの研究は，特定の構造や行動が繰り返し生起するメカニズムに焦点を当てており，その意味で，組織形態を保持するメカニズムに焦点を当てているといってよい。ここでは特に重要な官僚制，社会化，コミットメントの3点を指摘しておこう。

第1に，組織における諸々のプログラムは，標準業務手続き（Cyert and March [1963]），職務明細書，業務マニュアル，組織ルーティン（organizational routine）等の形をとる。一連のプログラムによって，人々の行動が支配される程度が高くなるほど，官僚制の程度は高くなる。こうしたプログラムやルーティンは，組織の業務や諸行動に継続性・反復性を維持し，またそれらの間に継時的な一貫性を生み出すための「記憶」であり，また世代を超えて受け継がれる「遺伝子」としての機能を果たしている（Nelson and Winter [1982]）。

第2の社会化（socialization）は，新しい組織メンバーがその組織の文化，すなわちその組織内でどのように考え・感じ，どのように振るまえばよいのかを学習するプロセスである（Dornbush [1955], Schein [1985]）。この社会化のプロセスを通じて，組織内のさまざまなルーティン，意思決定方式，雰囲気や価値観などが，新メンバーに内面化され，保存されていく。こうしてその組織形態は，長期にわたって安定的に保持・継承されていくことになる。

第3に，選択された組織形態を保持しようとする傾向は，「コミットメント・プロセス（commitment process）」によっても強化され

る。組織メンバーは，自らの組織における仕事の仕方や価値・目標に，コミットメントするようになる。その結果，人々は彼らの慣れ親しんだ行動を継続しようとする一方で，たとえその行動が問題や失敗を生み出したとしても，その行動を変えるような力に対して，強く抵抗する (Staw [1981])。こうした心理的コミットメントの問題は，第Ⅲ部でより詳しく論じられる。いずれにせよ，官僚制化された組織形態や社会化のプロセスとともに，心理的コミットメント・プロセスは，環境に適応的であるとして選択された組織形態を，維持・継承していく際に重要な役割を果たす。

▶個体群生態学モデルの特徴

個体群生態学モデルは，分析のレベルが組織の生態学レベルにあること，個々の組織について意図的な合理性の追求を仮定しないという点から，個々の組織が環境に適応するために意図的に合理性を追求する行動については，何も説明していない。個々の組織の経営者が，何を考え，どのように行動するかについて，予測することもできない。

個体群生態学モデルはしばしば，経済学の論理によく似ていると指摘される。経済学では，完全競争市場が社会的効用を最適化するとされている。これに対し，個体群生態学モデルも，環境の選択プロセスが，組織―環境関係の適合関係を決定すると考えている。しかし，両者は次のような相違点もある。経済学では，個々の企業の意思決定について完全な合理性を仮定している。一方，個体群生態学モデルは，組織の個体群レベルを分析単位としているとともに，効用最大化のような完全な合理性を前提としていない。

資源依存モデルは，組織の生存が必要な資源を獲得することができるか否かにかかっていることを前提としている。このことは個体群生態学モデルでは，生存に必要な資源環境とニッチという概念に

相当する。利害関係者の諸要求を満たすことができなければ，組織は必要な資源を得ることはできないが，このことはその組織の形態が，ニッチを見出すことができないまま淘汰されたと考えることができる。

個体群生態学モデルは，組織形態について強い慣性を仮定しているため，環境決定論的色彩が強い。そのため企業組織の戦略行動などを説明するには，必ずしも有効でないという批判もある。しかし，経営戦略論の分野でも，ケイブスとポーター（Caves and Porter [1977]）の「戦略グループ（strategic group）」の概念にみられるように，組織形態について強い慣性を前提とした研究もある。彼らによれば，産業はいくつかの異質な企業グループから構成され，各グループ内の企業は類似の構造的特徴をもっているという。構造的特徴が似ているため，同一の企業グループに属する組織は，環境の変化に対し類似の反応を示したり，共通の利害関係者と関わることが多い。産業組織論でいう産業間の「参入障壁（barriers to entry）」という概念と同様に，同じ産業に属していても，戦略グループ間には「移動障壁（mobility barriers）」が存在し，企業がある戦略グループから別の戦略グループに変わることは，非常に難しいといわれる。

● 参考文献 ●

Aldrich, H. E. [1979], *Organization and Environment,* Prentice-Hall.
Barnard, C. I. [1938], *The Functions of the Executive,* Harvard University Press.（山本安次郎・田杉競・飯野春樹訳『新訳 経営者の役割』ダイヤモンド社，1968）
Brittain, J. W. and J. H. Freeman [1980], "Organizational Proliferation and Density-Dependent Selection," in J. R. Kimberly and R. H. Miles (eds.), *Organizational Life Cycles,* Jossey-Bass.

Caves, R. E. and M. E. Porter [1977], "From Entry Barriers to Mobility Barriers," *Quarterly Journal of Economics*, 91.

Cole, A. H. [1959], *Business Enterprise in Its Social Setting*, Harvard University Press. (中川敬一郎訳『経営と社会――企業者史序説』ダイヤモンド社, 1965)

Cyert, R. M. and J. G. March [1963], *A Behavioral Theory of The Firm*, Prentice-Hall.

Dornbush, S. M. [1955], "The Military Academy as an Assimilating Institution," *Social Forces*, 33.

Gordon, R. A. [1961], *Business Leadership in the Large Corporation*, University of California Press.

Hannan, M. T. and G. R. Carroll [1992], *Dynamics of Organizational Populations*, Oxford University Press.

Hannan, M. T. and J. Freeman [1977], "The Population Ecology of Organization," *American Sociological Review*, Vol. 82.

Hannan, M. T. and J. Freeman [1984], "Structural Inertia and Organizational Change," *American Sociological Review*, Vol. 49.

March, J. G. and H. A. Simon [1958], *Organizations*, John Wiley & Sons. (土屋守章訳『オーガニゼーションズ』ダイヤモンド社, 1977)

Nelson, R. R. and S. G. Winter [1982], *An Evolutionary Theory of Economic Change*, The Belknap Press of Harvard University Press.

Pfeffer, J. and G. R. Salancik [1978], *The External Control of Organizations: A Resource Dependence Perspective*, Harper&Row.

Schein, E. [1985], *Organizational Culture and Leadership*, Jossey-Bass. (清水紀彦・浜田幸雄訳『組織文化とリーダーシップ』ダイヤモンド社, 1989)

Staw, B. [1981], "Escalation of Commitment to a Course of Commitment," *Academy of Management Review*, Vol 6.

山倉健嗣 [1993], 『組織間関係』有斐閣。

第6章　組織目標と組織有効性

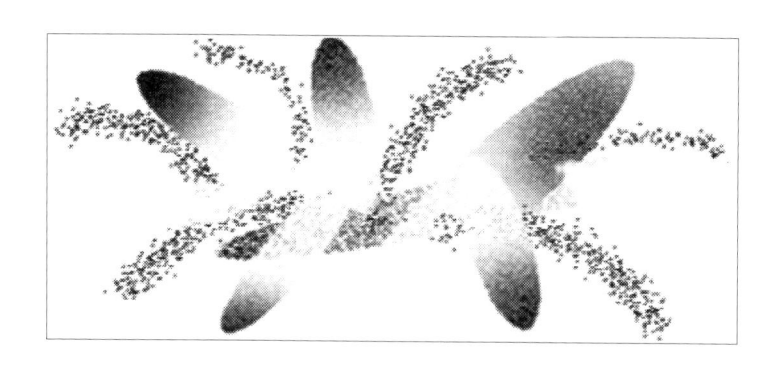

　組織が行う意思決定は，それが外部環境への適応に関するものであろうと，組織内部の統合に関するものであろうと，その組織が追求する目標と満足させるべき制約条件とに関係して行われる。第5章で述べた外部環境からのさまざまな諸要求も，客観的条件として直接に組織の行動に作用するというよりは，その組織が意思決定する際に主体的に認識する目標や制約条件に影響を与えるという仕方で作用する。

　この章の目的は，外部環境からの諸要求のもとで，自律性を確保しようとする組織が，何を制約条件として認識し，何を目標として設定するのか，そのメカニズムを理解することである。

▶創出された環境（enacted environment）

　環境を行動主体に対する制約条件の集合と考えるならば，組織の環境は，客観的に与えられたリアリティとして存在するわけではない。むしろ「環境」とは，組織による注目と解釈のプロセスを通じ

て主体的に構成されるものである。そもそも世界の諸事象は、私たちに認識されなければ、私たちの行動に影響を与える要因とはなり得ない。ワイクはこのような環境と行動主体の関係について、「環境は創出される（enacted）」と指摘している（Weick [1979]）。彼によれば「人間は自らが適応するシステムとしての環境を創造する。つまり人間は、客観的に存在する環境に反応するのではなく、それを創出する」と指摘している。

　世界の事象は、われわれが意味を付与することによってその存在が認識される。この事象に意味を付与するのは、私たちがその対象に注意を向けるプロセスである。

　「注意を向ける」というのは、そもそも限定的プロセスであり、人間の合理性の限界に帰因している。すなわち人間は客観的環境のすべての要素を同時に認識できるなら「注意を向ける」という概念事体が意味をもたない。現実の人間は、客観的環境にあるひとつもしくは少数の事象にしか、注意を向けることができないから、「注意力（attention）」は組織における稀少資源なのである。

　このように「創出」の概念は、現実における組織の行動を理解する上で重要な意味をもつ。ある組織の環境は何かという問いは、その組織がどのように環境を創出するかを明らかにしなければ意味がない。たとえ客観的には同じ環境に置かれていても、異なる組織、異なる諸個人は、それぞれ異なる環境を創出し、異なった行動を展開することになる。

　この章で論ずる組織目標や有効性の概念は、組織の環境に関する特定の認識を反映したものであり、組織の環境適応行動や組織構造、管理プロセスを分析する上で基礎となる。

1 組織目標の概念

「組織目標（organizational goal）」について，何らかの概念を導入しないで，組織理論の論議を進めることはできない。それでは「組織目標」とは，何を意味するのだろうか。一般に個人が目標をもつと考えることに異論はないだろう。しかし，第1章で示したように組織理論は，組織の行動を個人行動に還元して分析する方法論的個人主義を排除することに，その存立基盤のひとつをもっている。したがってたとえば，企業組織の目標は資本家もしくは企業家の目標と一致する，と仮定する古典的な経済理論のような方法をとることはできない。現実の組織で行われる意思決定は，組織メンバー・諸利害関係者からの影響によって制約されるから，組織目標を「組織の所有者の目標」，あるいは「トップマネジメントの目標」と同一視したり，組織メンバーの組織内での役割行動を，彼らの個人目標だけを基礎に説明することもできない。

現実の組織の複雑な意思決定を説明できる目標の概念をどう定式化できるか，このことをみるために，まず行為の目標に関する厳密な議論から出発し，次いで組織目標の意味を明らかにしよう。

1. 動機，目標，制約条件

まず初めに，現実の意思決定を分析するために，「目標」と「動機」とを区別しておく必要がある。「目標」とは意思決定へのインプットとして役立ちうる価値前提を意味する。一方「動機」は，いろいろな目標のうちある特定の目標を個人に選択させる原因として考える。したがって，ある個人が組織においてある職務を遂行するのは，その人がその役割行動の前提となる目標を選択するよう動

機づけられなければならないことがわかる(「動機づけ」については,本書第10章で,詳しく論じられる)。

組織の行動を記述・分析する上でもうひとつ重要な概念は「制約条件 (constraints)」である。一般にある所与の状況で,特定の反応がそれ以外の反応よりも起こりやすいとき,その反応は制約されているという。個人であろうと組織であろうと,それぞれの行動主体の選好だけでなく,物理的制約,社会的影響,情報処理 - 認知的能力等によってさまざまに制約を受けている。

制約条件は,多くの場合,ある種の行動をより促進する方向に作用する。集団や組織も,政府,消費者,組合,競争相手等の利害関係者の要求によって制約されている。たとえば,制限速度が時速60kmの道路では,私たちは時速60km前後で自動車を運転しようとする。またこの道路では個々のドライバーの個性や目的地,自動車の特性にかかわりなく,時速60km前後で運転される自動車をより多く観察することができる。また政府や行政組織による「規制」という制約条件によって縛られている産業では,個々の企業組織の行動や成果の差は少なくなると期待できる。

2. 組織目標

一般に意思決定が,単一の目標達成をめざしていることは稀である。ほとんどの意思決定は,複数の制約条件の全集合を満足させる行為のコースの発見にかかわっている。したがって,厳密な意味で行為の目標と考えられるのは,この諸制約の集合であり,その要素のひとつではない。

意思決定状況において目標,すなわち解が満たされなければならない諸制約は,次の2つの機能をもっている。第1に諸制約は,提起される解をデザイン(選択肢の生成)するのに直接用いられる。第2に諸制約は,提起された解の満足度をテストする(選択肢のテスト)ことに用いられる (Simon [1964])。一般的な用語法では,第

1の機能をもつ制約の集合が，より「目標らしく」みえるだろう。

このことをみるために，ある信託銀行に勤務し，信託資金を株式や社債に投資している銀行員を例に考えてみよう。彼は信託証書の約定により，資金の資本価値を高めることを彼の目標とする。これによって彼は，成長産業に属する企業の普通社債を購入することを考えるだろう（選択肢の生成）。また彼は，投資対象企業の財務構成が健全であること，過去の配当記録が満足できること等々のさまざまな基準に照らして，可能な投資対象をそれぞれ点検するだろう（選択肢のテスト）。

第1に，この銀行員がある企業の普通株をある価格でどれだけ購入するかという意思決定は，厳密に考えると，「資金の資産価値を高める」という目標だけでは記述できないことは，容易にわかるだろう。少なくとも彼はまず，彼自身の個人的動機が何であろうと（バンカーとして社会的名声を得ることであれ，個人的趣味を実現するために給料を稼ぐことであれ），ほかならぬこの信託銀行に勤務し，資金運用という職務を遂行することに動機づけられていなければならない。

第2に，選択されるポートフォリオが満たすべき制約条件は複数あり，あるものは選択肢の生成に，またあるものは選択肢のテストに使われていることがわかる。この制約条件の全集合を目標と定義するのは，どの条件が優先的に考慮され，選択肢の生成に使われるか，どれが選択肢のテストに使われるかは，かなり恣意的でありまた状況依存的だからである。金融市場の不確実性が高く，彼がリスク回避的な性向の持ち主なら，まず投資先の財務健全性を優先して選択肢を生成し，その中から期待配当が高いものを選択するだろう。しかし，逆に一定以上の期待配当の選択肢をまず生成し，それぞれの選択肢を財務健全性等の基準によってふるいにかける場合もある

だろう。

　第3章で述べたように満足基準による意思決定では，選択肢は所与ではなくて，探索-デザインされる。一般に可能な選択肢は複数存在することが多く，選択される解は，その探索の順序などのプロセスに依存しているからである。

　上の議論は次のように要約できる。実生活の意思決定では，ある選択される行動は，複数の要求あるいは諸制約の全集合を満たさなければならない。これらの諸要求・諸制約のうち，特にひとつが選ばれ，強調されて行為の目標と呼ばれるが，どれが選ばれるかは，かなり恣意的である。したがって，個人および組織の意思決定において，諸要求・諸制約の全集合を「目標」と呼ぶのが，現実の意思決定の分析にとって有効である。

3．組織目標の複雑性

　「組織目標」を広く諸制約の集合を意味するものとして用いるならば，組織はまさに目標（広く所有された制約の集合）をもつ。しかし，もし「組織目標」を選択肢の生成に用いられるものとして限定するならば，大組織のいくつかの部門間に目標の一致はなく，部門目標の形成と部門目標間のコンフリクトが，組織的意思決定の顕著かつ重要な特徴となると考えられる。

　組織内部では分業が行われているから，組織のある部門で生成された選択肢が，他の部門で選択肢のテストに使われたりする。顧客に魅力的な高品質商品を販売しようとするマーケティング部門もあれば，低原価で一定品質以上の商品を大量に生産しようとする生産部門もある。マーケティング部門のいう「高品質」という目標は，生産部門の制約条件になるから，原価が多少上昇しても一定以上の品質管理基準が設定される。また生産部門の効率性目標は，マーケティング部門の制約条件として作用するから，場合によってはマー

ケティング部門が，顧客が望む商品を，生産コストがかさむという理由で提供できないかもしれない。

このように「広く共有された制約条件」の集合が，組織の目標である。組織において行われるさまざまな意思決定は，全体としてひとつのシステムを構成しているからである。すなわち，第1に個々の意思決定過程は複数の目標と制約に照らして満足できる行為を見いだそうとめざしており，また第2に組織のどの部署で行われる意思決定も，組織の他の部署で行われる意思決定に目標あるいは制約条件として入り込む。

組織では意思決定の分権化が進められているので，異なった部課の決定問題には異なった制約が課せられている。したがって，たとえば「利益」というひとつの目標は，企業組織の大部分のメンバーの意思決定には，ほとんど直接に入り込まない。組織という複雑な意思決定機構は，互いにゆるく結ばれたシステムであり，たとえ「利益」でも組織目標の多くの制約条件のひとつにすぎず，ほとんどの部分システムに間接的に入り込むだけである。したがってわれわれは，諸制約の全集合を組織目標と呼ぶことが現実の「組織現象」を分析する上で，有効なのである。

2 組織目標の形成と変化

1. 組織目標の形成過程

組織目標を諸制約条件の集合とする定義を受け入れるとすれば，次に問題となるのは，第1に，一体何が制約条件として組織目標の集合に組み込まれるのか，第2に，それぞれの制約条件のうち何が選択肢の生成に使われ，何がそのテストに用いられるのか，第3

に，それぞれの目標水準はどのように決まるのか，こうした一連の問いに答えなければならない。

▶企業組織における財務目標決定のケース

前章でみたように，組織の行動に対して制約を加えるのは，その組織の参加者・利害関係者組織である。したがって，制約条件の集合としての組織目標は，次のような組織参加者からの諸要求を反映したものになる。

1．所有者……財務的報酬等
2．従業員……職務満足，報酬支払い，雇用の安定等
3．顧客……財・サービスの性能・品質・価格等
4．債権者……債務保証
5．コミュニティ……地域社会への貢献，社会的責任等
6．供給業者……満足のいく取引
7．政府……法・規制の遵守

ここでは企業組織の財務目標を例に，制約条件の集合としての組織目標が，利害関係者からの諸要求によってどう決まるかをみてみよう。

最初に総資産売上高比率を一定とすれば，企業が自己完結的に目標を決定する場合，総資金需要と総資金供給が一致している必要がある。このとき，企業の売上高成長率と総資産成長率は一致するから，この成長率目標は，それを達成するために必要な資金需要を決める。一方，成長に必要な資金供給は，一定の利子率のもとで，総資産利益率，負債比率，内部留保率（または配当比率）によって決まる。したがって，利害関係者からの要求がないか，経営者が十分自律的に目標を決定できると仮定すれば，図6-1(a)のように，自己充足的目標システムの各要素は，バランスがとられるよう決定される（Donaldson and Lorsch [1983]）。

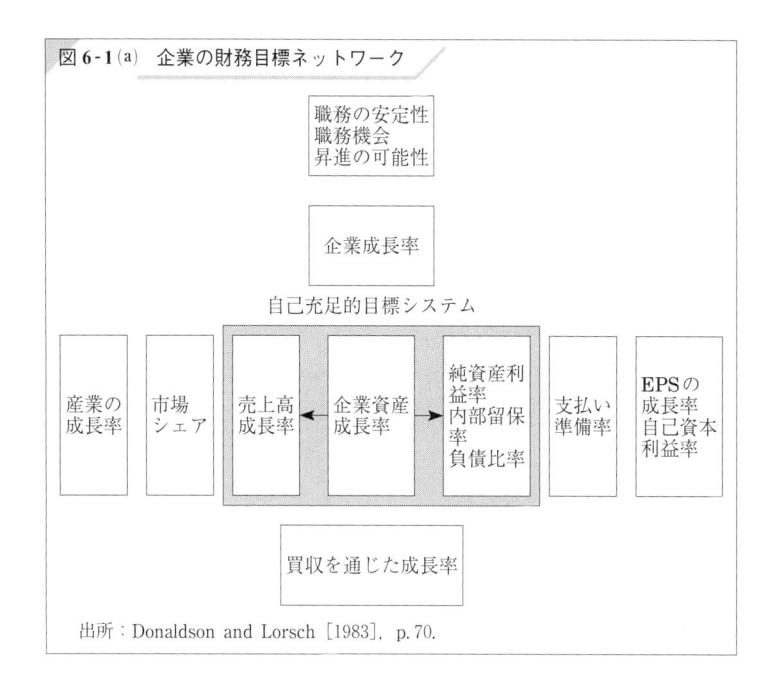

図6-1(a) 企業の財務目標ネットワーク

```
        ┌─────────────┐
        │ 職務の安定性 │
        │ 職務機会     │
        │ 昇進の可能性 │
        └─────────────┘

        ┌─────────────┐
        │ 企業成長率   │
        └─────────────┘

              自己充足的目標システム
┌──────┐ ┌──────┐ ┌──────┐ ┌──────┐ ┌──────┐ ┌──────┐ ┌──────┐
│産業の│ │市場  │ │売上高│ │企業資産│ │純資産利│ │支払い│ │EPSの │
│成長率│ │シェア│ │成長率│ │成長率  │ │益率    │ │準備率│ │成長率│
│      │ │      │ │      │ │        │ │内部留保│ │      │ │自己資本│
│      │ │      │ │      │ │        │ │率      │ │      │ │利益率│
│      │ │      │ │      │ │        │ │負債比率│ │      │ │      │
└──────┘ └──────┘ └──────┘ └──────┘ └──────┘ └──────┘ └──────┘

        ┌─────────────┐
        │買収を通じた成長率│
        └─────────────┘
```

出所：Donaldson and Lorsch [1983], p.70.

次に利害関係者からのパワーの行使が，企業の財務目標決定プロセスにどのような影響を与えるか，検討してみよう。

第1に，製品市場での競争が，組織目標の決定に与える可能性を考えてみよう。製品市場で製品の厳しい競争にさらされている企業は，品質，価格，納期その他さまざまな側面で競合他社と競争している。こうした競争の圧力が強い企業は，たとえば，市場占有率を競争環境における成果指標として用いることが多い。したがって，図6-1(b)に示されるように，産業の成長率から，まず企業の売上高成長目標や市場占有率目標が決められる。その結果，企業全体の成長率と結びついた従業員へのキャリア機会等が決定されることになる。

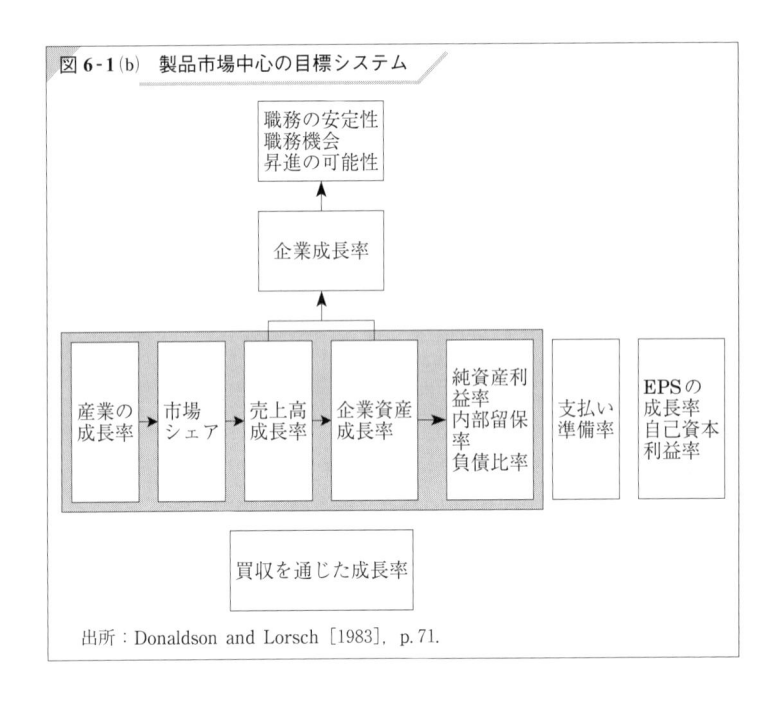

図 6-1(b) 製品市場中心の目標システム

```
                    職務の安定性
                    職務機会
                    昇進の可能性
                         ↑
                    企業成長率
                         ↑
┌─────────────────────────────────────────┐
│ 産業の  市場    売上高   企業資産  純資産利  │ 支払い   EPSの
│ 成長率  シェア  成長率   成長率    益率     │ 準備率   成長率
│                                  内部留保  │         自己資本
│                                  率       │         利益率
│                                  負債比率  │
└─────────────────────────────────────────┘
              買収を通じた成長率
```

出所：Donaldson and Lorsch [1983], p.71.

　第2に，図6-1(c)は，資本市場からの要求が，職務目標システムに影響を与える場合の例である。投資家は財務健全性と，一定以上の配当・キャピタルゲインを要求する。したがってまず，自己資本利益率目標が，純資産利益率目標を決定し，その結果受容可能な資産や売上高成長率目標を決定してくる。こうした目標が与えられると，結果として，企業全体の成長率目標が決まるから，職務の安定性やキャリア機会目標も決まってくる。

　第3に，組織内部の従業員からの圧力が強い場合には，図6-1(d)のように，まず職務の安定性やキャリア機会への期待が形成され，それが実現されるのに必要な企業成長率目標が決定される。次に企業成長率目標を達成するための資金需要と資金供給の水準が決まる。

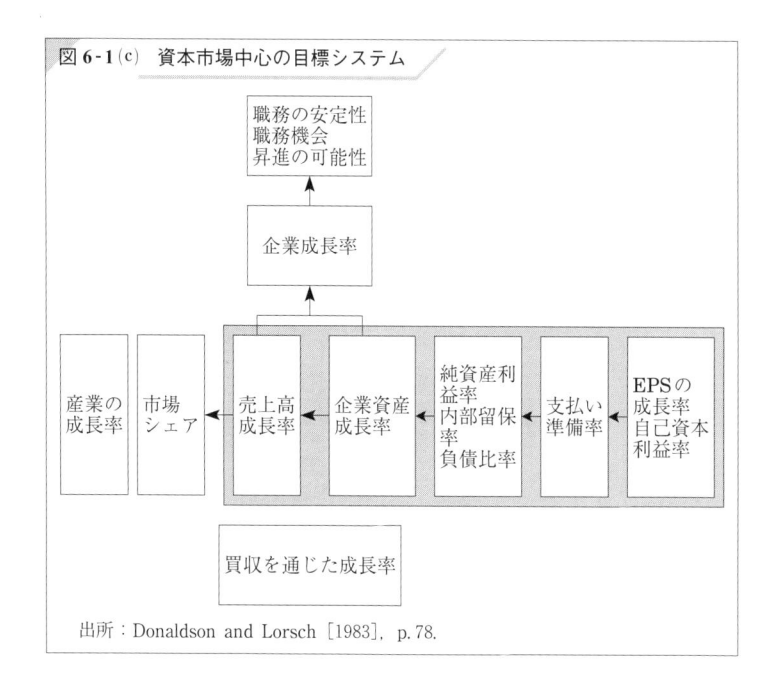

図 6-1(c)　資本市場中心の目標システム

```
           職務の安定性
           職務機会
           昇進の可能性
              ↑
           企業成長率
              ↑
┌──────┬──────┬──────┬──────┬──────┬──────┬──────┐
│産業の │市場  │売上高│企業資産│純資産利│支払い│EPSの │
│成長率 │シェア│成長率│成長率 │益率  │準備率│成長率 │
│      │      │      │       │内部留保│      │自己資本│
│      │      │      │       │率    │      │利益率 │
│      │      │      │       │負債比率│      │      │
└──────┴──────┴──────┴──────┴──────┴──────┴──────┘
           ↑
        買収を通じた成長率
```

出所：Donaldson and Lorsch [1983], p.78.

もし既存事業だけではこうした成長率が達成できない場合は，買収・合併などを通じた成長が検討される。しかし，こうした成長は，純資産利益率や負債比率などに影響を与えることになり，それぞれの目標水準が決まることになる。

▷組織目標の水準

組織目標は最適基準というより，満足基準によって設定されることが多い。特定の目標について，具体的な要求水準は，一般に次の3つの変数によって影響を受ける。第1はその組織の過去の要求水準であり，第2は過去の実績水準である。また第3にその組織が目標や業績を評価する際の比較対象組織（reference organization）の実績水準である（Cyert and March [1963]）。

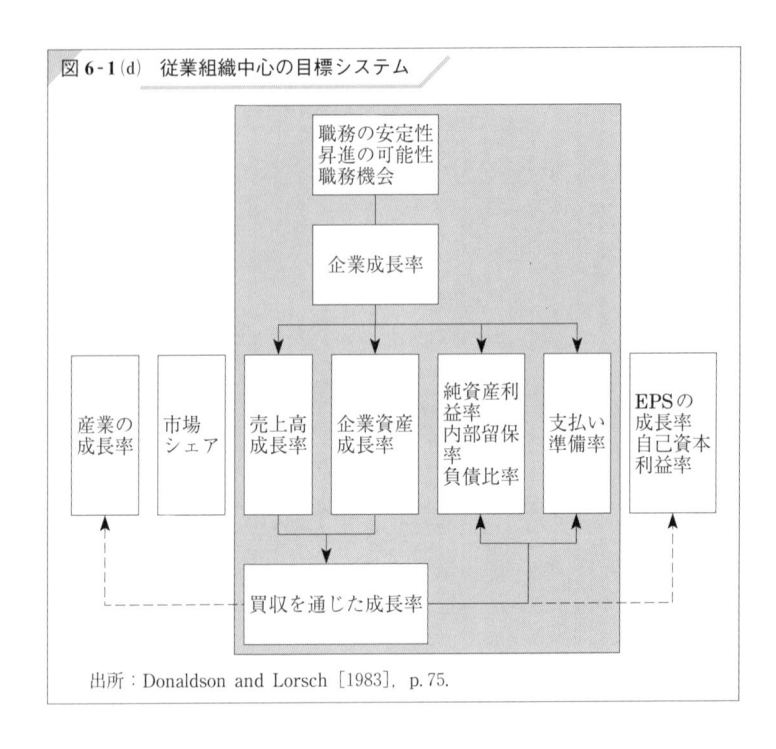

図 6-1(d) 従業組織中心の目標システム

```
                    ┌─────────────┐
                    │ 職務の安定性 │
                    │ 昇進の可能性 │
                    │ 職務機会     │
                    └──────┬──────┘
                           │
                    ┌──────┴──────┐
                    │ 企業成長率   │
                    └──┬────┬──┬──┘
                       │    │  │
┌──────┐ ┌──────┐ ┌────┴─┐ ┌┴──┐ ┌────┐ ┌────┐ ┌──────┐
│産業の│ │市場  │ │売上高│ │企業│ │純資│ │支払│ │EPSの │
│成長率│ │シェア│ │成長率│ │資産│ │産利│ │い  │ │成長率│
│      │ │      │ │      │ │成長│ │益率│ │準備│ │自己資│
│      │ │      │ │      │ │率  │ │内部│ │率  │ │本    │
│      │ │      │ │      │ │    │ │留保│ │    │ │利益率│
│      │ │      │ │      │ │    │ │率  │ │    │ │      │
│      │ │      │ │      │ │    │ │負債│ │    │ │      │
│      │ │      │ │      │ │    │ │比率│ │    │ │      │
└──┬───┘ └──────┘ └──┬───┘ └────┘ └──┬─┘ └─┬──┘ └──────┘
   ┊                 │                │     │
   └┄┄┄┄┄┄┄┄┄┄┄┄┄┄┄┄┄┴── 買収を通じた成長率 ──┄┄┄┄┄┄┄
```

出所：Donaldson and Lorsch [1983], p. 75.

現実の企業の財務目標システムの集合は，このような利害関係者からの諸要求が，複雑にからみ合う中で，バーゲニング（政治的交渉）・プロセスを通じて決定されるのである。組織目標は各参加者が組織に対して課した制約を反映している。したがって組織目標の内容は，組織への変化に伴って変化するし，時間の経過に伴う環境諸条件に依存して変化していく。

▶コンフリクトの暫定的解決

ところで，組織参加者は，それぞれ異なる価値観，選好体系，動機をもっている。しかし，各参加者からの諸要求に答えるために組織がもつ支払い能力（サイドペイメント）は有限であるから，具体的

レベルで目標間コンフリクトが生じるのは不可避である。このコンフリクトは価値観の対立を含むから，彼らの間に共通目標として合意を確立しようとすれば，論理的な方法では不可能である。結局組織目標の形成，修正の本質は，バーゲニング・プロセスを通じて解決されるしかない。

　組織目標の基本的な形成過程に内在する各参加者間の目標対立は，決して論理的に最終的に解決される性格のものではない。目標間コンフリクトはむしろそのつど暫定的な解決（quasi-resolution）がなされるにすぎず，常に潜在的コンフリクトという形で，組織に対する問題を提起する可能性をもっている。同時に暫定的な解決が行われるからこそ，環境の変化に対して，組織はそのつど柔軟に対応できるのである。

　目標間コンフリクトが，暫定的解決ですまされ，また暫定的解決で済ますことができるのは，組織が次の3つの手続きで，これを処理するからである（Cyert and March [1963]）。

　第1は，局所的合理性（local rationality）である。組織は総体としての問題を，より小さないくつかの下位問題に分解し，その下位問題を組織の下位単位に割り当てる。こうして組織の下位単位は，少数の限られた目標のみを追求することで意思決定できる。ほとんどの意思決定には目標間のコンフリクトが入り込まないように限定される。販売部門は，売上目標と販売政策にもっぱら責任をもち，生産部門は，生産目標と生産手続きに責任を負うという具合である。

　目標や意思決定の分解と，権限委譲・専門化を通じて，組織は複雑な問題や対立する目標を伴う状況を，多数の単純な問題に分割して処理しようとするのである。このシステムが有効かどうかは，この分割によって生まれる意思決定の相互間に矛盾がなく，外部環境の要求と合致するか否かに依存する。これが組織デザインの基本で

ある。

　第2に, メンバーの意思決定が, 満足基準によって行われることである。意思決定が, 最適基準でなくとも, 一定の満足水準を満たしていればよいために, メンバーの間で暫定的な妥協が可能となる。

　第3に, 目標の逐次的注目 (sequential attention) がある。組織においては, 操作的な諸目標間に必ずしも内部的一貫性を見いだすことは困難である。こうした目標間コンフリクトに際し, 組織は異なる時点に, それぞれ異なる目標に注意を向けることによって解決しようとする。次節の有効性指標のダイナミクスでみるように, 組織はある時点での重要な目標を特に最優先して処理し, 他の目標には重要目標が達成された後で, 関心を向ける。こうした目標間の時間的バッファーは, 一度にひとつもしくは少数の目標に, 組織が注意を向けることを可能にする。

3 組織の有効性指標

1. 組織の有効性と能率

　組織の有効性 (effectiveness) とは, 受容可能な行動もしくは成果を生み出す組織の能力である。ここで「受容可能 (acceptable)」とは, 組織均衡が成立するのに必要な参加者が組織に課する要求水準を, 組織の成果が満足しているという意味である。たとえばある企業の株主が5％以上の配当性向を期待しているとすれば, 5％を越える配当を提供することができる企業の行動は有効である。

　組織の有効性は, その組織が利害関係をもつ参加者集団・組織の要求にどの程度よく応えることができるかを示す「外部 (external)」基準であり, 組織が「何をすべきか」を決定する基本

的な基準である。この有効性について最も基本的な点は，ある組織のある行動が有効であるか否かを判断するのは，組織の参加者・利害者集団であるという点である。

利害関係者の要求は多様だから，有効性を測定する基準も多様になる。また特定の利害関係者の基準からみて有効な組織行動も，他の利害関係者の基準からみれば有効ではないということが起こりうる。したがって組織の有効性について議論する際には，どの利害関係者のいかなる基準に照らして有効性を判断するかを明確にする必要がある。

これに対して「能率 (efficiency)」は，組織の成果に対する内部基準であり，「何が行われるべきか」というよりも，「どの程度良く行われたか」に関する基準である。能率は，インプットとして使用された資源と生産されたアウトプットの比率によって測定される。したがって能率は，特定の価値観からは切り離された基準である。

このように能率は，その組織が現在行っていることをいかに良く行うかに関係しているため，外部環境からのさまざまな圧力は，組織内部でより高い能率を追求するという基準として定義されることが多い。より能率を高くすれば，インプットとアウトプットの差が大きくなるため，外部の利害関係者に誘因を支払うための原資が大きくなるからである。

2．組織有効性指標

組織の有効性は，組織がその目標を達成した程度を意味する。組織目標は，組織の意思決定における諸制約の集合であるから，組織が有効であるということは，その組織が存続する基本的な条件である。したがって，組織の内部構造や管理システム，諸々の意思決定は有効性を達成するためにデザインされる。

いうまでもなく，利害者集団からの諸要求は，ときに互いに競合

図 6-2　組織の有効性に関する 4 つのモデル

　　　　　　　　　　　　柔軟性

人間関係モデル	オープンシステム・モデル
目標価値：人的資源開発	目標価値：成長，資源獲得
下位目標：凝縮性，モデル，訓練	下位目標：安定性，準備性外部評価

内部　　　　　　　　　　　　　　　　　　　　　　　外部

内部プロセス・モデル	合理的目標モデル
目標価値：安定性，均衡	目標価値：生産性，能率，利益
下位目標：情報管理コミュニケーション	下位目標：プランニング，目標設定

　　　　　　　　　　　　安定性

出所：Quinn and Rohrbaugh [1983].

する価値を含んでいる。クインとローボウ（Quinn and Rohrbaugh [1983]）は組織の管理者や研究者が用いる広範な有効性指標をサーベイし，分析した結果，2つの次元を抽出した。

　第1の次元は，有効性指標の「焦点（focus）」であり，組織の支配的価値が，外部を志向しているのか，それとも内部を志向しているのかを意味する。内部志向は，良く管理され能率性を重視する一方，外部志向は組織の業績を外部環境との関係で考える。

　第2の次元は，組織の「構造」に関するもので，安定性か，柔軟性かを表すものである。ここで安定性とは，第4章の機械的アプローチが示すようなトップダウン・コントロールを強調するモデルであり，一方，柔軟性は有機的アプローチのように変化と適応に価

値を置くモデルである。この2つの次元を用いると，われわれは組織の有効性に関する4つのモデルを得ることができる（図6-2）。

オープンシステム・モデルでは，管理者の主要な目標が成長と資源獲得に置かれ，柔軟性や積極的な外部評価という下位目標を通じて，それらの目標を達成しようとする。このモデルでは，資源を獲得し成長するために，外部環境と良好な関係を構築することに中心的な価値が置かれる。資源依存モデルに最も近いシステムである。

合理的目標モデルでは，基本的目標は生産性，効率性，および利益に置かれ，こうした目標をしっかりとコントロールされた方法で達成しようとする。すなわち内部のプランニングや目標決定のように，合理的な管理手法が下位目標となる。

内部プロセス・モデルの中心的価値は，安定的な組織構造を通じて，秩序だった操業を行うことにある。組織は効率的なコミュニケーションや情報管理，意思決定のためのメカニズムを構築して，こうした目標を達成しようとする。

人間関係モデルは，人的組織の開発に主要な関心をもち，従業員は機会と自律性が与えられる。こうした目標を達成するために，職場集団の凝縮性を高め，高いモラルを維持するとともに，訓練機会を与えていく。このモデルでは，組織の関心は外部環境よりも，内部の従業員に焦点が合わされている。

ここで示した4つのモデルは，対立する価値を含んでいるが，現実の組織における有効性尺度には多かれ少なかれ，すべての側面を含んでいる。その意味では，4つのモデルというよりも，組織有効性の4つの側面として理解すべきものである。

3．組織有効性指標のダイナミクス

同じ産業に属する企業でも，相対的に，柔軟性を強調する組織と安定性を強調する組織の差がみられたり，また同一の組織でも，

図6-3 有効性指標のダイナミクス

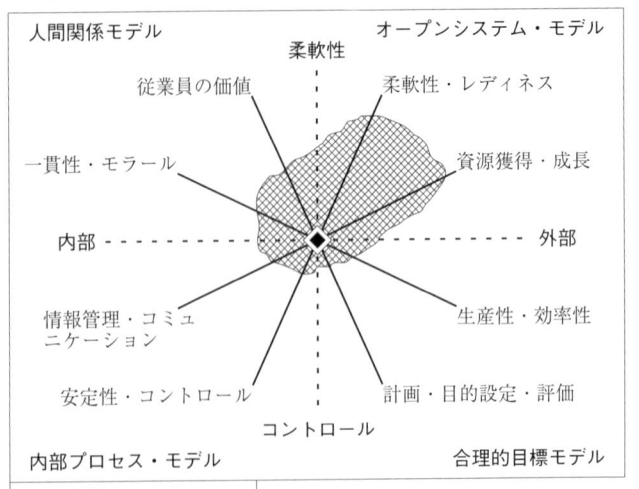

1. 企業者ステージ

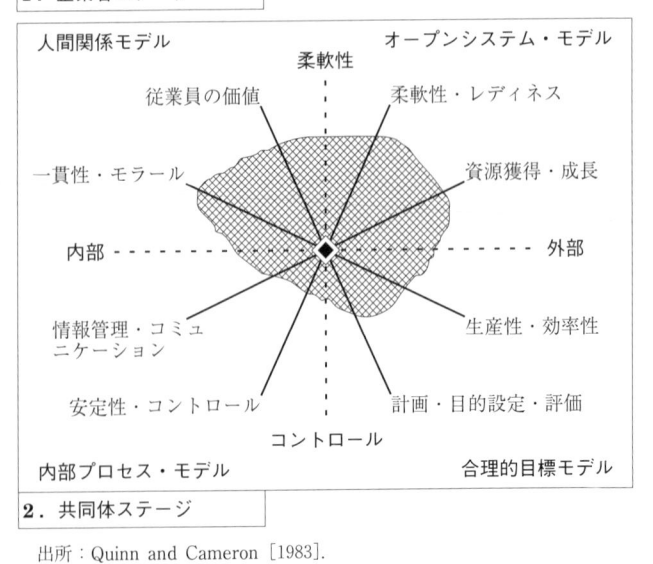

人間関係モデル／オープンシステム・モデル／内部プロセス・モデル／合理的目標モデル

軸：柔軟性 — コントロール、内部 — 外部

指標：従業員の価値、柔軟性・レディネス、一貫性・モラール、資源獲得・成長、情報管理・コミュニケーション、生産性・効率性、安定性・コントロール、計画・目的設定・評価

2. 共同体ステージ

人間関係モデル／オープンシステム・モデル／内部プロセス・モデル／合理的目標モデル

軸：柔軟性 — コントロール、内部 — 外部

指標：従業員の価値、柔軟性・レディネス、一貫性・モラール、資源獲得・成長、情報管理・コミュニケーション、生産性・効率性、安定性・コントロール、計画・目的設定・評価

出所：Quinn and Cameron [1983].

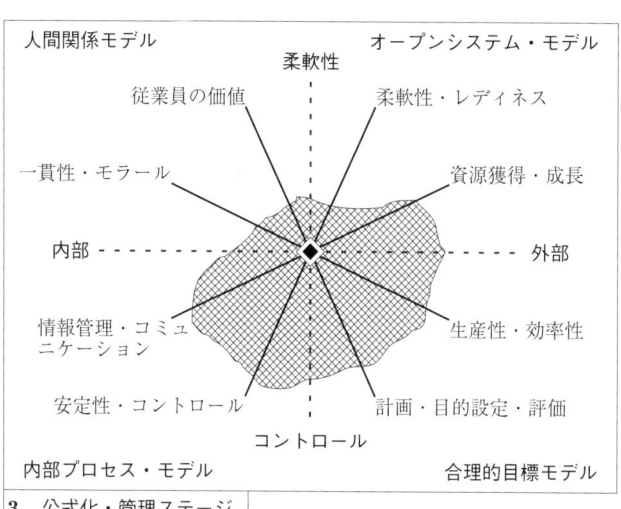

3. 公式化・管理ステージ

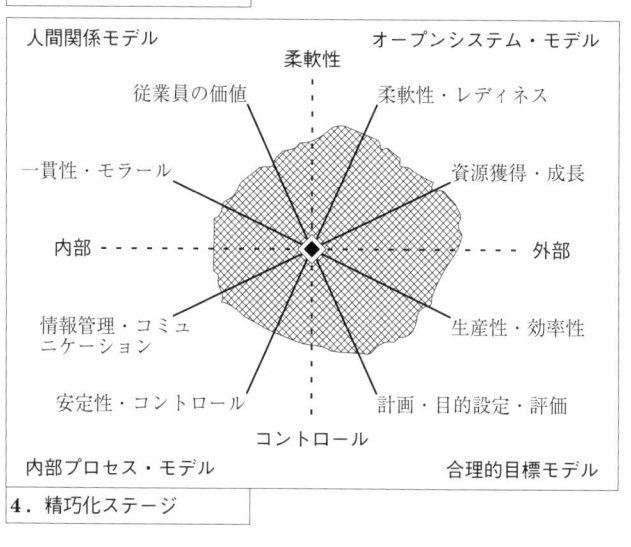

```
人間関係モデル                柔軟性         オープンシステム・モデル
       従業員の価値                    柔軟性・レディネス
   一貫性・モラール                       資源獲得・成長
内部 - - - - - - - - - - - - ◆ - - - - - - - - - - - - 外部
   情報管理・コミュ                      生産性・効率性
   ニケーション
       安定性・コントロール              計画・目的設定・評価
                         コントロール
内部プロセス・モデル                      合理的目標モデル
```

4. 精巧化ステージ

```
人間関係モデル                柔軟性         オープンシステム・モデル
       従業員の価値                    柔軟性・レディネス
   一貫性・モラール                       資源獲得・成長
内部 - - - - - - - - - - - - ◆ - - - - - - - - - - - - 外部
   情報管理・コミュ                      生産性・効率性
   ニケーション
       安定性・コントロール              計画・目的設定・評価
                         コントロール
内部プロセス・モデル                      合理的目標モデル
```

第6章 組織目標と組織有効性

発展段階によってその強調する有効性が異なる。図6-3は組織のライフサイクルによって，強調される組織有効性指標がシフトしていくひとつの典型例を示したものである（Quinn and Cameron [1983]）。

第1段階の創業時には，新しく誕生した組織はその生存に必要な諸資源を獲得することが最優先される。企業であれば，顧客や金融機関等の利害関係者に，その組織の存在を認めてもらうようさまざまな努力がなされる。

第2段階に入ると，有効性プロフィールが人間関係モデルの方に大きな広がりをみせる。まだこの段階では資源獲得は重要ではあるが，同時に従業員の凝集性やモラルの向上が重要になってくる。人々は新しく急成長しつつある組織に参加してきて，個人の創造性や成長を最も追求する時期である。こうした段階を経て，しだいに中核的な集団もしくは経営者チームが形成され，少しずつ効率性や利益目標が射程に入ってくる。

組織が成長期を経て安定期に入ると，第3段階すなわち公式化のステージに達する。組織の規模も大きくなってくるため，公式の情報システムや管理制度が構築され，一方で計画にもとづく効率性・生産性の達成が重要な目標になってくる。この段階になると環境はかなり安定したものとみなされる傾向があり，また従業員の訓練等も公式のプログラムが導入されていく。

公式化が進んだ組織が，何らかの理由で環境の変化に適応できない事態に陥ると第4段階，すなわち精巧化ステージに突入する。第1段階と異なり，既存の管理システムや生産性等のコントロールをしながら，一方で新たな環境適応のために資源獲得，環境との関係の再構築が主要な関心事となる。言いかえれば，すべての有効性基準にバランスよく注意を配分することを通じて，組織をより完全な

ものに仕上げていくのである。

組織目標ならびに有効性指標は，組織現象を理解する上で最も基本的な要因である。この章でみたように，それらは決してアプリオリに与えられるものでもなければ，一義的に決められるものでもない。それらは，組織と環境との関係に依存して決められ，またそれぞれの基準間のウエイトの置かれ方も，組織の発展段階によって変化する。

第Ⅲ・Ⅳ部では，このような組織目標ならびに有効性指標を達成するために，組織構造や組織文化，組織プロセスが，どのように展開されるかを学習することにする。

● 参考文献 ●

Cyert, R. M. and J. G. March [1963], *A Behavioral Theory of The Firm*, Blackwell Business.

Donaldson, G. and J. W. Lorsch [1983], *Decision Making at the Top*, Basic Books.

Quinn, R. E. and K. Cameron [1983], "Organizational Life Cycles and the Criteria of Effectiveness," *Management Science,* 29.

Quinn, R. E. and J. Rohrbaugh [1983], "A Spatial Model of Effectiveness Criteria : Towards a Competing Values Approach to Organizational Analysis," *Management Science,* 29.

Simon, H. A. [1964], "On the Concept of Organizational Goal," *Administrative Science Quarterly,* Vol. 9, No. 1.

Weick, K. E. [1979], *The Social Psychology of Organizing,* 2nd ed., Addison Wesley.（遠田雄志訳『組織化の社会心理学』文眞堂, 1997）

Column ① 価値と組織

　組織の行動や現象を厳密に記述・分析するためには、この章で解説した厳密な意味で操作的な組織目標の概念が有効である。これに対し、私たちは「経営理念」とか「ビジョン」等と呼ばれる比較的単純な言明、キャッチフレーズ、抽象的な原理・原則（社是・社訓等）として表現される指導原理をしばしば目にする。

　組織がこうした指導原理をもつことは、大きく2つの理由がある。第1は、対外的な理由である。厳密なレベルの組織目標では、複数の利害者集団のあいだで、矛盾や対立が生じる可能性がある。そのため経営者は、組織の経営について利害者集団間でコンセンサスを形成し、その組織を社会的に認められた存在にする必要がある。

　こうした意味で、経営者によって社会に公式に表明された経営の目的や指導原理は、「経営理念」と呼ばれる。経営理念は、その組織が全体社会の中で何のために、どこに位置し、社会とどんな関係をもつべきか、つまり、その組織の存立の社会的意義に関わる指導原理を表明したものである。

　第2は、対内的な理由である。人間は、合理的な計算を行うという認知的側面だけでなく、行動に対する正当性や正義、倫理性などを求める観念的行動主体でもある。したがって経営者は、組織メンバーの情緒的・感情的な側面に働きかけ、役割体系としての組織を、活き活きとした社会体系にする必要がある。このように価値観を注入された組織を、セルズニックは「制度」と呼び、組織を制度にすることがリーダーシップの本質であると指摘している。

　このような意味で組織内部の効率的運営や、メンバーの行動を一般的に律する指導原理は、「行動規範」、「経営哲学」などと呼ばれる。また組織の長期的な成長・発展の方向性を示し、未来の意思決定を大枠で規定する指導原理は、「ビジョン」とか「ロードマップ」等と呼ばれる。

〔Selznick, Philip [1957], Leadership in Administration, Harper and Row.（北野利信訳『新訳 組織とリーダーシップ』ダイヤモンド社, 1970）〕

第Ⅲ部 組織構造のデザインと組織文化

組織とは，何かの目的を達成するための手段であり，装置である。人々が集まって，協力関係を構築し，モノやカネを集めることになる。また，それを適正に配分し，有効に使うことになる。組織は，そのためのシステムである。組織は相互に支えあう骨組み，つまり，構造をもつことになる。一時的ではなく，永続的にモノをつくりサービスを提供するとすれば，強固なシステムをつくり，強固な構造としなければならない。さらにいえば，積極的に意図的に，そのような組織を構築しなければならない。それが経営者や管理者の責務である。それは，組織デザインとしてとらえることができる。

　しかし，その構造とは何か，あるいは，その構造を支え，規定するものは何か。それが明らかでないと，組織を正確に認識することができない。それを第7章で明らかにしたい。また，組織をデザインするために，どのような要因に配慮すべきであるかを，第8章で詳論する。コミュニケーション・チャネルや環境要因，技術要因などが論じられる。特に近年，情報が，組織を規定する最も重要な要因になってきた。それが組織デザインに与える影響については，十分な検討が必要である。さらに，組織構造は，組織文化として表出される。第9章は組織文化について述べる。組織構造をハードにたとえれば，組織文化はソフトであり，組織の両面をなしている。組織文化を認識することで，組織の枠組みを正確に認識することができるであろう。

第7章　組織構造と組織デザイン

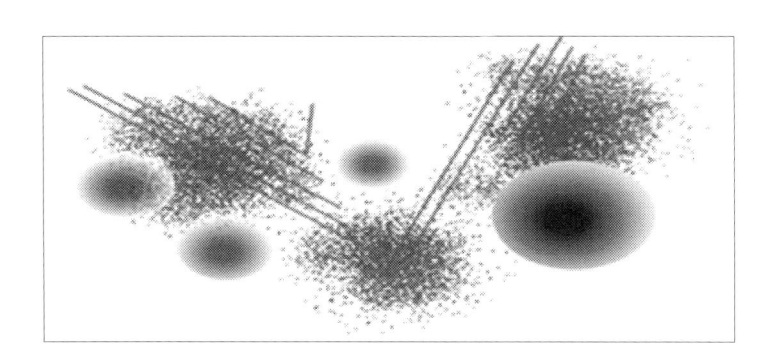

1 組織構造の概念

> 1. 安定した相互依存関係

　組織構造とは何か。通常，組織の内外でさまざまの構成要因の間で相互作用が繰り返され，それらが積み重なって，比較的安定的な関係にいたる。それが組織の原型であり，構造である。相互に支えあい依存しあっていればいるほど，要因間の関係の安定が欠かせないことであるし，安定しているほど，利害に関心をもつ人は，安心してその関係に入り込むことができる。安定した関係は，内外のさまざまの要因に可視的な状況を提供でき，互いが何をどのようにすればよいかの見通しがよくなるからである。

　組織の中は，期待の網の目であると考えられる。私は誰に何をし

てほしいのか。私は,誰から何をしてほしいと期待されているのか。このような期待の集積は,組織そのものである。期待に応えて,そのように考え,そのように行動することが,組織の成果を大きくしている。期待が,送り手の意図したように正確に解読されることが肝心でもある。誤解や曲解されると,所期の成果を得ることは難しくなる。まして,安定した関係がないと,解読には余分のコストが負荷されるようになる。

　具体的には,立場や地位,役割が相互に割り当てられ,どこの誰が,どのように判断し行動するかについて,共通の認識を得ることである。その認識の安定に支えられて,組織はそれぞれ独自の構造をもつことになり,その上に,独自の価値や文化を構築するのである。また,このような構造に依拠して,組織は目標を定め,戦略を展開するのである。なお,戦略が組織の構造を決定するという考え方もある。

2. 官僚制システム

組織構造の典型的な範型が,官僚制システム(あるいはビュロクラシー)といわれるものである。組織に正当性を賦与し,合理的に管理運営ができるように仕組まれたシステムである。組織がその範型を採用すれば,最高責任を担う幹部を頂点に,ピラミッド型の形態を成し,上意下達のコミュニケーション・チャネルを発達させる。そこでは,以下のような特徴を発達させることになる。

(1) 規則と手続き:何をすべきか,どのようにすべきかを公的に定めて,すべてのメンバーに,それに準拠して考え,行動するように,枠組みを提供する。

(2) 専門化と分業:互いに役割を明確に定めて,重複しないようにする。それぞれの役割については,専念できるようにしている。

(3) ヒエラルキー:指示を発する人,指示を受ける人という役割

が分化する。この役割関係は階層構造，つまり，ヒエラルキーを成している。その中では，命令の一元化，つまり，その人に指示を与える人はただひとり，また，仕事を済ませてその成果を報告する人もただひとり，とするような関係をつくらなければ，混乱をきたすことになる。

(4) 専門的な知識や技術をもった個人の採用：与えられた職務を遂行するために必要な能力をもっていることが不可欠の要件である。逆にいえば，能力のない人を縁故などによって採用すべきではないとされる。

(5) 文書による伝達と記録：ミスや誤解の生じないように，正確に伝達されなければならないし，どのような経過でどのようなことが決められたかを保存することで，誰もがそれを事実として共有しなければならない。文書主義，文書重視主義とされる。

以上のような特徴を備えた，官僚制システムの仕組みは，余分なコストを払わずに，できるだけ少ないコストで，できるだけ多くの便益を得るために都合がよいとされた。つまり，合理性の追求のためには，最も適切な構造とされたのである。

このような安定性の極大化が可能なところでは，メンバーにとって，組織を成り立たせている多くの要因が可視的となり，可視的になれば，その公的な目標に大いに貢献しようとし，また，組織もそれに応えることができる。つまり，組織均衡が達成される。逆にいえば，この均衡が成り立つ組織は，その構造が最も安定しているのである。

要は，官僚制システムとは，情報の流通をシステム化して，不要な混乱を回避するような仕組みである。こういう仕組みの総体が官僚制システムを構造的に支えているのである。しかも，この形態の採用方式は，類似の組織でも微妙に相違するところがあり，それぞ

図7-1　ミンツバーグ・モデル

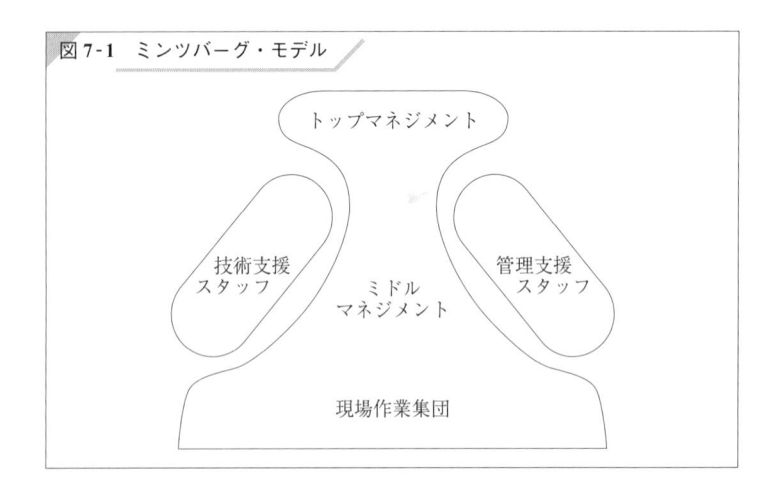

```
              トップマネジメント

  技術支援              管理支援
  スタッフ   ミドル      スタッフ
          マネジメント

          現場作業集団
```

れ独自の組織構造をつくっている。

しかし，官僚制システムは，その限界も指摘されている。現実に，組織は，サイモン（Simon [1960]）の限定された合理性（bounded rationality）のように，限られた範囲でしか情報の収集はできないし，その処理能力にも限界がある。その程度の合理性で仕方なく満足しなければならないようなこともある。したがって，合理性の基準は限定され，そのことで，合理的な組織が理念としてはあっても，現実には，合理性を欠くような意思決定，その実行，そして，挫折，撤退というようなことも日常茶飯にみられる。

3．ミンツバーグの構造モデル

ミンツバーグ（Mintzberg [1973]）によれば，その構造は図7-1のように通常，トップマネジメント（top management）から，ミドルマネジメント（middle management）を経て，現場作業集団（technical core）にいたり，また，それを支える技術支援スタッフ（technical support staff）や，管理支援スタッフ（administrative support staff) から成るとしている。それぞれは異質な構成要素で,互いにその役割を遂行しながら依存しあっている。その相互関係が期待に応えて安定的であることが,合理的なシステムの構築における前提条件である。

この図は,組織とは,一方でピラミッド型の階層を成すが,他方では,横から支える支援組織も必要で,縦のラインに対して,横のスタッフによる連携機能も,官僚制システムを効果的に運用するためには重視されなければならないことを示唆している。

2 サイズと組織デザイン

1. サイズの効果

組織構造がどのように成り立つかにおいて,組織の規模は非常に重要な要因である。キンバリー (Kimberly [1976]) は,組織の大きさの程度,逆にいえばどの程度小さいか,つまり,組織サイズとは,組織デザインにおいて非常に重要な要因であるとしている。

たとえば,サイズが小さい組織は,大きい組織に比較して,環境の変化を機敏にとらえ,迅速に対応できる。コミュニケーションの伝達効率も小規模である方が都合がよいとされている。サイズが小さければ,市場の変化など環境変動にも敏感に,しかも柔軟に対応できる。もし有効に対応できないような事態にいたっても,その構造や制度を革新するためのコストが少なくてすむという利点もある。

しかし,他方では,管理職や事務職が相対的に多くなり,現場の作業者比率が少なくなって,組織効率を低下させるようなこともある。逆に,サイズを大きくして,効率の向上を図り,スケール・メリットを追求するようなこともある。一方,多くの人員を擁するこ

とは、それだけ人的資源を多く抱えることであり、経営スラックを大きくすることになる。

しかし、大規模化は通常、官僚制化の進行を促すことになる。サイズが大きくなると、官僚制のシステムが形式的に整備され、さまざまの手続きや方法が標準的に定められることが知られている。ブラウとシェーンハー（Blau & Schoenher [1971]）の研究も、サイズとともに官僚制システムが変容することを明らかにしている。

この場合、サイズとは、従業員の員数で考えることもあれば、資本の大きさ、顧客の数、工場や事務所など施設の規模などさまざまの要因が考えられているが、基本的には、そこで働いている人の数を測度とすることが多い。この場合も、境界に位置する人もあり、また、顧客を含めるかなどによって定義が難しく、組織間比較に支障をきたすこともある。しかし、どのような変数を採用するとしても、サイズは官僚制化とは非常に密接な関係があり、組織の構造や制度に影響を及ぼしている。

具体的には、たとえば、町工場のような小さな規模であれば、経営幹部は、その社員の全員の顔と名前を覚えることができる。家族ぐるみのつきあいもできる。しかし、組織が大きくなると、町工場的な管理はできなくなる。権限の行使が定式化され、勝手な、また、恣意的なことはできなくなる。公式的な構造をつくる必要に迫られる。その構造には非人格主義的な管理が必然的に随伴する。つまり、人間的な配慮はできなくなる。

また、サイズが大きくなると、経営幹部の権限も大きくなる。権限の集中化は避けられない。しかし、それに逆比例して、誰が何をしているかが把握できなくなるようなこともしばしばである。権限をトップに集中させることが難しくなり、ワンマン的な経営も破綻する。権限を下部に委譲したり、現場に決定権を委ねたり、いわゆ

る分散化の傾向も,他方では顕著にならざるを得ない。

　加えていえば,サイズが大きくなると,権限の行使は非人格的になる。つまり,一般的に,普遍主義的に運用される。つまり,誰が何をしようと関係なく,厳密に適用される。そのためには属人的ではない方策を工夫しなければならない。そのための官僚制的なシステムの導入である。

　さらに大きくなりすぎると,官僚制システムにはさまざまの病弊がみられるようになる。いわゆる大企業病とは,現前の環境の変化に対応できない,あるいは,対応しようにも,そのための膨大なコストに耐えられない場合である。サイズが大きくなると,事業部制や分社化のような,もとの小規模組織に帰るような管理的な工夫も行われる。

　ただし,以上のようなサイズの効果は,他の要因と複合的にとらえられるべきで,タスクの複雑さ,コミュニケーションの成り立ち,環境要因などとの絡みでさまざまに複雑に相違している。ホール (Hall [1968]) のように,サイズが大きくなることが複雑さを規定するのではなく,その逆で,複雑になるほど組織は大きくならざるを得ないという見方もある。また,サイズと官僚制化の間に有意な関係はないとする報告もあるが,今後,さらに詳細に,さまざまの構造要因との関係を検討すべきであろう。

2. 肥大化と硬直化

　大きくなると,それをひとつにまとめるために,管理過程は複雑になり,さまざまの工夫が必要にならざるを得ない。サイズが大きくなるほど,それをひとつにまとめるために,さまざまの,特殊的ではない,普遍主義に立脚した規則や手続きを決めようとする。公式的な基準が整備されて官僚制システムが導入され,組織らしくなる。マニュアルや書式など正式の文書規定も定めて,誰もがそれに準拠して判断し行動

するように強制する。人事管理も非人格主義に立脚して，情実を持ち込まないようにする。このように，官僚制システムがサイズの大きさと密接に連関して，標準化された機構として整備されるようになるのである。

しかし，それが過剰になると，官僚主義といわれるような病弊がみられるようになる。これが通常，組織の肥大化と並行しているのは周知である。官僚制システムは，組織の肥大化に備えて必要かつ十分な条件であるが，他方で，硬直化にいたることも避けがたい。前述の大企業病がそれである。大規模化に対応して規則などを整備すると，それの遵守が第一義的に重要になり，部門間の連絡調整などに柔軟性がなくなり，その結果，リスクテイクな企画や行動ができなくなるのである。たとえば，公式主義が繁文縟礼にいたるような，官僚制のパラドックスが指摘されている。

3．パーキンソンの法則

パーキンソンの法則（Parkinson's law, Parkinson [1965]）として知られる肥大化の傾向が指摘されている。イギリスの海軍省の事例を分析することによって，組織ではむしろ意図的にサイズを肥大させざるを得なくなることが明らかにされた。たとえば，組織の中で自分の負担が増えるようであると，同僚と仕事を分けあうよりも，部下を2人任命して負担を軽減しようとする。自らは，その仕事を監督する地位を望むようになる。競争相手よりも部下を増やしたがる。部下がまた負担を訴えれば，軽減のために，自分が分担に参加するよりも，さらに部下をもつように勧めるのである。このように，負担を散らすことで仕事が必要以上に膨らみ，組織は大きくなるばかりというのである。この傾向は官僚主義の組織では止めがたいとされている。

3 デザイン要素と組織デザイン

1. デザイン要素　組織を成り立たせているものは何か，特に，その外形的な枠組みを構成しているものは何か。ジェームスとジョーンズ（James and Jones [1976]）によれば，サイズ以外に階層数，分業化の程度，コントロール・スパンをあげている。

(1) 階層数：官僚制システムを採用しているならば，ピラミッド型を想定することになる。会長や社長，あるいは，理事長など経営幹部がその頂点に位置づけられ，その下に，部長や局長など大きなセクションの統括責任者，その下に次長や課長，課長補佐などいわゆるミドルの管理職，さらに，係長など現場第一線の監督者，そして，いわばヒラのメンバーがその最下辺に位置づけられる。

これらの成り立ちは，外見的にピラミッド型を成している。上から下へはヒエラルキー（階層）としてとらえられる。組織の特徴は，この階層が，上から下へどの程度の階層数があるかということで認識される。組織のいわば背の高さである。階層数が多ければ背が高いことになる。少なければその逆で低いことになる。

高いと，トップの意思決定が現場に伝達されるまでに遅れが出たり時間コストが増えたりする。しかし，トップの権威は大きくなるともされている。その逆に，低くて階層が少ないと，トップと現場は相互に連絡しやすいが，トップの権威は乏しくなる。業種との関係でいえば，製造企業の場合，階層数は一般に多くなり，サービス業は少なくなる傾向がある。

(2) 分業化：加えて，組織は多くの複数のタスクを達成しなけれ

ばならない。サイズが大きいことは、タスクの種類の多さと対応している。しかし、同時並行的にタスクが遂行されるためには、互いのタスクが重複しないことが前提である。それによって、ムダを排除でき少ないコストによる作業が可能になる。これが分業化であり、また専門分化でもある。経営管理的には、部門編成のデザインであり、それぞれの部門内部においても詳細に分けることもある。大規模になれば、事業部制の採用や分社化などによって、新しい組織をつくったりするようなことも多くある。

（3）統制スパン：さらに、個々の管理監督者が、直属の部下をどのように把握しているか、つまり、スパンオブコントロール（統制の範囲）も、組織のデザイン変数として重要である。管理の限界と言い換えてもよい。ひとりの上司が、部下に対して指示を与え、その結果を報告されて、それを正確に吟味できるためには、限られた人数にならざるを得ない。それがどの程度の員数になるか、これは実質的に上司の権限の及ぶ範囲と重なる。これはさまざまな要因によって規定され、たとえば、その組織が、複雑なタスク環境に対応しなければならないようであれば、スパンを小さくして少数精鋭で対応しなければならないが、単純なタスクであれば大きなスパン、つまり、多くの部下を管理できることになる。同じ組織の中で部門によっても相違し、本社と現場、支社、工場などでも相違することになる。

2．組織の分割

組織は、それぞれの機能を特化させることで、外部環境に対処している。それは、前述のように、分業化であり、組織の分割であり、具体的には部門化である。係や課、部のような組織内部での専門分化から、事業部制や分社のような、組織の枠組みの大規模な変更にいたるものまである。組織の肥大化、変動を繰り返す環境への対応、そのためには迅

速な意思決定が欠かせないなどのために，組織の分割は必須の過程になっている。スケール・メリットの追求は，必ずしも望ましいことではなくなったと考えるのが，近年の組織論のひとつの傾向である。ダウンサイジングも含めて，組織規模を小さくして，環境変動に対応しようとしている。

それには，通常，いくつかの区分けの原理がある。

(1) 行動による部門化

総務，人事，経理，営業，生産など同じような仕事は，それぞれひとつにまとめられる。考え方や価値観が類似しているので，それぞれひとつにまとめると，タスクの達成が容易になる。通常の組織分割である。

(2) 出力による部門化

同じような製品やサービスに関連した業務がそれぞれひとつにまとめられる。事業部制などは，この発展形態である。また，ユーザー別に部門化されることもある。市場を重視するような組織では経営戦略を有利に展開できるために望ましい組織分割である。

(3) 地域による部門化

組織規模が大きくなると，経営管理に支障をきたすこともある。コミュニケーションなどに不要なコストが負荷される。同じような地域はそれぞれひとつにまとめて，支社，支所のような部門を設定したり，地域本社に発展させることもある。地理的な組織分割である。

(2)や(3)のような分割は，それぞれ部門の自律性を高めて，環境の不確実性に有効に対処するための工夫である。しかし，それぞれが独自に行動するようになると，組織としての一体性が失われることもある。そのために，部門化は，必ず一方で，それぞれの部門をひとつにまとめるような管理方策が，同時に工夫される。分化と統合

は表裏一体のものでなければならない。

3. スタッフとライン

組織デザインの基本は、判断と実行を区分することである。頭と手足を分けることと考えてよい。あるいは、実行組織に対する支援組織とも考えられる。この区分が確立されていないと、組織過程が混乱する。

スタッフとラインを区別する必要があるということは、このためである。組織効率を向上させるために、ヒエラルキーにそって組織の目標を達成することに努める部分と、それを支援する部分が分かれざるを得ない。いわば手足に相当するところと頭に相当するところが機能分化するのである。モノを生産したりサービスを提供するのが前者であり、総務、人事、経理、企画などが後者に相当する。前述のミンツバーグのモデルもこれに対応している。しかし、互いが相反的な考え方を有することもある。スタッフ−ライン葛藤として知られているような関係にいたることもある。たとえば、コストよりも顧客の要望に沿いたいとする現場と、コスト削減を至上課題とする財務部門は葛藤関係にある。

さらに、スタッフについては、組織のいわば頭脳をどのように構築するかが重要な問題となる。トップマネジメントをどのように支援するかである。トップマネジメントは膨大な情報処理が必要になる。そのために、ゼネラルスタッフが必要になり、その機能をどのようにデザインするかが重要になる。いわば経営幹部を支える頭脳のデザインである。

ゼネラルスタッフを、経営幹部に直属するスタッフとして設け、中長期計画やグローバルな経営戦略を立案させることが、組織の大規模化に伴って必要になる。全体規模の組織デザインの計画主体として、彼らは重要な役割を果たしている。

4 インセンティブ・システム

1. 人間の集合としての組織

組織構造は，人間の集合でもある。したがって，その人間を，より大きく組織に連結する，あるいは，よりいっそう組織に対する貢献を動機づけるようなシステムを構造的にもたなければならない。これが広義におけるインセンティブ・システムである。つまり，個々の人間を組織の中の個々の立場や役割にはめ込むことである。正確にはめ込むことを適材適所という。適所に適材が配置されれば，強く動機づけられた組織になる。

言うまでもなく，組織はタスク・オーガニゼーションであるだけでなく，ヒューマン・オーガニゼーションでもある。積極的に，強制されるのではなく自身の意志で働きたいとする意欲，さらには，そのことで積極的に組織に貢献しようとすることで，組織は支えられる。そのための人事管理は，経営の主柱になるべきである。そのために，さまざまな人事制度を整備する。それを集約してインセンティブ・システムができあがる。それは，採用と配置，人事考課，昇進昇格など，適材適所に関わる仕組みの構造化であり，制度整備である。それぞれの個人の能力資質に配慮しながら，それぞれが最大限動機づけられるように人材を配置するのである。

2. 報酬システムの構造

人事システムが整備されていることは，官僚制システムの整備と並行している。その整備とは，非人格主義であり，業績による評価を推進することである。そのようなことが過不足なくできることは，その組織が官僚制システムを採用していることと同義である。

えこひいきしたり,好き嫌いだけで人事が左右されるところでは,適切な人事が行われず,モチベーションも大きくならない。人的資源の摩耗に結びつくことは必至である。

人事システム,あるいは,インセンティブ・システムの根幹は,それぞれの個人の適性を適正に評価すること,および,その人の業績を適切に評価して考課することである。人事考課が適正でないと,不満を鬱積させることになり,組織の機能を低下させる。

インセンティブ・システムは,客観的な評価指標の作成と,それの正当性の確保,つまり,関係者への積極的な受容からなる。また,それの公平な運用も欠かせない。公平は,インセンティブ・システムの中心をなす価値である。何をどのように評価するかは,組織が必要とする資源,および,組織が達成しようとしている価値,あるいは目標によって相違する。したがって,それへの準拠の程度において評価の方式も内容も相違する。しかし,過剰な不公平感がないようなシステムの構築は欠かせない。

3. 人事考課と人事評価

インセンティブ・システムが機能的であるためには,それぞれの個人の業績が適切に評価されることが必須の前提である。人事考課が適切ではなく,不平や不満がメンバーの間に溜まると,やる気が失われ,仕事の質も低下することになる。個々のメンバーの業績が,客観的に,公正に公平に評価され,それが,昇進や昇格,あるいはボーナスの査定に連結するような管理的な工夫が,経営管理には欠かせない。

そのためには,人事管理全体を組織構造に適合するように再構築しなければならない。潜在能力を重視するか,それとも,業績を重視するかは,それぞれの組織の経営管理の重点の置きどころによって相違することになる。組織のライフサイクルとも関連する。発展

期にある企業は,加点主義の人事評価が適合するであろうし,成熟期に入ると,減点主義的になるかもしれない。挑戦的な事業展開にはためらいが生じるようになるからである。

また,採用から配置,研修,昇進昇格にいたる人事管理の過程は,基本的には適材適所が前提となる。その人の素質を最大限引き出せるようなところに,その人を配するという原則である。そのために,自己申告などを採用する組織もある。

以上は,組織の構造を機能的に働かせるための必須のシステムである。官僚制システムは,人材,つまり,人的資源をどのように活用するかで,機能的にもなり,逆に,崩壊にいたることもないことではない。

5 官僚制システムを超えて

1. 官僚制システムの動揺

官僚制システムには,有効に機能するはずであるとする信念のために,逆に機能しなくなるというパラドックスがある。すでに述べたが,システムの硬直化である。たとえば,文書などによって,その手続きを公的に記録し保存しようとするが,これが繁文縟礼であり,過剰な文書で,その手続きを逆に煩わしくさせてしまうのである。合理性のためのシステムが,逆に非合理のシステムに転じる例である。組織の経営管理の病理も,その多くは,このシステムの本質的な限界にもとづいているといっても過言ではない。

なお,組織は,本来人間の集団として成り立つので,いくら厳密な官僚制システムを構築しようとしても,人間の本性,つまり,情動によって変容させられるという考えがある。セルズニック

(Selznick［1949］）やマートン（Merton［1938］）などによって報告された脱官僚制化現象が，これに該当する。厳密に規則を制定しても，人間の行動に適合しなければ，やがてその効力を失い，それに見合うようにつくりかえられるというのである。これも，官僚制システムには，その運用上に限界があることを示唆している。その限界を補うような範型として，今，ネットワーク組織の提唱や，以下に述べる，動態化，柔構造化などの厳密なピラミッド型の補正が試みられている。

2. 動態化, あるいは, 柔構造化

官僚制システムは，それ自身が，有効で有意義な組織であり続けるために，自己革新が行われる。硬直化を克服するために，さまざまの管理技法が工夫されてきた。組織の動態化や柔構造化である。たとえば，部課制を廃止して，ヒエラルキーをフラットにして，意志の疎通を円滑にしたり，プロジェクト・チームやタスクフォースの活用などで，環境の変化に柔軟に対応しようとしたりする。それらは，さらに，組織変化（organizational change）であり，組織開発（organizational development）として実施されるが，その詳細は，第9章の組織文化の革新のところで述べることにする。

官僚制システムが内包する最も本質的ともいうべき問題は，合理的に組織を管理運営するために，人間的な要素を排除しようとすることである。極端にいえば，すべての人員はあたかも機械の一部品であることを強要されている。モラールが低下するのは，理の当然といってよい。それをできるだけ少なくするために，参加の必要性が考えられるようになった。自己管理（self-management）の組織が重視されている。目標やそれにいたる手続きや手段の採用について，現場の意見を尊重したり，さらに進んで，決定自体を委ねてしまうのである。特に，現場における迅速な意思決定が必要な場合，環境

との接点に権限が大きく委譲されるようなこともある。

現在,多くの企業が組織の中にラン（LAN, local area network）を張りめぐらせるなど,情報活用の高度化によって,組織の動態化を行っている。リエンジニアリングなどは,その例である。これには,下方からの考えや意見を採り入れやすくしたり,会議を減らしたり,連絡調整のための移動時間を少なくするなどの効果が期待されている。

3. 新しいシステム

情報活用によって,官僚制システムは変容を迫られている。ネットワーク組織論の登場は,ヒエラルキーによって成り立つ官僚制システムに対置される。たとえば,中間管理者の階層を少なくしてフラット化が進行する。それに伴って,ミドルの役割も変容することになるであろう。企画立案などが従来よりも重視され,情報の効率的な管理に重点が移されることになるであろう。

さらに,環境の不確実性に対応するためには,それに合わせた組織構造が必要とされることもある。そのひとつの試みがマトリックス組織である。図7-2のような形態を採用する。たとえば,技術的な専門性が必須で,しかも,急速に外部環境が変化をしているときに,一方で,組織の従来の機能性を生かしながら,他方では,個別の製品に関する知識を蓄えて,変化に迅速に対応でき,必要なものを必要なタイミングで市場に送り込むために,マトリックスが構築される。

その中で,メンバーは,従来のヒエラルキーの管理者の指示を受けるが,製品担当の管理者の指示を受けることにもなる。必要に応じて二重の指示を受けることになる。そのために,この形態は役割関係が複雑になり,しばしば混乱をもたらすこともあるために,限定的に活用されるべきである。また,この形態を構築する上位の管

図7-2 マトリックス組織

	庶務	財務	開発	工場	マーケティング
プロジェクトA					
プロジェクトB					
プロジェクトC					
プロジェクトD					
プロジェクトE					

理者は，2つの管理過程が混乱しないように，その均衡を維持できるように努めなければならない。

それ以外にも，組織デザインのためにさまざまな工夫が試みられている。

組織構造については，さまざまの立場から理解することができる。外見的な形態から，その内部の働きの仕組みから，そして，それを成り立たせている部分の集合としてなど。しかし，それの基盤にあるのは，相互的な関係であり，持続的な相互作用である。互いが互いを安定した関係の中におくことで，信頼しあう，それが組織の業績に連結するのである。

● 参考文献 ●

Blau, P. M. and R. A. Schoenher [1971], *The Structure of Oraganizations*, Basic Books.

Carter, N. M. and T. M. Keon [1989], "Specializations as a Multidimensional Construct," *Journal of Management Studies*, 26.

Hall, R. H. [1968], "Professionalization and Bureaucratization," *Administrative Science Quarterly*, 33.

James, L. R. and A. P. Jones [1976], "Oraganizational Structure: A Review of Structural Dimensions and Their Conceptual Relationships with Individual Attitudes and Behavior," *Organizational Behavior and Human Performance*, 16.

Kimberly, J. R. [1976], "Organizational Size and the Structuralist Perspective: A Review, Critique, and Proposal," *Administrative Science Quarterly*, 21.

Merton, R. K. [1938], "Social Structure and Anomie," *American Sociological Review*, 3.

Mintzberg, H. [1973], *The Nature of Managerial Work*, Harper & Row.

Parkinson, C. N. [1957], *Parkinson's Law*, Houghton Mifflin.（森永晴彦訳『パーキンソンの法則』至誠堂，1965）

Selznick, P. [1949], *TVA and the Grass Roots*, University of California Press.

Simon, H. A. [1960], *The New Science of Management Decision*, Prentice-Hall.

第8章 組織デザインに影響を与える変数

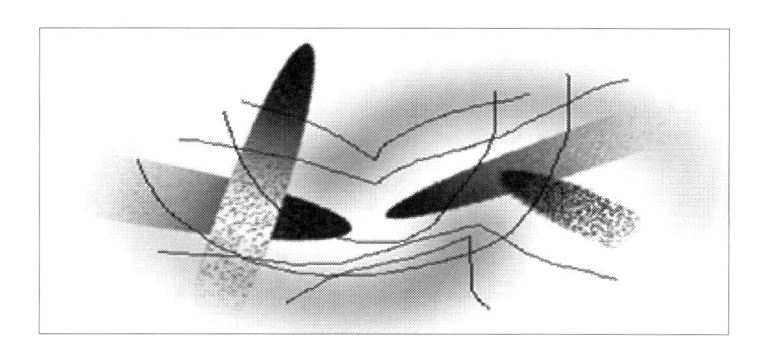

1 目標の設定とライフスタイル

1. ドメインの決定

組織デザインとは，まず，その組織が何をするかを決定することからはじまる。トンプソン（Thompson [1967]）によれば，どのようなドメイン（組織としての守備範囲）を選択するかによって，どのような組織になるかの枠組みが決められる。ドメインが変更されれば，その組織のシステムは変更されることになる。逆にいえば，自らの存続に都合のよいドメインを選好することもある。

しかし，ドメインの決定には，環境の中のさまざまの要因が複雑に絡まって，通常，一義的には決定できない。たとえば，その組織がすでに関与を深めていたドメインと，新しく採用したいタスク環

境のドメインが一致しなければ摩擦を大きくする。先行しているドメインが安定していたり，同質的で確かな合意が成立していたり，そこに資源が集中していて既得の権限が揺るぎないものであると，新しいドメインへの移行は難しく，新規事業は一歩も前に進まないようなこともある。

また，ドメインの決定は，組織が何をするかを決めることであるから，目標を設定することと同義である。目標そのものの設定には，さまざまの利害が絡んで，明確な，しかも，具体的な目標に絞り込むことは，不可能に近いとされる。それにもかかわらず，あるドメインを選択することは，その組織の行動範囲を大枠で確定させることであるから避けることはできない。曖昧さを多く含みながらも，目標を選択すべき領域だけは定めることになる。

ペロー（Perrow [1961]）は，組織が公的に提示する形式的な目標と，運営上の実質的目標を使い分けている。形式的というのは，その組織の経営幹部が公的な場で宣言したり，正式の文書によって明示された全体目標のことであるが，ドメインの決定とは，これと関連している。これに対して，運営上の目標とは，具体的な目標，あるいは下位目標の設定に関わり，公的に表明された目標が何であろうと，その組織が実際に実現しようしていることである。環境との関係において具体的であるために，後者の目標は自在に変容する。規制が緩和されたり取引先が変更されると，目標もそれに合わせて変更されなければならない。

しかし，前者の公的な目標も，ドメインの確定以外に，具体的に大きな役割を果たしている。環境から偏りなく支持を受け，その存立のための正当性を保証するために欠かせないからである。ホンネでは仕方がないとは思いながらも，社会的な規範の枠組みの中では，その目標を掲げざるを得ないということはしばしばである。誰もが

盾突くことのできない目標であることがその理由である。地球環境に配慮する〈環境にやさしい企業〉などは，その典型である。逆に，そのような目標を掲げない組織は，環境アクターによって支持されない。

 さらにいえば，場合によっては，ドメインを確定することさえ難しいことがある。環境の中で利害関係者は互いに競合したり対立しているので，一部を変更しようとすると，他の一部が反発することもある。安易にドメインを決定できることはないし，手放しで環境から支持を受けるということもない。それを確定するだけでもコストがかさむことになる。

2．組織の成長と限界

 ドメインの確定と前後して，組織は特有のライフサイクルに従って成長することになる。そのサイクルについては第13章で詳述するが，その成長段階にあわせてデザインを工夫することになる。順調に成長することもあるが，場合によっては頓挫することもある。実際にはその方がはるかに多いといってもよい

 クインとキャメロン（Quinn and Cameron [1983]）によれば，たとえば企業家（あるいは起業家，アントレプルナー）が事業を起こす初期の段階では，その個性を活かすことで成長軌道に乗せようとする。組織はまだ非公式的で小規模，それだけにリスクを賭けることも可能である。リスクに耐えかねて押し潰されて初期段階で途中退場する組織も少なくない。その段階を越えるととりあえず組織としては成り立つようになる。

 そして前章で述べたようにサイズが大きくなると，組織そのものの維持に配慮せざるを得なくなる。リスクをとることには慎重になる。円滑に稼働するためにはシステムとして整備されなければならない。そして公式の手続きや基準・規範が定められる。それがさら

にいっそう精緻にされ，少ないコストでより大きな便益を得るような，いわば押しも押されもしない組織になるのである。この成長を組織の構築の成功として捉えることができる。

しかし，この精巧化（成熟と言い換えてもよいが）の段階では，逆に，硬直への危険が芽生えてくることもある。それは大いにあるといってもよい。成長体験に酔うということは，いかに優れた企業家でもありうることである。社会的に意義のある組織を経営者が勝手に壟断することも事例的には多く紹介されている。その挙句，次に述べるが，衰退にいたることも少なくない。それを避けるために，組織は絶えずデザインの変更を試みなければならない。

しかし，そのデザインを変更できないことも，新しく作り変えることもできないことがある。なぜできないのか。なぜ硬直化が避けられないのか。大きくなりすぎると，いわゆる大企業病などといわれる病理によって行き詰まることもある。また，外からの資源の供給が円滑にできない，内からでも，成員が高齢になって辞めて，しかもリクルートができないなどが重なると成長はそこで止まってしまう。意欲的な人材を集められないこともある。

成長とはそれを促す条件の整備，それに関わる人たちの存続への意欲，そして努力がなければあり得ない。それだけではない。起業の勢いは，途中で慣れてしまうと腰折れになることもある。また，新たに法制度ができると，それだけで規制が強化され成長が止まってしまうようなことさえもなくはない。不況などの経済状況が影響することも大いにある。組織の成長そのものがさまざまな与件と不即不離といえるような関係にある。それらを成長の限界と言い換えてもよい。

限界はあるが，それでも成長を続けることが何よりも重要である。成長を意図しなくなれば，それだけでその存在の意義は失われる。

成長は限界を超えようとする関係者によって支えられるが,しかし支えきれないものも少なくはない。次に述べるライフサイクルの衰退過程に遭遇することになる。

3. 組織の衰退

組織はやがて衰退に向かうことになる。キャメロンら (Cameron et al. [1987]) によれば避けられないことである。第5章で紹介された生態学的なモデルに準拠すれば,組織はやがて,その慣性のために適合能力を失って崩壊することになる。ライフサイクルは,組織の誕生があれば,老衰があり死もあるのは当然である。では,どのような要因が,その老衰を促すのか。

環境からいつまでも資源が安定的に供給されるものではない。人員や原材料が枯渇することもある。いつまでも環境から支持を得られるとは限らない。正当性とは,座視するだけで安直に得られるものではない。また,組織自身も,スケール・メリットを求めれば,やがて過剰な人員を抱えることになる。コミュニケーションがマンネリ化すれば,環境の変動に機敏に対応できなくなる。標準化によって規則を整備すれば,逆に,繁文縟礼といわれるような硬直化を招来することもある。いわゆる官僚制の病理を招いて,自滅することもある。

衰退の回避のためには,組織として方策を考えなければならない。たとえば,資源の調達能力が低下するようであれば,積極的に,前述のように,動態化や柔構造化などを果敢に断行して,組織の若返り,つまり活性化を図らなければならない。また,組織の活動分野を,より成果を得られるように修正したり訂正するドメインの再定義もあり得る。組織目的を変更することである。ダウンサイジング,つまり,規模の縮小を図って,残された人員で効率的な経営を行うこともある。

ただし、このような試みによっても、環境そのものがその組織の生存にとって不適合な場合は、衰退せざるを得ないことになる。

2　コミュニケーションと意思決定

1. コミュニケーション・コントロール

　組織では、基本的には、幹部が決定したものを、より下方のメンバーが実行することになる。いわば、上意下達が、その基本的なコミュニケーションとして存在する。そのために、ヒエラルキー構造が発達し、社長や会長など経営責任者から部長、課長、係長、ヒラ社員にいたるまでの、いわゆるピラミッドの形態ができあがる。上が決定、下が実行という機能分化が組織の本質である。職務権限などは、そのために公式に賦与された上からのパワーである。従うことを前提としている。従わなければ制裁を覚悟しなければならない。前章で官僚制システムといわれたものは、このような機能が最も効率的に発揮されるようなシステムである。

　つまり、官僚制システムが整備されるほど、コミュニケーションの、特に、上から下への伝達回路が整備される。それによって、より効率的に、コストや歪みが少なく、幹部の意向が現場に伝達されるので、組織は多大の成果を得ることができる。

　しかし、組織のコミュニケーションは必ずしも、ピラミッド型の上から下へ流れるというだけではない。一方向的ではなく、両方向的であり、また、循環的でもある。あるところで溜まったり、拡散したり、それ以上伝わらなかったりする。上方向のコミュニケーションは難しい（Beck and Beck [1986]）こともあるが、必要に応じてさまざまに工夫される。また、その形式によって、情報資源の偏

りができたり,パワーの所在が変更されたりする。情報が集約されるところでは,大きなパワーが形成される。

環境との関係でも,外部と接触するところ,つまり,境界線上では,独自のコミュニケーション関係が形成される(boundary spanning)。場合によっては,公式の立場は低位でも,大きなパワーを保持することがある。組織の中から外へ,外から中への情報について,何が必要か不要かの選択ができ,場合によっては拒否や排除さえできるからである。

以上のように,情報の伝達は,即権威のシステムの成り立ちと対応関係にある。その設計は組織デザインそのものである。

2. 意思決定

コミュニケーションは,人体にたとえれば,血管のようなものであり,その中を情報という血液が,滞りなく流れることが,人体という組織を活かせている。停滞しないことが不可欠の条件であるが,意味のある情報が流通することも欠かせないことである。ということは,無用な,あるいは,多義的で,場合によっては解読できないような情報が伝達されることは,少なくないコストを組織に課すことになる。

さらにいえば,意思決定とは,ミンツバーグら(Mintzberg et al. [1976])によれば,何が問題かを認識して(identification),それを解決するために必要な情報を集約し(development),その中で最善の選択肢を選んで(selection)行動を起こす過程である。有意味な情報が選択されないと,間違った決定にいたるのは当然のことであろう。

なお,情報の流れ方と意思決定について,典型的な2つの方式がある。ひとつは,伝統的な,いわば官僚制システムに準拠した上意下達の方式で,トップができるだけ多くの情報を集めて,それにもとづいて決定を行い,下方へ指示や命令として伝達するやり方であ

る。もうひとつは，その逆で，下意上達で，現場で考えを集約し，できるだけ，その場で決定するようにして，その意向を上に伝える，必要があれば，上からは修正も加えるというやり方である。経営参加など，いわゆる参加論は，後者の意思決定方式を組織に制度としてビルトインすることを狙っている。後者の方が，メンバーのモチベーションを高めるために効果的であるからとされる。しかし，その方式を徹底するほど，分散化が進んで，組織としての統合性が損なわれ，機能不全に陥る危険性がみられる。

　意思決定の方式を選択して決定することは，コミュニケーションのチャネルをデザインすることと同義であり，しかも，組織デザインの根幹に関わる問題でもある。

3．インフォーマル・コミュニケーション

　また，公式のデザイン，つまり情報伝達のシステムとは別個に，必ずインフォーマルといえる伝達回路が形成される。これは，葡萄のつる（grapevine, Davis［1953］）のように組織の中に蔓延り，重要な情報はこれを伝わって流れることもある。正規の意思決定を補完することもあれば，仲のよいものが互いに情報を交換するだけで肝心なところへ伝わらないということもある。正規の伝達回路によって周知されるのは，形式だけを整えて，不要なところを切り捨てるようなことがあるが，いわゆる裏情報がこれを補っている。

　仲のよい人たちが，裏情報や秘密情報を交換することによって形成されるコミュニケーション・チャネルは，意思決定の過程に強力な影響を及ぼすことがある。たとえば，上意下達の回路が，複雑な課題に対処する場合などに有効に働かなくなるときがある。それに備えて，伝達の方式に工夫を加えることがある。その場合に，インフォーマルなコミュニケーションの経路は重大な役割を果たすことになる。

このように，コミュニケーションは，組織の基本的な枠組みと密接に関係している。その伝達の構造が組織の中核をなすところであるといってよい。

3 技術要因，および，技術決定論の検討

1. 技術と組織

技術，あるいはテクノロジーといわれるものは，組織の制度や構造を規定する要因として大きな役割を果たしていると考えられている。

技術とは，一般的に，組織が原材料，資金，人員などを入力して，商品やサービスのような出力に変換するための仕掛け一切を意味している。どのような技術を組織が採用するかによって，組織の構造や制度が大きく変更されることになる。この立場は，技術決定論として知られている。

古典的な理論としては，ウッドワード（Woodward [1965]）によれば，たとえば，大量生産のバッチシステムを採用すると，必然的に権限の集中化や手順手続きの標準化を促すことになる。当然官僚制システムを強化することになり，そのことが，組織の効率や生産性を制約することになる。また，逆に，手作業中心のクラフト工程は，個々の作業者の高度な技能に依存するので，彼らの自律性を許容し，分散的な意思決定方式を採用せざるを得ない。したがって，官僚制化を抑制することになる。

トンプソン（Thompson [1967]）は，組織の中でタスクの依存関係に注目して，それに準拠しながら，組織はその構造や制度を変更するとの立場を主張している。また，ペロー（Perrow [1970]）によれば，結果の明示性などタスクの特徴は，個々の作業集団の成り立

ちを決めていると考え，そのためのモデルを提示している。

2．技術決定論の再検討

その後，技術決定論は，新しい技術を採用する組織は不可避に変化せざるを得ないとするハードラインの決定論と，その影響は経営管理の意思決定に委ねられるところが大きいとするソフトラインの決定論の立場に分かれることになるが，大筋において，技術による影響というよりも，それを採用する経営管理の意思決定の適切さが重視されるようになった。適切な技術を採用しないような決定は組織の存立を危うくするというのである。

また，社会 – 術システム（socio-technical systems）論の視点も，技術重視の視点として周知されている。トリストとバムフォース（Trist and Bamforth [1951]）の古典的な研究以来，社会，つまり，人の集合と，技術，つまり，何かを何かに変えるための機械や器具の集合は，それぞれ独自のシステムを構成しているが，それらが実際にモノをつくりサービスをつくり出すに際して，互いに重なりあい依存しあう関係になる。人だけの集合で独自の社会を成すが，機械や器具のシステムを有効に活用することでモノやサービスができあがる。工場だけではモノがつくれずオフィスだけではサービスを提供できない。それを動かす人がいなければならない。

互いが適合的な関係にいたらないと，その働きは所期の成果を上げることはできないし，効率的に稼働しない。人間，つまり，社会のシステムと技術のシステムが相互に好ましい関係を選択しあい，最適な関係に向かう傾向にあることを理論的に，実証的に提唱したのである。互いは独自のシステムでありながら，適合的に働きかける関係を必ず見つけなければならない。この考え方は，その後いくつもの経験的な研究を重ねることで定式化され，現代組織論において，すでに常識的であり定説でもある。

3. 組織の選択

次節で述べるコンピュータ化など新技術の導入の決定は，経営管理におけるひとつの選択である。技術に引きずられて経営組織が変更されるというのではなく，当面の経営組織に合わせた，それに適合するような技術が選考されるであろうと期待される。導入後の成行きは不明であるとしても，選択に際しては，それが当面の目的の達成に貢献するであろうと期待され，社会システムがとりあえず主導的になることが予想される。したがって，最適化は意思決定の問題とされる。つまり，組織に与件としての要因の中から，何を選び何を重視するかによって，組織の向かうところが決められ，そのことで，どのような最適化が望ましいとされるのかが明らかになるからである。どのような技術をどのようなタイミングで導入するかについてはリスクを伴うが，管理的な立場からは，組織はリスクに配慮しながら，何を選択して最適化を試みるかを考えるべきである。

4 コンピュータ化と技術革新

1. コンピュータ化

現下進行しつつある技術革新，特に，コンピュータの導入に伴う新しい技術の採用は，組織デザインにおいて決定的な要因となっている。それは大量情報の情報技術がコミュニケーションの技術と連結して，生産性や効率の向上だけではなく，職場の仕組みを変え意思決定の方式さえも変更しようとしている。今後，根底から組織の枠組みを変更することになるかもしれない。

たとえば，コンピュータを利用することで，タスクの変更，職場組織の変更，組織の基本的な構造の変更を招来する。たとえば，コ

Columu ② コンピュータ化

　大型算盤と電話が結託して，何かどでかい化け物のような機械ができてしまった。しかも，ますます大きくなろうとしている。そのうちに，いまでももしかしたら，すでにモンスターかもしれないが，私たちの制御をはるかに超えたところにいってしまうのではないかという不安を感じる。

　コンピュータは使い出すと止まらない。それの恩恵を受けはじめると，使い勝手がいい，便利な道具になる。それを組織に活用すれば，できないことはない。何でもできるとは少しいい過ぎであるかもしれないが，実際に，生産性や効率の飛躍的な向上に貢献してきた。ぶつぶつ文句をいいながら，しかも金食い虫の人間を追い散らすことができれば，これに勝るものはない。コンピュータ礼賛は果てることはないようにみえる。

　しかし，ここまでいえば，18世紀の産業革命を思い出してしまう。世界史の復習ではないが，それは，長い間，また，今にいたるまでも，光と影をつくり出すことになった。むしろ陰といった方がよいのかもしれない。よいことばかりではない。その裏には，深刻な社会問題を引き起こし，陽のあたらない湿ったところ，カビのはえるようなところをつくり出したことは否定しがたい。資本家と労働者を深刻な対立関係に追い込んだのは，あの産業革命である。

　今，行け行けドンドンの議論もけっこうだが，コンピュータは組織を変える。しかし，それに付随してネガのようなところもできる。必ずできるといってよい。それを見つけること，それにどのように立ち向かうかの理論構築に，組織論の可能性が問われているように思える。現状のうわ面だけをみるだけで，それを裏返しにしようとしないようでは，組織論の貢献もこれまでかといいたくなる。

ンピュータ化のために，従来人手では困難であった細密な仕事や塗装のようなダーティな仕事がやりやすくなった。作業が熟練を必要とはしない，したがって，誰にでもできるので，旧来の秩序が用をなさなくなり，職場組織が流動化する。マルチメディアやインターネットのように双方向的に，しかも大容量のデータをネットワーク状に送受信できるので，組織構造が根底から変更される。組織文化や風土も変更される。また，ブラウナー（Blauner [1964]）によれば，オートメーションによって，従来のバッチ生産によって生じた労働疎外を克服することもできるような楽観論さえいわれた。

2. 影響評価

しかし，コンピュータ化は，単純にバラ色の未来を約束するだけではない。その影響は複合的であり得，しかも，負の効果をもつようなこともあり，組織デザインにおいて，攪乱要因にもなりうる（田尾ら [1996]）。以下のように，いくつかの問題が指摘されている。

(1) 技能アイデンティティの喪失

コンピュータ化は作業をより細密にして，しかも，人為的な変動を少なくできるので，質を向上させることができる。しかし，他方，機械に依存する度合が大きくなり，熟練を経た人たちから内発的な動機づけの機会を奪うことになる。よりいっそう深く学習したり達成感を経験できなくなり，技能へのアイデンティティが喪失する。

コンピュータの導入によって，たえずデータの更新が必要になる。そのためには，そのデータ入力について多大のコストが入用になる。そこでは自律性が乏しくなり，単調な作業が続くことになる。いわば多様性が少なくなり，モチベーションを低下させる。また，コンピュータは一定の速度を機械的に維持し，作業者はこれに合わせなければならないので，自ら自主的に判断する機会が制限されると感じるようになるとの報告もある。自律的に働ける機会の減少，繰り

返しの作業が増え,単調感が増したとしている。その結果,熟練技能が消失するのではないかという危惧もある。

しかし,逆に,コンピュータ導入によって,単純作業が減ったり,判断を伴う仕事が増えるようなこともある。コンピュータによって,従来の経験やカンが不要になり,標準化やマニュアル化が促進され,独り合点の仕事が少なくなる。また,多くの人が均一の情報を共有できるようになり,互いの意志が確認され,共同作業がしやすくなるようなこともある。

したがって,その影響を測るためには,複雑に絡まった要因間の関係を明らかにしなければならない。

(2) 職場集団の変化

いわゆる無人化工場に端的に表されているように,コンピュータ化によって省力化が進み,人手が少なくても済むようになる。ファクシミリの普及によって在宅勤務が増えることもある。上司や同僚と直接会って話し合う機会も,職場の外でつきあうことも少なくなる。極端な場合,なくなることもある。互いが助け合い,助言を求め,それに応えることが少なくなり,対面的に相互作用する機会が少なくなる。コンピュータ化とは社会情緒的に互いを支えあう機会が少なくなることである。

作業する部屋が個室になったり,コンピュータを使う人,使わない人に分かれるなど,職場がひとつにまとまろうとする雰囲気が乏しくなる。仕事のために互いに依存しあわなくても済ませられるようになるので,対人関係が主要な動機づけ要因ではなくなる。

さらに,コンピュータ化によって,社会関係の技術が下手になり,それが病態化すれば対人的な不感症になったり自閉的になる。個人の世界に閉鎖的に閉じ込もって他者との健全な相互依存関係を維持できない。テクノ依存症などテクノストレスは深刻な問題である。

病的な問題にいたらないまでも,対人的なコミュニケーションの態様も変化することになるだろう。

しかし,他方で,インターネットなどで情報の共有機会が増えて,むしろ,水平的なコミュニケーションの増大で,逆に,意思決定への参加の機会が増え,モチベーションが高まるようなこともあるとされている。

(3) マネジメントの細密化

仕事が細分化されて,個々の作業がどのようなもので,どこまで達成できればよいかを具体的に提示することができるようになる。そしてその達成程度が個々に精密に測定でき,誰が,何をどこまでしたかを瞬時に知ることができ,しかも,それを保管でき,必要なときに取り出すことができるようになる。そのため人事管理を従来よりも細密にすることが可能になる。つまり,官僚制化に伴う標準化の徹底をコンピュータ化は促すことになる。

しかも,ヒエラルキーの上方で,経営幹部が,逐一業績評価ができるようになれば,ミドルマネジメントは不要になる。そうなると,構造がよりフラットになるということもある。文鎮型の組織を仮定する論者もいる。

逆に,ミドルの機能が大きくなるという考えもある。コンピュータ化によって,管理者が日常煩雑な仕事から解放されて,より上質の仕事ができるようになるようなこともある。情報伝達のためのシステムが整備されることによって,管理者は以前より質のよい情報を入手できるようになる。このように,コンピュータ化は,むしろ中間管理者の機能を強化するようなこともある。

3. 積極的なデザイン化

以上のように,技術としてのコンピュータの影響は,さまざまの視点から議論され,それの中身はまだ十分に検討し尽くされて

いるとはいえない。今後の、組織デザインの方向づけにおいて重要な課題である。

コンピュータは、今後、積極的に取り入れ、経営資源として活用しなければならない。そのためには、

(1) 技術的蓄積：それを受容して、組織の効率的な運用に供することができなければならない。そのためには、従来の技術との接合が配慮されるべきで、そのノウハウを最大限活用することが円滑な移行を確実にするのである。

(2) 技術と管理システムの適合関係：管理の方式が、コンピュータ技術と適合していなければ、機能的ではなくなる。たとえば、導入して情報システムが開放的になれば、それに合わせて厳密な官僚制システムを変更しなければならないであろう。

(3) 人的資源の確保：日進月歩の新しい技術は、それを活用するために絶えず研修や再教育を必要にすることであろう。積極的に個人的な資質の開発に努めなければならないであろう。

5　ジョブ・デザイン

1. 拡大化と充実化

個々の職場、あるいは、個々の作業者において、どのような技術が、どのような効果をもつのかについても検討しなければならない。その最も端的な議論が、ジョブ・デザインである。つまり、個々の作業の中身をどのようにとらえるかであり、それは、いわゆる労働の人間化と軌を一にしている。作業の拡大化と充実化に大別できる。

拡大化（enlargement）とは、作業単位を増やすことである。たとえば、8個の作業単位は4個のそれよりも幅があり、広がりがある

ということである。いわば旧来の作業では，ただひとつのネジを回すだけではなく，2つか3つ，それ以上のネジを回したり，あるいはワイヤを差したり打ちつけたり，また，出来上がりを検査するなどを追加することである。幅のない，種類の乏しい仕事は，それだけ構造が単純であり，それを持続的に行うことになれば，単調な仕事になる。逆に，作業単位が多くなると，複雑になり，動作の繰り返しも少なくなる。多能工化である。

他方，充実化（enrichment）とは，仕事の中身をつくりかえることである。仕事をどのように組み立てるか，どのように順序立てるか，何を用いるかなどについて，予め決めてあることを押し付けるか，それとも，判断を委ねるか，また，問題の発生に際して，解決の方途をマニュアル化しておくか，自ら進んで創造的に工夫させるかなど，方法や手続きに関係している。権限を他へ移したり，権威の所在を変更することなどが含まれる。したがって，一般のメンバーでもただ指示や命令に従うだけではなく，自らの行為やそれによって得る成果や影響を測りながら，仕事の全体を把握できるようになることなどが充実化には含まれる。

2．ジョブ・デザインのモデル

ハックマンとローラー（Hackman and Lawler [1971]）は，心理学的な視点からモデルや尺度の工夫を試みている。仕事の特性を，多様性（variety：必要とされる操作の多さや用具や手続きの多さの程度），自律性（autonomy：計画を立てたり，用具や方法を選択したり，手続きを決定するに際して自らの意見を反映できる程度），タスク・アイデンティティ（task identity：仕事の全体を見渡し，それの全体を遂行でき，自らの努力を識別できる程度），フィードバック（feedback：どのようにすればどのようになるかについて，仕事そのものから有意義な情報が得られる程度）に分けて，これらの特性は互いに結びつきあって，メン

図 8-1 JDS モデル

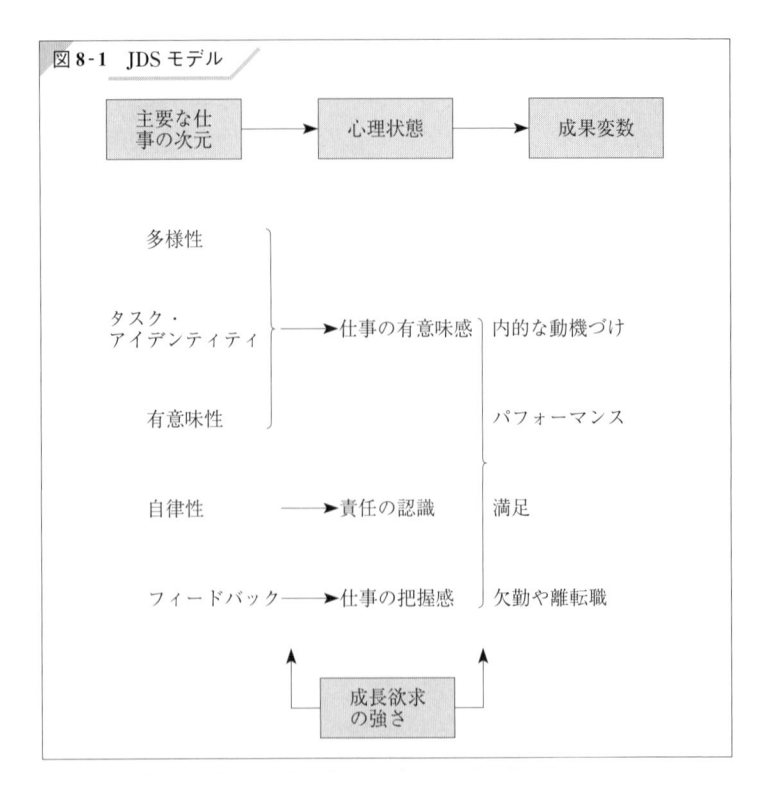

```
主要な仕事の次元  →  心理状態  →  成果変数

多様性          ┐
タスク・         ├→ 仕事の有意味感   ┐ 内的な動機づけ
アイデンティティ  │                  │
                │                  │ パフォーマンス
有意味性        ┘                  │
                                   │
自律性          ──→ 責任の認識     ├ 満足
                                   │
フィードバック ──→ 仕事の把握感     ┘ 欠勤や離転職

                    ↑           ↑
                  成長欲求
                   の強さ
```

バーの態度や行動に大いに影響を及ぼしていると考えられた。これらの特性がバラバラではなく、すべてに顕著な特性がみられたとき（加算効果ではなく、相乗効果を仮定して）、満足やパフォーマンスがよくなり、欠勤などが少なくなると考えられた。

ハックマンとオルダム（Hackman and Oldham [1976]）はこのモデルをさらに発展させ、図8-1のような因果図式にまとめた。

多様性とタスク・アイデンティティに、新しく仕事の有意味性（task significance: 他者に対して意味のある仕事をしている程度）を加え、これらの仕事の特性は、仕事の有意味感という心理状態を喚起する

ことになる。同様に,自律性は責任の認識という心理状態を生み出し,フィードバックは仕事の把握感という心理状態を生み出すことになるのである。これらは合わさって,内的な動機づけや満足を大きくし,欠勤や離転職を少なくして組織の成果に貢献すると考えられた。これらのモデル全体は,JDS(job diagnostic survey)とされ,実用に供されている。このモデルは,組織デザインにおいて役立つとされている(田尾[1987])。

3. ジョブ・デザインの限界

以上のようなモデルは,どちらかといえば,工場労働で厳密に議論されてきた。しかし,オフィス労働やサービス労働,特に対人的なサービス労働については,まだ,何をどのようにデザインすればよいのか,どのようにつくりかえれば,モチベーションを向上させることになるのか,まだ十分明らかにされているとはいえない。

認知論的な立場からの限界を指摘されることもある。デザインされたジョブに動機づけられるのは,限られた人たちだけであるという個人差の問題もある。賃金を得ることだけが,モチベーションの誘因となる人たちに,このようなデザインは何の意味も与えることがない。ジョブだけではなく,労働生活,さらに生活一般をデザインの中に組み込まないと,成果は得られないとも考えられる。

以上のように,その組織デザイン変数としての働きは,まだ知られていないところもある。しかし,その影響するところは非常に広範囲でしかも深い。その影響過程については,今後の課題であるといえるだろう。

● 参考文献 ●

Beck, C.E. and E.A. Beck [1986], "The Manager's Open Door and the

Communication Climate," *Business Horizons*, 29.

Blauner, R. [1964], *Alienation and Freedom : The Worker and His Industry*, Chicago University Press.

Cameron, K. S., M. Kim and D. A. Whetten [1987], "Organizational Effects of Decline and Turbulence," *Administrative Science Quarterly*, 32.

Davis, K. [1953], "Management Communication and the Grapevine," *Harverd Business Review*, 31.

Hackman, J. R. and E. E. Lawler, III. [1971], "Employee Reactions to Job Characteristics," *Jouranal of Applied Psychology*, 55.

Hackman, J. R. and G. R. Oldham [1976], "Motivation through the Design of Work : Test of a Theory," *Organizational Behavior* & *Human Performance*, 16.

Mintzberg, H., D. Raisinghani and A. Theoret [1976], "The Structure of Unstructured Decision Processes," *Adominstrative Science Quarterly*, 21.

Perrow, C. [1961], "The Analysis of Goals in Complex Organizations," *American Sociological Review*, 26.

Perrow, C. [1970], *Organizational Analysis : A Sociological View*, Wadsworth.（岡田至雄訳『組織の社会学』ダイヤモンド社，1973）

Quinn, R. E. and K. S. Cameron [1983], "Organizational Life Cycles and Shifting Criteria of Effectiveness: Some Preliminary Evidence," *Management Science*, 29.

田尾雅夫 [1987]，『仕事の革新』白桃書房。

田尾雅夫・吉川肇子・高木浩人 [1996]，『コンピュータ化の経営管理』白桃書房。

Thompson, J. D. [1967], *Organizations in Action*, McGraw-Hill.

Trist, E. and K. W. Bamforth [1951], "Some Social and Psychological Consequences of the Longwall Method of Coal Getting," *Human Relations*, 4.

Woodward, J. [1965], *Industrial Organization : Theory and Practice*, Oxford University Press.

第9章 組織文化

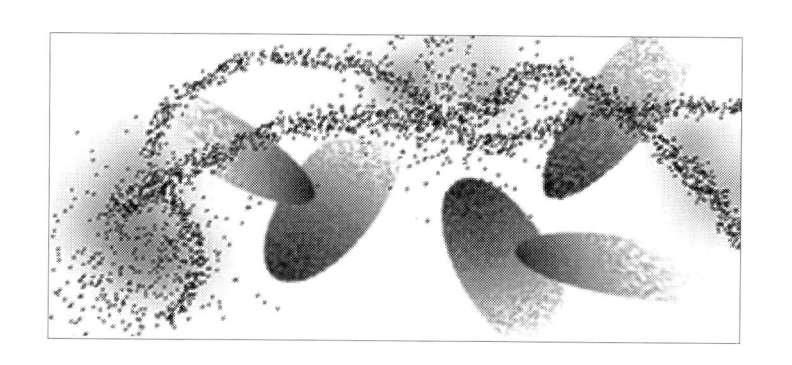

1 行動環境

1. 生活空間

個々のメンバーの判断や行動は,前章で述べたサイズや技術,ヒエラルキーの数,コントロール・スパンなど組織デザイン変数によって制約されている。メンバーは,その枠組みの中で,考え行動しているのである。しかし,これらのデザイン変数,いわば物理的にある特性がそのまま直接メンバーに影響を及ぼしているのではない。たとえば,員数が増えても,そのサイズの増分がただちにメンバーの行動を変えることにはならない。

変化は変化としてメンバーに認知されなければ,考えや行動に影響を与えることにはならないし,認知されても,それがそのまま考

図 9-1 組織変化の認知

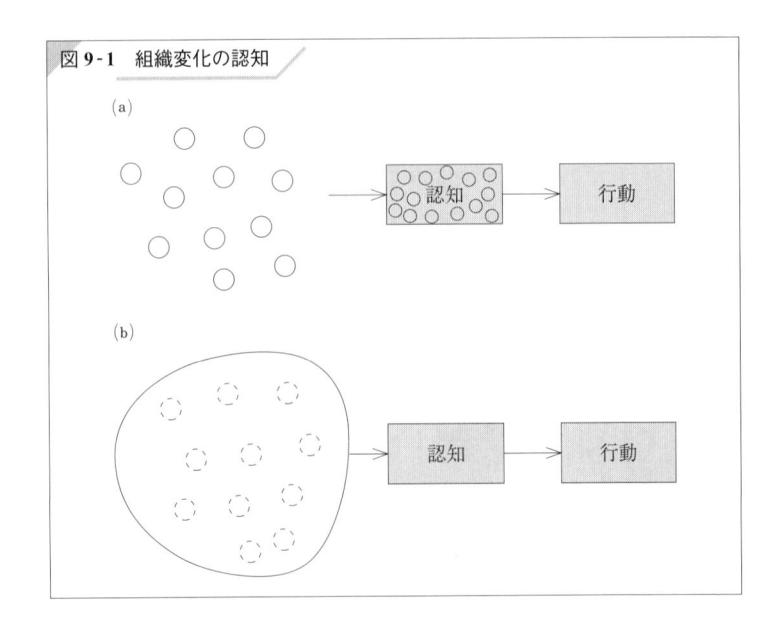

えや行動をただちに変化させることにはならない。組織における内外の要因,特に,物理的与件として与えられた要因や,それに由来する構造や制度などが,個々のメンバーに及ぼす影響関係については,組織の中で,それらがどのようなものとしてとらえられたか,認知的な過程を,要因群と判断や行動の間に介在させるようなモデルを想定しなければならない。

レヴィン(Lewin [1951])は,物理的な要素からなる与件としての環境,つまり,物理的世界に対して,心理的な環境の存在を考えた。モノがそこにあるという現実の環境よりも,個々のメンバーが,そのモノをどのように認知し評価したかが刺激として重要であり,それらが複合的に再構成された主観的な世界,レヴィンのいう生活空間(life space)こそが,メンバーの判断や行動を実質的に規定し

ていると考えた。この生活空間，つまり，物理的な環境に対する，心理的で主観的な行動環境は個々のメンバーにとって，どのようなものとして理解されるべきであろうか。

　行動環境を考える場合，人間とは，図9-1(a)のように個々の物理的な環境に逐条的に反応するのではなく，むしろ，図9-1(b)のように，刺激の漠然とした塊に対して，塊のような反応系列があるとされる。行動環境とは，認知的に捕捉された，その場の気分のようなものであり，その場にいないと感じとることができない独特の雰囲気である。この刺激系列は，塊になってはじめて意味をもつので，全体としてとらえられ，感じとられると，その後は個々の要因に分解できなくなる。

2. 組織風土

　この立場から，状況をより全体的にとらえて，その状況と組織の成果や満足，モチベーションなどとの関係を分析するための概念として，組織風土（organizational climate）が考案された。リットビンとストリンガー（Litwin and Stringer [1968]）によれば，組織風土とは，組織システムの要因とモチベーション性向の間に介在しうるひとつの媒介変数であり，一群の個人のグループと一群のモチベーションのグループに対する状況的なモチベーション影響力の累積的な記述を表すもので，究極的には，それは，状況変数全体の計量化，あるいはむしろ，そのダイアグラムを提供することを意図した概念であるとされている。

　組織風土は，分析概念としては曖昧ではあるが，組織や職場集団を全体として包み込むような環境である。組織風土とは組織の中で個々のメンバーが，どのように自らの仕事や職場集団，組織をみているかであり，それぞれの個人による組織の中の組織デザイン変数の記述である。したがって，誰にでも，組織に参加していれば，そ

れぞれ自らの組織がどのようであるかを認知することになる。

しかも、それぞれのメンバーが受けとめた認知、あるいは知覚が、互いに相違しなくなるほど、分散が小さくなればなるほど、明瞭な形をとることになる。分散が大きければ、それぞれがバラバラに組織をとらえているので、共有されたところが少なくなり、不分明なものとなる。逆に、小さくなるほどただ認知されるだけではなく、いわばモノとして（物理的なモノではなく、社会的なモノとして、後述するソーシャル・リアリティとして）個々のメンバーに共通するような枠組みを提示することになり、それぞれの判断や行動に影響を及ぼすことになる。それが組織文化のプロトタイプである。それによって個々のメンバーを制約するような影響力をもつようになる。

この相違は、アシュフォース（Ashforth [1985]）によれば、組織風土は共有された知覚（shared perception）であるが、組織文化は共有された仮説（shared assumption）である。組織文化は、何が重要であり何が重要でないかについて、彼らの経験に共通の意味を与えることで、判断や行動を枠づけ、方向づけを与えているのである。共有された知覚は、特定の方向づけが明示されるほど共有された仮説に転じる。

3. 組織文化の形成

要は、組織のデザイン変数を、多くの人が同じように認知することで、あたかも、そこに物理的にあるかのように理解することで、その組織を特徴づける文化のようになる。組織の中に、根づいて、判断や行動の枠組みとして働くことになる。つまり、組織風土は、やがて組織文化となって、メンバーの行動を制約するのが通常である。規範的な働きをするようになる。人々が何をすべきか、何をすべきでないか、それをどの程度すべきであるかの基準を提示することになる。また、明文化されることもあるが、暗黙の了解として、何とはなく知らされ

るようなこともある。新人にはそれとは分からないこともあるが，そのうちに理解できるようになる。

　職場の社会化とは，組織固有の文化を修得する過程である。その組織の中で暮らしやすいように，その内容をさまざまの機会を通じて周知させるのである。強い文化ほど，この影響は大きくなり，その文化が提示するような方式で考えたり行動するようになる。メンバーは，それに順応することでその組織の人らしくなる。それに影響されない人や従わない人は，逸脱者として制裁を受ける。逆に，それに準拠し同調している人は，組織文化を体現している人で，報償を受けることになる。

　したがって，組織文化を変えることは，組織の枠組みを変えることと同義である。組織の変革とは，組織文化の変革でもある。ただし，この文化とは，さまざまの下位文化の複合でもあるので，その中のひとつの文化を変革することがただちに，組織全体の変革にはならない。その中の優勢な下位集団が他を圧して，組織の枠組みを定め，方向づけることもあるが，組織文化の成り立ちそのものが，後述するが価値の競合であり，優勢というだけで，圧倒的な組織文化を形成するとはいえない。

2　組織文化

1. 組織文化の解読

　組織文化，近年，コーポレート・カルチャーなどといわれることが多いが，組織の骨組みを知るために不可欠の概念となりつつある。組織のそれぞれの相違を知るためには都合のよい概念であるとも考えられる。しかし，その方法や測定技法などについてまだ十分であるとはいえない。

あらためて，組織文化とは，組織の中で，それを構成する人々の間で共有された価値や信念，あるいは，習慣となった行動が絡みあって醸し出されたシステムである。メンバーである以上，誰もが，その影響を受けている。新米のメンバーは言わず語らずのうちに，その文化の影響を受けて，その組織の人らしくなる。ベテランにあっては，その文化の体現者として行動することが期待されている。しかし，組織文化を内面に取り入れて同一化してしまえば，意識的な行動として表出されることはなくなる。

また，組織文化は成文化されていないから，目に見えない，具体的な形象をもたないことが，その特徴でもある。そのことによっても意識的な行動を喚起しなくしている。しかし，他のライバル組織と比較せざるを得なくなるときや，新たな事業を起こしたり，危機に遭遇するときなどはいやが応でも，自らの組織文化を意識するようになる。

日常的には，組織文化はさまざまの，いわば組織のイベントの中に潜んでいる。潜在的ではあるが，その影響力は大きいといわざるを得ない。その組織のカルチャーを読みとるためには，以下のようないくつかの手掛かりがある。

(1) 儀式やセレモニー：経営者は組織の独自性を明示するために，入社式や年頭の挨拶などで，組織の価値を強調する機会を狙う。厳かさや深遠さを演出することで価値の高揚を図ることになる。

(2) シンボル，あるいは，表象：組織の独自の価値をシンボライズできるようなものを特定して，共有しあう。たとえば，社旗，制服やバッジのようなものを制定したり，創立者の語録を編纂して出版するとかによって，独自の価値意識の高揚を企てる。

(3) 言葉（隠語のようなものも含む）：特別な意味を伝えるために特別な言葉が流通している。隠喩のような形で流布することが多い

ので，メンバーでないと理解できないこともある。あるいは，その言葉にただちに反応できるようになることが，組織への適応であり社会化である。

(4) 物語や伝承：創業に関するエピソードを誇張的に伝承させたり，神話のような装幀を施して，メンバーに伝えようとする。松下語録やホンダ神話などに昇華されるほど，有無をいわさず働きかけるような強力な企業の組織文化を形づくることになる。

要は，それが強くなるほど，組織を構成する人たちの判断を支えたり方向づけたり，行動を抑制したり促進したりとさまざまに働きかける。その働きが大きいほど強力な文化が存在するとされ，逆に，小さいと弱い文化になり，中にいる人たちへの影響は少なくなる。強い組織文化が成り立つためには，メンバー相互の暗黙の合意，あるいは価値や信念の共有が不可欠である。

まったく文化が成り立たないこともある。それは，価値や信念を何ひとつ共有しない場合である。組織のライフサイクルの衰退期にあれば，急速に独自の組織文化も弱まっていくことがある。逆にいえば，強い文化を育てることが経営管理を容易にすることもある。強い文化においては，全員が一丸となって難局にあたることを可能にされるからである。

2．組織文化と官僚制システム

シャイン［1985］によれば，組織文化には，それを認識し，採用し，学習する過程のあることを指摘している。つまり，それぞれの行動環境を，各人が同じように認知して，同じように考え行動するほど，つまり，前述したが，組織の状況に関する認知の共有，いわば，その分散の少なさが強力な組織文化を育成するための欠かせない前提となる。メンバーの多くが，同じような価値観をもち同じように考える，また，同じように行動すると，目標について合意が

なりやすく，何をどのようにすればよいかも一致しやすいからである。

　そのために，同じような考えや見方を育むような機会を提供することに努めている。社宅や寮，運動会や趣味の会などの育成，QCサークル活動やTQCなど小集団活動もその一環として助成されている。組織への適応を促進する制度はすべて強力な組織文化を醸成するための仕掛けとなっている。官僚制化は，強い組織文化の醸成と合致している。

　逆に，何をしてよいのかわからないようなところや，それぞれの下位集団が利害を主張して譲らない，いわば群雄割拠のところ，また，官僚制システムが発達するにいたらず，したがって，規範や基準が明らかではないところでは，それなりに組織は風土として知覚されるが，強力な文化，たとえば，コーポレート・カルチャーは形成されない。

3 組織文化の形成

1. どのように形成されるか

　組織文化の形成には，第7章，第8章で述べた組織構造，組織デザインに関わる要因がすべて関与している。たとえば，大きいサイズの組織は，小さい組織に比較して官僚制化の発達が顕著であるとされたが，それに伴って，さまざまの独自ともいうべき組織文化も並行的に醸成されるようになる。サイズが大きすぎるようになれば，徐々に融通の効かない硬直した文化も現れるようになる。

　また，テクノロジーは当然，文化の成り立ちを規定するようになる。たとえば，コンピュータ化は，組織内部のコミュニケーション

の流れを変え、人々の行動様式を変更して、文化を変えることになる。つまり、組織デザインの変更は、その当初は、物理的環境の変更であるが、それは徐々に、行動環境の変更にいたり、新たな組織文化を醸成することになる。

では組織デザイン変数の変更が、どのような過程を経て組織文化の形成にいたるのか、その過程を規定する要因を考えなければならない。肝心なことは、それぞれの人たちが、そこにいて見るもの聞くもの触るものを共有しあって、組織へのアイデンティティを互いが強くもつことが組織文化を創造する基本的な条件である。それが、どのような機会によってつくられるのかということである。

はじめは、人それぞれによって相違するところはあっても、社会的な相互作用を繰り返すうちに、次第に似たような考えをもつようになり、同じような見方をするようになる。これは認知された風土の集団内分散が小さくなる過程である。この分散が小さくなる程度に応じて、組織文化となり、さらに、メンバーの態度や行動を規定する要因として働くようになる。では、どのような要因が分散を小さくして、強力な組織文化として成り立つのであろうか。

(a) 近　接　性

物理的に近接していることを要因としてあげることができる。互いが近くにいるという対面的な関係が、考えや見方の共有のためには最も効果的である。近くにいるということは相互の可視性を高め、場面を共有しあう機会も多く、互いをいっそうよく知り合うことができる。逆に、遠く隔たっていると、認知を共有することは難しく、まとまりにくく、合意はできにくい。支社や出張所の多い組織についていえば、それぞれに固有の風土はできても、それらを縦断するような組織文化は形成されがたい。一箇所に集中的に立地している企業は、固有の強力な組織文化をもちやすい。

にもかかわらず、事業部制を採用したり海外にも現地法人をもつような大規模組織であっても、共通の目標のもとに強力なコーポレート・カルチャーを人為的に創り出そうとすることがある。社是・社訓の周知徹底などによって、物理的に遠くても心理的に近い雰囲気を醸成して、組織文化が個人の認知を共有化するように促しているのである。

(b) 同 質 性

また、メンバーが互いに類似するほど、同質であるほど、分散は小さくなる。性や年齢、学歴、職位などの特性が似ているほど、また、興味や関心が似通っているほど、分散も小さくなり、強固な文化が形成される。職場の外までも行動を同じくするような、たとえば、クラブ活動の奨励や補助から寮や社宅の提供にいたるまで、日本的経営における福利厚生の考え方は、メンバーの認知を同じくするように働きかけ、組織文化を強固にするのに役立っている。デモグラフィック要因が似ている人を雇用したり厚遇するのも、同質性の保持に役立っている。逆にいえば、異質なリソースをもったメンバーが多くなるほど、共有された知覚は形成されず、文化に発達することも少ない。

(c) 相互依存性

さらに、相互に依存しあう関係が重要である。並行的なタスク、つまり、あるメンバーの行動が他のメンバーの行動に影響されない、影響を及ぼすこともないような仕事の場合、集団内分散が小さくなる必然性に乏しい。逆に、協力しあわなければならない仕事では、連絡調整の必要から、相互依存関係の度合に応じて集団内分散が小さくなる。

(d) コミュニケーション・ネットワーク

また、物理的な近接性や仕事の特性とも関連するが、コミュニ

図 9-2 コミュニケーション・ネットワーク

ⓐ チェーン型

ⓑ 星型

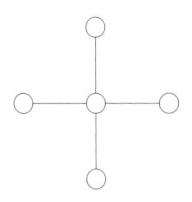

ⓒ Y字型

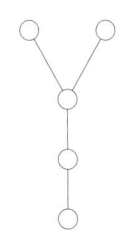

ⓓ サークル型

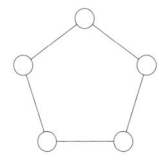

ⓔ マルチチャネル型

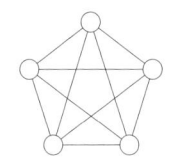

ケーション経路の発達は，組織文化の形成に大きく貢献している。図9-2でみられるように，情報の流れが一方的であったり，特定の場所に集中するよりも，相互的で全体に行き渡るような場合，Y字型や星型よりも，どこからも誰からも情報が入手できるマルチチャネル型のネットワークの方が，同質の情報を過不足なく全員に伝達できるので，明瞭な文化が形成され，分散が小さくなる。

(e) 帰属意識の高揚

加えていえば，組織は研修などを通じて，その文化を何らかの方式で伝えようとする。ロイヤルティを高めるためのさまざまの経営管理の技法は，すべてメンバーの関心が組織に向かい，同じように組織を見，考える機会を提供している。帰属意識を強化しようとするものである。対外的に，自分の会社の野球やサッカーのチームを応援することなども，会社へのアイデンティティを高めて，メンバー間の認知の分散を小さくしている。

前述の社是・社訓の周知徹底などは，この意識の高揚に供するところが大きい。経営管理そのものが，どのような組織文化を創出するかの鍵を握っているといえる。経営者の強烈な個性が，組織文化を先導することもあるのは，たとえば，ホンダやパナソニックなどで知られていることである。さらに，経営者が小集団活動を強力に推進することで，独自の組織文化を醸成しようとする企業もあるのは周知のことである。

4 組織文化の機能

> **1. 規範性と斉一化**

組織に対してどのような見方をするかについて,完全ではないとしても,客観的な状況のコピーであることが期待されている。しかし,現実には,状況とは関係なくそれに類するものが発達することがある。この場合,コピーにはならない。フェスティンガーら (Festinger et al. [1950]) のソーシャル・リアリティ (社会的事実,あるいは実在) がそれである。図9-3のように,凝集性の高い集団では,低い集団に比べて,時間の経過とともに,客観的な事実が何であるかとは関係なく,多数のメンバーが信じるべきであるとする社会的なモノを創造して,すべてのメンバーがその価値を受け入れ,それに同調することを強要することになる。斉一性への圧力 (pressure for uniformity) である。メンバーが入手できる情報が限られたり少ないほど,その真偽を確認できる手段や方法に欠けるほど,そして,意思決定に緊急を要するほど,ソーシャル・リアリティは強固に発達する。

また,図9-4のように,凝集性の高い集団では,ソーシャル・リアリティが強固になり,逸脱者に対しては同調させようとしてコミュニケーション量が増えるが,それが無駄とわかれば,むしろ仲間外れにしてしまうのである。規範に従えば,他のメンバーから組織の一員であることが認められ,従わなければ,制裁を受けるか,一員であることが認められないで,いわゆる村八分か追放の処分を受けることになる。

図9-3 擬集性と同調への圧力

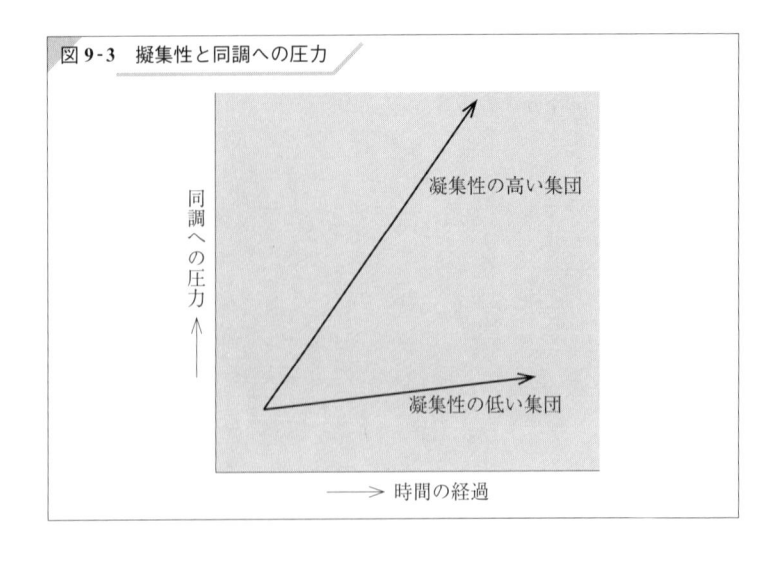

同調への圧力 ↑

凝集性の高い集団

凝集性の低い集団

⟶ 時間の経過

図9-4 擬集性とコミュニケーション量

コミュニケーション量 ↑

凝集性の高い集団の逸脱者

凝集性の高い集団の同調者

凝集性の低い集団の逸脱者

凝集性の低い集団の同調者

⟶ 時間の経過

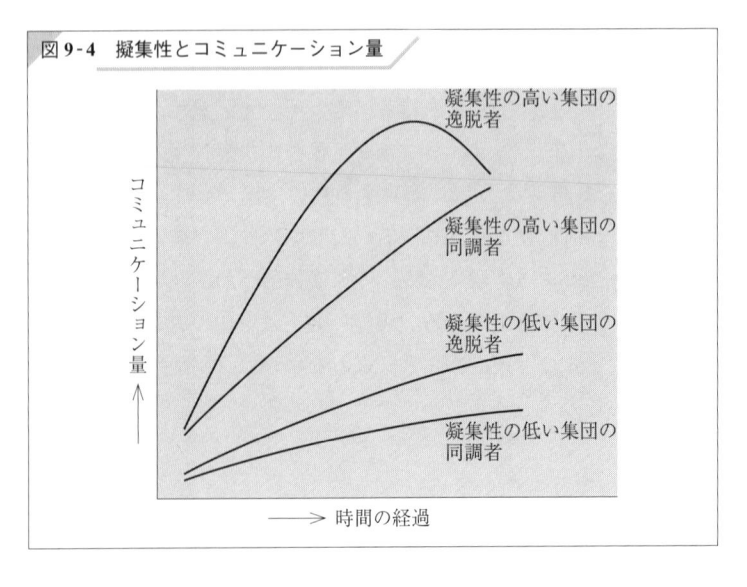

2. 強い文化，弱い文化

言い換えれば，強力な文化とは，その組織が確固とした信念体系を保持していることでもある。それぞれのメンバーは，その信念を共有して，その文化に，忠実に準拠することになる。逆にいえば，その準拠の度合いが，強力であるか否かが評価の基準となる。また，忠誠を強要するだけではなく，それに準拠することが，メンバーに共通の価値や視点を提供するために，組織構造が安定することもある。構造が安定するから強力な文化が醸成されることもあるが，強力な文化が育成されるから構造が安定することもある。強い文化であるほど，それを変更することには困難を伴うことになるだろう。後述のような文化の革新は難しくなる。

なお，組織文化が強力になるほど，それに同調できない人たちは，それに適応できずに，精神衛生的にも負担が大きくなり，ストレスなどの弊害が起こるようになる。ストレスにいたらないまでも，強い文化が醸成されて，その規範的な性格が明らかになるほど，従う人，従わない人の分化が進むことになる。また，従わない人への同調を強要する度合いも大きくなる。

3. 組織らしさ

人はそれぞれひとり一人が違うように，組織にもそれぞれ固有の特徴を備えている。それぞれに組織らしさがあるといってよいであろう。組織らしさとは，組織文化によって感得される。多くのメンバーが，この職場は重苦しい，沈んだ感じがする，あるいは活気にあふれているなどと共通の体験をし，そのために，個人の単なる認知を超えて，あたかも実在するかのように，やる気がなくなったり，生きがいを感じられなくするなど，彼らに対して刺激として働くことになる。外部の関係者が外から感得する組織らしさもある。サービス組織などで顧客が，この組織は活気があるか信頼できるかなどの手掛かりを与え

るのもまた，組織文化の機能である。

 しかし，ただ明るい，暗い，活気がある，沈んでいるというだけでは感じを把握するためには十分ではない。それが分析概念として有用であるためには，いくらか便宜的ではあるが，いくつかの下位次元の分割が試みられている。組織風土についてであるが，前述のリットビンとストリンガーは，規則や基準などが明確に提示されるような，極端な場合，繁文縟礼のような雰囲気をも含む構造（structure）の制度化されている程度，また，どれほど各自が責任をもって自律的に行動できるかという責任（responsibility），働けば相応の報酬が得られるとの確信に関する報償（rewards），挑戦してみたりリスクを冒すこともできそうであるとの危険負担（risk taking），人間関係が良好であるという温かさと支持（warmth and support），互いが競いあったり対立することもある葛藤（conflict）などの下位次元を想定している。文化についても同様の次元があり，多重構造を考えてよいであろう。

5 組織文化の革新

1. パフォーマンス・ギャップの認知

　組織はたえず変化する。環境や技術が変われば，その構造や制度が変化するのは当然のことである。また，官僚制システムの組織は，その特徴によって硬直に向かうように，ネガティブともいうべき変化もある。脱官僚制化といわれる，逆方向の組織変化も指摘されている。このように，あらゆる組織は変化を繰り返すことになる。それらの多くは自然な変化であり，成り行きである。ただし，それらの変化をそのまま放置するのではなく，経営管理の枠組みの

中に取り込まなければならない。組織文化のマネジメントである。これを等閑視すると,惰性に流れたり変革の機会を失うことになる。

　意図的に,組織を変化させようとするのである。他の組織と比較して,同等の競争相手というべき組織や,内部のある部署が新しい技術を採用し,それによって,成果が質や量において向上した,つまり,「パフォーマンス・ギャップ」(Zaltman et al. [1973]) を知覚すると,変革には真剣にならざるを得ない。技術的にその相手に遅れをとっているのではないかと危惧すると革新の必要が認識される。モノをつくる組織では直接生産性や効率に影響が出ることに配慮して技術革新に関心を向けることになり,サービス組織であれば,クライエントがこのギャップを知覚すると魅力的ではなくなるので,比較に耐えられるように改善する。

2. 倫理と組織文化

　近年の組織文化の課題は,社会との折り合いをいかに果たすか,さらにいえば,社会に対して,いかに貢献するか,あるいは,貢献できるように組織の文化を刷新するかという問題が提起されている。従来は,その文化は,組織の生産性や効率の観点からのみ理解されていた。

　外部環境から支持を調達することで,円滑な管理運営ができるようになる。どのようなところから,どのような支持を得ようとするかによって,文化の成り立ちも相違することになるが,今,親会社や関連会社,官庁などの支持だけではなく,環境に優しいとか,バリアフリーの製品などのように社会一般に受容されるよう普遍的な価値への対応が迫られている。つまり,社会全体の利益に貢献するように求められ,一個の企業の利益に固執することは,倫理に反することでありモラルに違反することであるとされるのである。社会全体に通用する価値を取り入れるような文化の醸成が欠かせないとされるようになった。

今日では,環境問題への取り組みや,消費者への責任のある対応などが,コーポレート・カルチャーにおける不可欠の構成要素と考えられるようになっている。管理道徳(managerial ethics)が文化の中に組み込まれて当然と考えられるようになったのである。

3. 変革の方法

しかし,このように社会まで巻き込んだラディカルな変革であるほど,長い時間を要するし多くの人々を巻き込むことになるので,その過程は複合的である。変革へのニーズ,それに参加する人たち,新しいアイディアの魅力,メンバーの抵抗やその他の障害,それぞれの選択に伴うコストやペイオフ,実行可能性などが評価されなければならない。

変革の過程についてはいくつかの段階があるとされている。ザルツマンら(Zaltman et al. [1973])によれば,2つの主要な段階がある。ひとつは導入(initiation)であり,知識の喚起,変革に向けて態度の形成,決定からなる。他のひとつは実行(implementation)で,初期的実行,つまり,試みによる実行と,それを持続的に続けることからなる。また別に,評価,導入,実行,そのルーティン化の4つの段階を考えることもできる。これらはフィードバックを繰り返しながら,変革に向けて,何が問題であるかを認識し,可能な選択肢を選び,それを実行に移し持続させる過程である。

組織文化の意図的な変革を総合的に行うのが,組織変革であり組織開発である。組織デザインにおける構造や制度の変更であり,さまざまの組織を構成している要因,サイズや技術要因などを変更しながら,それの成り立ちとして文化をつくり変えるのである。そのためには,変化のために,一方で支持をできるだけ多く集めること,他方で抵抗を除去するための方策を立てなければならない。

変革の実行には抵抗が不可避である。既存の利害関係を変更することになるので,必ず利得を失う人や集団ができることになる。単

なる精神運動でない限り,実利の損得が伴うので,抵抗を避けることはできない。これに,どのように対処するかは,変革が成果を得るか得ないかの分岐点となる。

なお,変化に伴うコストが見込まれるのは,多くの場合,実行の段階に入ってからである。実際に,文化を変えなければならなくなるからである。実行局面に入ってから,少しずつ変化の規模や可能性が明らかになる。どこを,どのように,変更しなければならないか,具体的にプランを提示しなければならない。当初のプランに沿って実行されないことも少なくない。既得の関係者の中には,反対する人も尻込みする人も増えてくる。実行局面を維持するためには,変化を支持するパワーをさらに大きくすること,そして,必要な資源が入手しやすいような立場を確保することである。一方が政治的な行動であり,他方は経済的な行動である。

政治的にパワーを維持拡大するためには,外的な資源を動員できる能力を修得したり,変化のための正当性を経営幹部から獲得したりする。障害を排除するためには,バーゲニング(取引)や合従連衡(がっしょうれんこう)の形成なども欠かせない方策となる。他にも,ウィルソン(Wilson [1973])やベンソン(Benson [1975])によれば,既存のエリートとの連携を強化したり,支配的な集団に内部分裂を起こさせたりすることもある。経済的には,コストダウンを図って変革の導入を容易にしたり,新しい資源を開発してメンバーに提示できる誘因を多くするなどである。既得の知識や技術が十分であったり,内部的な反対を押し切れるほどの資源があれば,変化が容易になることもある。

なお,これらの施策は当初の目論見から逸脱することもある。支持を得るために,変革の目標を修正したり,場合によっては破棄しなければならなくなることもある。変革には妥協は避けられない。

達成可能な目標に置き換えることもしばしば起きることである。プレスマンとウィルダフスキィ（Pressman and Wildavsky [1973]）は，変化をそのまま実行し成功にいたらしめる確率は，現実には非常に悲観的であるとさえいっている。それほど，現実には，さまざまの要因が複雑に絡んで形成された組織文化の変更は困難である。

組織文化は，コーポレート・カルチャーが強調されるように，直接に組織の管理運営と関わっている。したがって，多くの困難が併発するとしても，その変革なくして，組織の生産性や効率のよりいっそうの向上はあり得ない。

● 参考文献 ●

Ashforth, B. E. [1985], "Climate Formation: Issues and Extensions," *Academy of Management Review*, 4.

Benson, J. K. [1975], "The Interorganizational Network as a Political Economy," *Administrative Science Quarterly*, 20.

Festinger, L., S. Schacter and K. Back [1950], *Social Pressures in Informal Groups: A Study of Human Factors in Housing*, Harper & Row.

Lewin, K. [1951], *Field Theory in Social Science*, Harper & Brothers. (猪股佐登留訳『社会科学における場の理論』誠信書房, 1962)

Litwin, G. and R. Stringer [1968], *Motivation and Organizational Climate*, Harverd University Press. (占部都美監訳『組織風土』白桃書房, 1971)

Pressman, J. and A. Wildavsky [1973], *Implementation*, University of California Press.

Schein, E. H. [1985], *Organizational Culture and Leadership*, Jossey-Bass. (清水紀彦・浜田幸雄訳『組織文化とリーダーシップ――リーダーは文化をどう変革するか』ダイヤモンド社, 1989)

Wilson, J. Q. [1973], *Political Organizations*, Basic Books.

Zaltman, G., R. Duncan and J. Holbek [1973], *Innovation and Organization,* John Wiley & Sons.

第Ⅳ部 組織内プロセス

以下では，組織の中の人間行動について考える。ひとりではできないことを，多くの人たちが協力しあって成し遂げる。ひとりが2人と集まって集団ができ組織ができる，つまり，ヒューマン・オーガニゼーションである。その組織が生産的であり効率的であるためには，人をどのように組織の中に取り込み，どのように目標の達成に向かわせるかが，経営者や管理者の役割である。また，組織と人間はどのような関係にあるかは，その中で働く人たちの生活の質の向上とも，密接に関連している。

　第10章では，モチベーションについて述べる。人は，何によって，どのように組織に貢献しようとするのか，もし，その意欲がないとすれば，それはなぜであるのか。また，人の集まりである以上，それぞれが好みや利害に応じて考え行動することもあり得る。それを，どのように組織の目標に関連させるかについて，第11章で述べることになる。つまり，マネジメント・コントロールは組織の根幹に関わり，経営管理の基本的な課題である。人の集合は，放置すれば烏合の衆である。必ず適切なマネジメントを必要としている。さらに，人の組織である以上，あるいは，人が集まって作業単位を構成する以上，それらの間のコンフリクトは避けがたいことである。それをどのように回避するか，あるいは，経営に与える影響を少なくする必要があるであろう。それを第12章で議論したい。

第10章 モチベーション

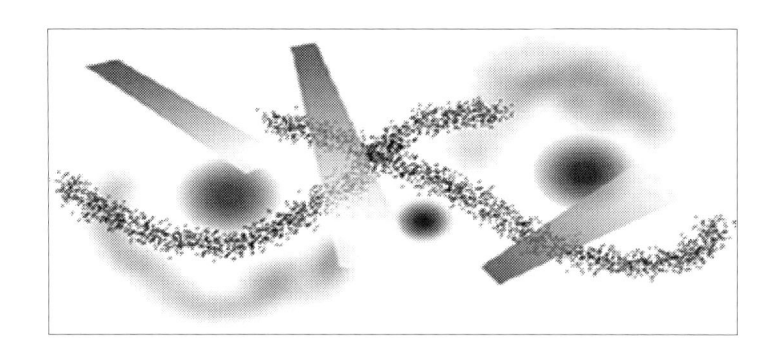

1 組織人になること

> 1. モチベーション管理

組織は組織人によって成り立つ。では、組織人とは何か。組織の枠組みに、自らの考えや行動を準拠させ、組織のために働く人たちである。組織目標の達成に貢献する人たちのことでもある。組織の成果は、彼らが熱心に働くことによって得られる。とすれば、組織の中でそれぞれひとり一人が、働くことに動機づけられるほど、組織はより多量の、より上質の成果を得ることになる。そのためにも、動機づけ、つまり、モチベーションとは、組織にとって欠かせない要因である。

個人差はあるが、誰でも働きたいと考えるのは、それが組織人と

しての最も基本的な動機づけであり、欲求であるとされるからである。通常、何もしないまま漫然と組織に所属するだけでは、満足を得ることはできないし、苦痛を経験することにもなる。働くという行為を通して、自らの存在を組織の内外に知らせることができる。働くところがない、何もすることがないというのは、ただ収入が得られないだけではなく、自らを活かすところがない、生きがいが得られないことでもある。

そのためにも、組織は有能な組織人をひとりでも多くつくるために、彼らの働く意欲を増すような、モチベーションを高めるような方策を採用しなければならない。いわゆるモチベーション管理である。人事管理も労務管理も、この一部をなしている。

2. キャリア

モチベーションを高揚するために、欠かせない視点とは、組織において人は、どのような経緯を経て形成されるかということである。組織の中で自身の立場や役割を修得し、知識や技術を蓄えていくかである。新参者はどのような経過を経て、組織人らしくなるかということでもある。キャリア発達（career development）といえばよいであろう。ルーキーはやがてベテランになるように仕向けられる。組織としては、この過程を教育訓練や研修によって促進している。

キャリアの定義に関しては、いくつかの錯綜した見解が示され、個人の発達であるから、必ずしも組織との関係が明らかではないとの指摘もある。組織の中でキャリアは、スーパー（Super [1957]）によれば、図10-1のような発達段階を経るとされている。

試行（trial）期とは、自分の適性や能力について確信をもつにはいたらず、まだ自分がどのような仕事に向いているかがよくわからない。そのため試行錯誤を繰り返すことになる。適性や能力についてもまだ懐疑的である。自分の位置づけがまだ確かではないので、

図 10-1 キャリア発達モデル

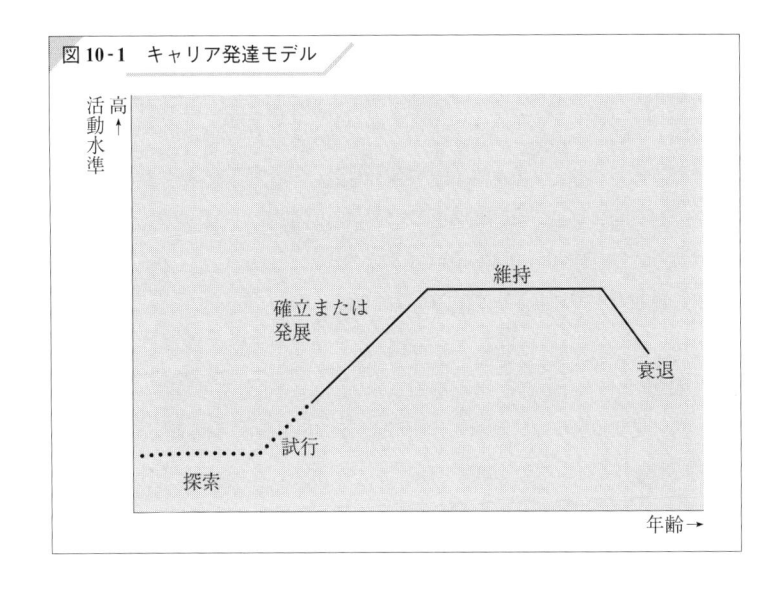

縦軸：活動水準（高↑）
横軸：年齢→

探索 … 試行 → 確立または発展 → 維持 → 衰退

他者からの影響も受けやすく，成功や失敗が影響するところも大きい。次に，確立（establishment），あるいは発展（advancement）期では，自分の適性や能力がどのようなものであるかを理解できるようになり，職場でどのような立場にあるかがわかるようになる。よりいっそう自分の適性や能力にあった仕事を探すことに関心を向けるようにもなる。それが，維持（maintenance）期にいたって，これまでに得た地位や立場を維持することに関心を向けるようになる。キャリアは安定して，余分なコストを払うような，またリスクを冒すような危険は避けるようになる。保身的にもなる。この後，閑職に就くとか転職，出向，あるいは，退職などによって徐々に，あるいは，急激な変化もあるが，キャリアの終盤を迎える。再度，発展期に転じることもあるが，多くは衰退（decline）期に到達してキャリアを終えることになる。

さらに，組織の中のキャリアについて，異動や配転などによって短いサイクルに区切られることがある。そのサイクルのそれぞれが社会化であり，キャリアの変化，つまり，順応や適応の過程となっている。その短いサイクルは，経験年数によって3つに区分できる。その仕事に就いて，最初の数年は修得の時期であり，探求し方向を定めようとする（orientation）。それを経ると，定められた方向に向かって邁進する時期がある。熱心に働き自らを没入でき，したがって，成長する時期である（growth）。これがやがて高原状態（plateau）に達して停滞する。キャリアによって相違するが，新鮮で活力を感じる時期から，飽きて，動機づけの低下する時期にいたる過程としてとらえることができる。

3．適応と不適応

　一般的には，キャリアの発達は探求，没入と成長，高原状態という経過を経るが，当然のことながら，それは個人によって大きく異なっている。早く試行期を通過する人，いつまでも発展を続ける人，人よりも早く維持の時期にいたり，高原状態にある人などである。要は，誰もが順調に，このような経過をたどって組織人になることはない。不幸にして早く行き詰まる人もいれば，若くして能力以上のポストに就く人もいる。なかには，不適応に苦しむ人もいる。逆に，過剰に適応して周囲に迷惑をかけるような人もいる。

　不適応とは，組織が期待するものに応えられなかった結果であり，キャリアの蓄積が不首尾に終わったことである。組織がメンバーに過剰に期待したり官僚制化を進めることで適応の幅を狭くすると適応できない人が多くなる。不適応は欠勤や離職転職，ストレスや心身の異常になって表出される。不適応の人が多くなることは組織にとって好ましいことではない。

　また，過剰適応とは，必要とされる以上に適応することである。

Column ③ 燃え尽きる

　バーンアウト（燃え尽き症候群）ということばがある。本来，このことばそのものは，医療や福祉など対人サービスのストレスに限って使うべきであって，安易に使われては困るけれども，誰でもおもしろければ，一生懸命に働くものである。理想に燃えてといえばよいか，いわば無定量無際限に組織に尽くさなければならないような，疲れを忘れて働かなければならないことが，人生のどこかである。そういうことを経験しなければ，むしろ不幸というべきであろう。しかし，我を忘れて働いているうちに，無理を重ね，疲労を蓄積させて，気がついたときには，もう嫌だということになる。その意欲が，突然というか，急速に低下することが多いので，仕事熱心だった人が，あたかも燃え尽きたようになるという印象から，バーンアウト，燃え尽きたということになる。

　しかし，基本的なところを考えれば，誰でも同じようなことである。熱心に働いていた人が，その熱心さのために，自らのキャパシティを超えて働くと，その無理が蓄積されて，ある日突然とは少し大げさではあるが，意欲を急速に低下させるようなことになる。そうはならないための日頃の心がけが大切である。手を抜けというのではない，まして，さぼりを勧めているのではない。組織の見るべきところをみれば，燃え尽きない工夫もできなくはない。

　どこをどのように押さえれば，手際よく仕事ができるか，余分なストレスをため込まずに働けるか，つまり，組織の勘どころを学習するのである。組織論というのは，それを学ぶ学問といえばよいか，少しずるい定義のように考えないでもないが，組織が，もし合理的なシステムであるとしたら，熱心に働くことがストレスにならないようなシステムの構築が最優先課題ではないだろうか。

ワーカホリック(仕事中毒)は,仕事に対する過剰適応の例である。それは組織人であるためには望ましいと推奨されることさえある。しかし,人的資源の消耗であるので,中長期的には,組織の成果に必ずしも寄与するものではない。

2 モチベーションの理論 その1 欲求説

1. 2つの考え方

組織に適応しながら,人はどのように組織に対し,あるいは,仕事に対してどのように関わろうとするのか。組織や仕事に対する価値的な態度がモチベーションである。人によって相違し,状況によっても変化する。しかし,組織人である以上,誰もが,多少の程度はあっても,この価値的な態度によって,組織や仕事に関与することになる。組織が目標を効率的に達成するために無視できない要因であることは疑いない。

このモチベーションの考え方には,焦点の向け方について,大きく分けて2つある。ひとつは,人は何によって働くことに動機づけられるのかについての理論であり,欲求説(need theory),または,何に動機づけられるのか,その内容を重視するので内容説(content theory)とも呼ばれる。他のひとつは,人はどのように動機づけられるのか,その過程に関心を向けるので過程説(process theory),動機づけの流れや背景を議論するので,文脈説(context theory),また,その人個人の意図関心を重視するので,選択説(choice theory)と呼ばれることもある。

2. 欲求説の理論構造

欲求説は,個人は何によって動機づけられるか,その対象の選定に関する理論的な枠

組みである。たとえば、賃金を得るために働くといえば、賃金は欲求説のモデル化のために欠かせない対象とされる。人はパンのみに生きるものではないといえば、より高次の、欲求説によれば人間的な価値による欲求の対象である。なお、欲求説は過程説に先行する考え方である。また、過程説は欲求説を批判的にとらえたといってよい。

3. モデルの紹介

(1) 自己実現モデル：

欲求説について、最も著名で、しかも、大きな影響を及ぼすことになったのが、マズロー（Maslow［1943］［1954］）の欲求段階説、または、自己実現モデルである。これによれば、すべての人は全体を見通したい、成長を続けたいという生来の欲求があり、自身の潜在的な能力を最大限発揮したいという欲求をもっているとされる。ただし、これはすべての人にできることではなく、高い次元の、いわば人間的とされる欲求は、低次の欲求が充足されて後に実現するものと考えた。欲求は階層をなしているのである。

今日では、この考え方は批判されることも多く、実証的な妥当性に欠けるとされるが、その根底にある、いわゆる人間性重視の視点は、その後の組織論に非常な影響を及ぼすことになった。その後の人的資源を重視する立場、また、行動科学的組織論は、マズローに強く影響されているといってもいいすぎではない。

この考えによれば、自分がもっていないものによって満たされる欲求を欠乏動機とした。カネやモノ、さらには、尊敬や愛情に不足している人たちは、それらの欠乏を満たすことに動機づけられ、行動することになる。しかし、そのものが得られれば、その欠乏動機は充足されることになり、それ以上の行動を喚起することはない。次の、それより上位の欲求に関心が向かうことになる。これらの欠

乏動機には，食欲や性欲，睡眠などの生理的な (physiological) 欲求から，衣や住にかかわる安全 (security) の欲求，所属や友人を求める社会的 (social) への欲求，さらに，自らが他よりも優れていたいとする自尊 (esteem) の欲求へと，これらは順次低次から高次へ階層をなしている。この順序関係は不可逆的とされている。つまり，より高次の欲求が充足されない場合，より下位の欲求に戻ることはないとされた。

これらの下位に位置づけられる欲求がすべて充足されると，これらの動機による行動喚起はなくなる。下位の欲求とは，欠乏しているがために充足したいとする動機づけであるために，欠乏動機とされる。他方，上位の欲求とは，これら上位の動機づけが充足された段階では，満たされると関心がなくなるというよりも，満たされるほど，いっそう関心を強化されるので，成長動機としてまとめている。これらはやがて，このモデルにおける中核的な概念ともいえる自己実現 (self-actualization) の欲求の発現にいたるのである。これは，最も高次の，最も人間的とされる動機づけであり，行動によって報酬を得るのではなく，行動そのものを目的とする絶え間のない動機づけであるとされる。

(2) ERGモデル：

アルダファ (Alderfer [1969] [1972]) は，マズローの欲求階層モデルを修正してERGモデルを提示した。このモデルでは，欲求は3つの次元に分けられる。人間にとって基本的な存在 (existence)，人間関係に関わる関係 (relatedness)，人間らしく生きたい成長 (growth) の欲求である。アルダファの理論の特徴は，3個の欲求が，同時に存在したり並行することもあり得るとしたことである。つまり，関係の欲求は成長の欲求と並存することがあるし，高次の欲求が充足されないときは，それが後退して低次の欲求が強くなる

こともある。成長の欲求が充足されなければ、関係欲求が強くなるのである。3つのカテゴリーは連続的であることを強調して、しかも、その間は可逆的であるとしている。

(3) 二要因説：

ハーズバーグら（Herzberg et al. [1959]）などの二要因説（two-factor theory，もしくは，dual-factor theory とも記述される）は，低次と高次の欲求カテゴリーの二要因に区分けするなど欲求階層説と近似するところがある。ただし，この2つの欲求要因は互いに逆の方向に働くところが特徴的である。

たとえば，賃金やさまざまのフリンジ・ベネフィット，作業条件，経営方針，上司や同僚，部下などとの人間関係などは低次の要因である。衛生要因（hygiene factors）とされる。仕事そのものではなく，それの外にあるので外発的（extrinsic）な要因でもある。これらは，なければ不満，しかし，あったとしてもまったく満足するにいたるということはない。これらの欲求には限りがないということである。

それに対して，自らが仕事を成し遂げたり，自身が認められ評価を受けたり，仕事をすること自体に満足できるなどは高次の欲求である。働くという行為そのものの中にあり，内発的（intrinsic）である。これらは動機づけ要因（motivators）とされ，なくても，特に不満ということはないが，経験してしまえばさらに強い満足を得るような欲求である。

二要因説は，発想の特異さ，着眼の新鮮さによって，ジョブ・デザイン・アプローチに大きな影響を及ぼすことになったが，概念や測定に関わる脆弱さなどがしばしば批判されている。

(4) 達成動機説：

マクレランド（Mclleland [1961]）の達成動機説は，意欲的に何かを達成したいという欲求を仮定した。これも高次の欲求であり，そ

第10章 モチベーション　215

図10-2 欲求モデルの比較

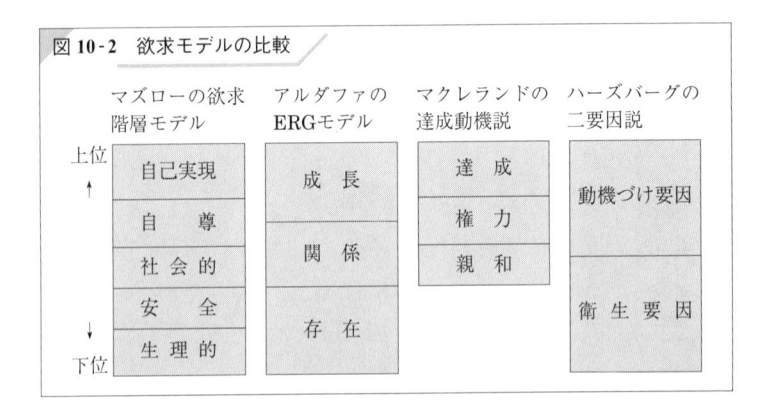

マズローの欲求階層モデル	アルダファのERGモデル	マクレランドの達成動機説	ハーズバーグの二要因説
自己実現（上位↑）	成長	達成	動機づけ要因
自尊	成長	権力	動機づけ要因
社会的	関係	親和	
安全（↓下位）	存在		衛生要因
生理的	存在		衛生要因

れの程度によって個人それぞれの動機づけが異なるとしていることから，欲求説のひとつとされる。ただし，あまりにも強く達成動機をもった人は，逆に，達成しがたい，いわば自己実現に開かれた働きを回避することもあるとしている点で特異である。高次であっても中庸の動機づけこそが望ましいと考えたのである。

これらの欲求説は，多少とも，その動機づけの構造のヒエラルキーを仮定して，図10-2のように共通の枠組みをもっている。

3 モチベーションの理論　その2　過程説

1. 過程説の理論構造

近年にいたると，欲求説よりも過程説を用いて説明されることが多い。実証的な研究も概して，この枠組みを支持している。欲求説は，個人の安定した傾性を仮定しているが，人間はたえず，その価値や選好さえも変えるようなダイナミックな存在であるとの認識が，この理論の背景にある。つまり，その場に応じた選択を，それぞれの個人はせざるを

得ず、その選択によって、働く意欲を、意図的に向上させるというのである。しかし、この理論の弱点は、自分の利害について人間は必ず最適な判断ができるとの合理人仮説が根底にあるということである。いうまでもなく、人間一般とは、誰もがいつでも必ず最適な判断、最適な行動ができるわけではない。

2．モデルの紹介

(1) 公平説：

グッドマンとフリードマン（Goodman and Friedman [1971]）などは、対人関係における公平説（equity theory）を援用して、努力したことが、いわば公平に報われているかという個人の評価が、モチベーションに影響を与えていると考えた。特に、他の人、たとえば、同期に入社したライバルと比較して、努力相応の報酬が、比較的よければ、いっそう働く意欲を大きくするが、不公平な報酬を受け取るような場合、その後のモチベーションは低下するというのである。

(2) 強化（学習）説：

個人の行動は、適切な報酬を適宜受けることで、その行動はいっそう頻出するようになり、他方、報酬を受けなかったり、逆に、罰せられたりすると、その行動は控えられ消えてしまう。ルーサンス（Luthans and White [1971]）やハムナー（Tosi and Hamner [1974]）は、行動の変化を説明する学習心理学の理論を応用することによって、モチベーションの強さ弱さを説明している。報酬や罰を与える、与えない、あるいは、連続強化や部分強化による与え方のタイミングなどによって、モチベーション過程が説明される。報酬の与え方、つまり、強化の方式によって、意欲が失せたり高まったりするのである。

これらの理論は、給与などによる動機づけについては有用な説明モデルになるが、それ以外のモチベーションについては限界もある

第10章　モチベーション　217

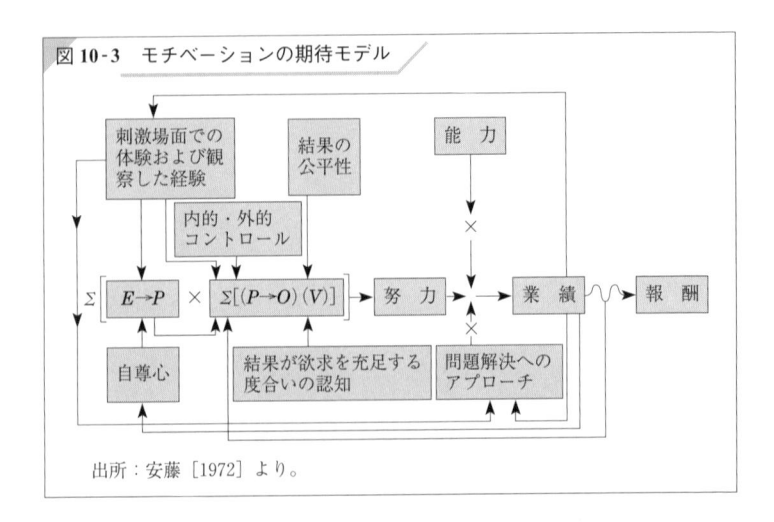

図 10-3　モチベーションの期待モデル

刺激場面での体験および観察した経験／結果の公平性／能力／内的・外的コントロール／自尊心／結果が欲求を充足する度合いの認知／問題解決へのアプローチ

$$\Sigma [E \to P] \times \Sigma [(P \to O)(V)] \to 努力 \to 業績 \to 報酬$$

出所：安藤［1972］より。

とされ，その汎用性については，さらに吟味が必要であろうとされている。

(3) 期待説：

過程説の中で，今，最も有効とされるのは，期待モデルである。このモデルは，実証的に検討が繰り返され，他の理論に比べると，最も汎用の度合いが高いとされている。たとえば，組織のなかだけではなく，職業選択など広範囲にそのモデルが応用されている。

この期待説では，モチベーションにおいて，合理人，つまり，個人は自らのコストや利益をそれなりに計算でき，それにもとづいていくつかの選択肢から選ぶことができる人間を仮定している。行動を起こすにあたって，自らにとって不利な選択はしないという功利的な人間が想定されている。その意味では，伝統的なヘドニズムの人間観と符合している。

期待説では，図 10-3 のように，努力すれば相応の成果が得られそうだという期待 (expectancy) と，その成果がその人にとって価

値がある,あるいは,重要であると考える誘意性(valence)を掛け合わせたものがモチベーションの強さの関数であるとされる。入手可能なもので,それが必要なものであるほど,それを得るために動機づけられ,それを得ようという行動が喚起される。しかし,双方の積であるとされるのは,もし,それが,その人にとって,手に入るものでなかったり,価値もなく重要でもなければ,つまり,一方が欠けると,動機づけられないし,それを得ようとする行動も起きない。

これを最初に公式化したのは,ヴルーム(Vroom [1964])であるが,その後にローラー(Lawler [1971])やハックマンとポーター(Hackman and Porter [1968])など,さまざまのモデルが工夫され,意欲を起こさせる要因の説明に用いられている。

(4) 目標設定モデル:

自らが,何をどのようにすべきかを決定できるような状況のもとでは有意にモチベーションが高揚することが知られている。意思決定への参加が可能なところでは,自らの能力や資質を考えながら,達成可能な目標を立て,それを成し遂げ,評価を得,さらに,以前の目標を上回る目標を立てるという好ましい循環過程が成立するからである。このモデルは経営参加論との関連で,近年,推奨されることが多い。

3. 理論的統合

以上の欲求説と過程説はそれぞれはモチベーションについて,それぞれの見方を提示している。組織の中で,実証的な妥当性については,過程説が優位とされることも多いが,欲求説によって説明される事象も多くある。本来,何によって動機づけるかと,どのように動機づけられるのかという議論は理論の軸が相違している。ひとつにまとめてモチベーションを考えるためには,統合的な視点が必要になるだろう。

何によって，どのように動機づけられるかを議論するためには，2つの視点の統合を図らなければならない。

4 組織コミットメント

1. 目標の内面化

個人も組織の中で独自の期待をもつことになる。何を得たいか，何をしたいのかを考えるようになる。これは組織によって公式に表明された目標に対して，私的ともいえる目標であるが，互いに合致しない場合，個人と組織は対立することになる。それはよくあることとされている。

この組織と個人の目標の相違，あるいは溝ともいうべきものを埋めるのが，コミットメント（commitment）といわれるものである。自我を組織に没入させて公式の組織目標と，私的な目標の相違を少なくするのである。自我没入（ego-involvement）という用語をあてることもあるが，職業へのコミットメントについて使うことが多く，組織に対しては，通常，コミットメントを頻用している。

組織の価値や目標に関与するほど，個人と組織，この2つの目標の間で相違するところは小さくなる。しかし，相違を小さくしたいとは考えず，小さくすることにほとんど関心をもたない人もいる。組織の中で，ドロップアウトしたり逸脱していれば，当然のことながら，その程度は低くなる。逆に，コミットメントの強い人は，組織へのロイヤルティが強く，熱心に働こうとするので，組織の効率や生産性の向上が期待される。したがって，コミットメントは組織の成果指標として使われることも多い。

2. 2つのコミットメント

マウデイら（Mowday et al. [1979]）によれば、コミットメントとは態度的と行動的に2つの次元に分けて考えることができる。前者は、個人が、組織の目標や価値を進んで受け入れ、それに関連した役割などに対する個人の情緒的愛着であり、組織の目標に個人が同一化した状態である。後者は、組織のために進んで行動的に貢献しようとする、つまり、行動によって組織での活動と関与の維持を図ろうとするのである。そのために、組織との交換関係を重視して、自らの投資とそれに見合う報酬のバランスによって、組織の一員であることを望むか否かの意思決定に関わるような次元である。ともに、強制されたり、受身の関係ではない。ただし、ベッカー（Becker [1960]）が、サイドベット（side-bet）を強調しているように、組織に貢献を続け、いわば投資を重ねると選択の自由を失うことになる。転職するなど他に選択肢がなくなると、結果としてコミットメントせざるを得なくなる。

なお、組織におけるコミットメントに関する詳しい理論的な枠組みについては、田尾 [1997] を参照されたい。

3. コミットメントの効用

コミットメントの強いメンバーは、通常、組織に対して前向きで、貢献の意欲が強いとされる。前述の組織的均衡も高い水準で達成される。したがって、コミットメントの高揚を図ることが、管理運営の要諦でなければならない。つまり、個々のメンバーは、組織の中で、その目標と合致させながら、組織への帰属意識を発達させ、モチベーションを高めていく。新人ではまだその隔たりは大きいが、社会化とともに、キャリアを得るとともに、役割や立場を確保するとともに、組織の目標との隔たりを小さくし、働く意欲を強化するのが、通常の組織人になる過程である。したがって、ベテラ

ンといわれる人たちでは，コミットメントが大きくなる。

　このような社会化の過程で，コミットメントを強化しながら，名実ともに組織人になるのである。コミットメントとモチベーションの関係については，不分明なところもあるが，組織に強くコミットメントしたメンバーが，相応の成果を得，相応の報酬を得れば，そのときの満足感は大きくなり，仕事への意欲も最大限，大きくなることであろう。コミットメントが強いということは，組織に対する期待の度合いも大きいということで，それをどのように管理するかは，経営管理の重大な課題である。

5　モチベーション管理

1．個　人　差

　以上で述べたようなモチベーションは，個人それぞれにおいて，その強さや内容はさまざまである。前述の達成動機づけは，むしろ個人的に差異があることを強調したモチベーション理論であるし，個人はものの見方や考え方がそれぞれ異なることを前提に，理論は構築されるべきである。働く意欲の乏しいメンバーもいる。賃金を得ることだけが個人目標で，働きがいを得ることには関心のない人もいる。

　認知科学の成果を取り入れれば，さらに，それぞれの個人特性が検索され，それが，組織過程に反映される意味が重視されることになるであろう。しかし，他方では，最低限の意欲は，組織にとって欠かせないことであり，また，その水準を確保することは，組織の維持にとっては必要十分条件である。

　また，労働と余暇の関係をみれば，労働重視の価値観が後退して，労働時間の短縮とあいまって，余暇を積極的に活用しようという社

会の動向に合わせて，労働以外に生きがいを見出そうという人が多くなり，それを積極的に後押ししようとする考え方も大きな流れになってきた。働くことだけが，その人の人生の価値として固執する必要がなくなったのである。当然，組織内部のモチベーションだけでは意味を有しないので，組織外の価値観などの個人差を取り入れて考えることも必要になるであろう。

2．内発的モチベーション管理

モチベーションの要因が，個々人の外にあるもの，つまり，賃金や給与，人間関係，あるいは福利厚生に関係したフリンジベネフィットなどではなく，個人の内，つまり，自分自身の内にあるものを行動の源泉として，働くことそのこと自体が生きがいであることもあり得る。仕事そのものに動機づけられるのである。前者を外発的な要因とし，後者を内発的な要因として区別する。

この内発的な要因を，積極的につくることが，モチベーションを高揚するために欠かせないとされるようになった。いうまでもなく，従来からも強制や押しつけではなく，自ら進んで働きたいという意欲を，自然に醸成することがモチベーション管理の基本であるとされている。

しかし，デシ（Deci［1972］）は，その考えを整理して，内発的に動機づけられるためには，自らの有能さと自己決定が最も重要な要件となると考えた。つまり，ひとつには，何をなすべきか，何をどのようにすればよいのかなどについて，自らの有能さを誇示でき，自己決定ができるような選択肢が多くあるところでは，内発的に動機づけられる。しかし，逆に，この動機づけは，外発的な要因の介入によって効果を失うことになる。

なぜならば，彼らが内発的に動機づけられたとき，動機づけるものはその人の内にある。しかし，もし，外の報酬が彼らの行動に結

びついて，彼らがその報酬を得るために働いていると知覚したならば，動機づけの原因となるものが内から外にシフトして，内発的な動機づけは弱くならざるを得ないからである。

他のひとつは，この気持ちを弱めるような否定的な情報や報酬がもたらされたならば，動機づけの程度は弱くなることである。この意味でフィードバックは重要である。結果のフィードバックが報酬的であると，個人の内的な原因帰属を弱めるために，内発的に動機づけられなくなる。つまり，報酬を得るために働いていると感じてしまうと，この内発的な意欲は萎えることになる。

しかし，フィードバックは個人の役割を明らかにしてくれたり，習熟度や有能感を高め，いっそう動機づけにいたらしめることもある。ある仕事に成功した人は，成功しなかった人よりもいっそう自信をもって，働き続けたいと願い，または，さらに難しい仕事をしたいとも考えるようになる。

3. 組織変革とモチベーション

動機づけを円滑に促進するような状況の整備がモチベーション管理の欠かせない要件である。個々人の変革に期待するだけではなく，賃金やフリンジベネフィットなどの改善，また，参加や自律性の賦与など構造の変革を実施することも重要であることはいうまでもない。リッカート（Likert [1967]）のいうシステム 4 などの組織風土は，モチベーションを高揚させる。シャイン（Schein [1980]）も，心理的契約（psychological contract）が組織と個人の間にあると考え，そういう雰囲気を醸し出すような組織でないと，積極的に動機づけられないと考えている。

しかし，現状では，さらに，組織を超えたモチベーション管理を考えるべきである。組織人になって，組織の中でキャリアを蓄えなければならない必然性が後退しつつある。外部労働市場が開かれる

と，ひとつの組織にこだわる必要はなくなる。また，組織人になる以外の選択肢が増えたということもある。職場は単にカネを得るだけのところであり，生きがいは仕事の外にあるという生き方も，人によっては，積極的な価値をもつようになった。日常生活が質的に向上したことが，労働の意味を大きく変え，是が非でも働かなければならないという規範的な制約を弱くしたのである。

　働くことは人生の一部でしかない，すべてとは必ずしもいえないと考える人たちにとって，職場といい組織といい，それは自らが所属する社会集団のひとつにすぎない。彼らにとって全人格を捧げるところではない。このような考え方が広まってくると，モチベーション管理そのものの妥当性が根底から問われることになる。そのようなことも視野に入れて，モチベーションの考え方を再検討すべきであろう。

　それにもかかわらず，なおモチベーションは，組織を動かすための必須の概念であることに変わりはない。構造や制度が整備されても，その中で，人間が意欲的に活動しようとしなければ，何らの成果を得ることはできない。モチベーションとは，管理経営の中核をなしているのである。

● 参考文献 ●

Alderfer, C. P. [1969], "An Empirical Test of a New Theory of Human Needs," *Organizational Behavior and Human Performance*, 4.

Alderfer, C. P. [1972], *Existence, Relatedness, and Growth*, The Free Press.

Becker, H. S. [1960], "Notes on the Concept of Commitment," *American Journal of Sociology*, 66.

Deci, E. L. [1972], "The Effects of Contingent and Noncontingent Rewards and Controls on Intrinsic Motivaton," *Organizational Behavior and Human Performance*, 8.

Goodman, P. S. and A. Friedman [1971], "Adams's Theory of Inequity," *Administrative Science Quarterly*, 16.

Hackman, J. R. and L. W. Porter [1968], "Expectancy Theory Predictions of Work Effectiveness," *Organizational Behavior and Human Performance*, 3.

Herzberg, F., B. Mausner and B. B. Snyderman [1959], *The Motivation to Work*, John Wiley & Sons.

Lawler, E. E. [1971], *Play and Organizational Effectiveness : A Psychological View*, McGraw-Hill.（安藤瑞夫訳『給与と組織効率』ダイヤモンド社，1972）

Likert, R. [1967], *The Human Organization : Its Management and Value*, McGraw-Hill.（三隅二不二訳『組織の行動科学』ダイヤモンド社，1968）

Luthans, F. and D. D. White, Jr. [1971], "Behavior Modification : Application to Manpower Management," *Personnel Administration*, 34.

Maslow, A. H. [1943], "A Theory of Human Motivation," *Psychological Review*, 50.

Maslow, A. H. [1954], *Motivation and Personality*, 2nd ed., Harper & Row.（小口忠彦訳『人間性の心理学』産業能率大学出版部，1971）

Mclleland, D. C. [1961], *The Achieving Society*, Nostrand.

Mowday, R. T., R. M. Steers and L. W. Porter, [1979], "The Measurement of Organizational Commitment," *Journal of Vocational Behavior*, 14.

Schein, E. H. [1980], *Organizational Psychology*, 3rd ed., Prentice-Hall.（松井賚夫訳『組織心理学』岩波書店，1981）

Super, D. E. [1957], *The Psychology of Career*, Harper.

田尾雅夫編 [1997]，『「会社人間」の研究――組織コミットメントの理論と実際』京都大学学術出版会。

Tosi, H. L. and W. C. Hamner, [1974], *Organizational Behavior and Management : A Contingency Approach*, St. Clair Press.

Vroom, V. H. [1964], *Work and Motivation*, John Wiley & Sons.（坂下昭

宣・榊原清則・小松陽一・城戸康彰訳『仕事とモティベーション』千倉書房，1982）

第11章 マネジメント・コントロール

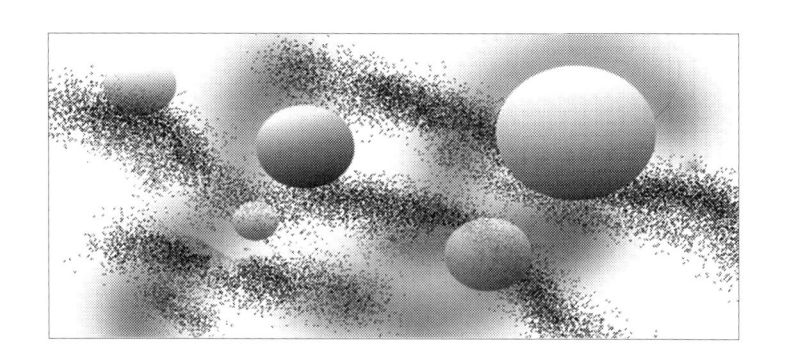

1 対人的影響

> 1. 権威の受容

　組織の中で，2人以上のメンバーは互いに影響を与えたり与えられたりする関係にある。特に，ヒエラルキーの中で，上司と部下は，影響を与え与えられることによって，組織は目標の達成に向けて行動を起こすことになる。また，上司と部下の関係だけではなく，ヨコの同僚との関係においても，合意の形成とは影響関係そのものである。

　その影響関係が一時的ではなく制度として固定され，何らかの正当性が賦与されると，権限となってよりいっそう広く影響が及ぶようになる。また，影響の成果も確かなものとなる。組織とは，このような合法的な影響関係にそって，通常，管理されている。当然，

トップマネジメント，つまり，経営幹部が最も大きな影響力をもつが，それを有効に活用するためには，むしろ，部長や課長などミドルに権限を委譲（delegation）する。

委譲するほど，環境の変動に対して現場に近いところで，敏速，かつ，的確に対応できるからである。実際，権限は，ミドルマネジメント以下の影響関係の中で発揮される。その意味では，現場の影響関係こそが，生産性や組織効率と関連している。しかし，たとえ権限が委譲されても，影響は受け入れられることによって正当性が賦与される。権威が成り立つのである。

2．2つの考え方

従来から，どのようにその権威が受容されるかについては，2つの考え方がある。ひとつは，伝統的に，権威とは，資源をより多く占有し備えたもの，その多くはヒエラルキーの上方に位置していて，彼らが相応に影響を与えることになり，下に位置づけられたものは，それに服さざるを得ないという伝統的ともいうべき考えである。他方の考え方は，権威とは，それが受け入れられなければ有効ではない。もし，それが拒否されるような，たとえ従うとみえても，面従腹背のようなサボタージュを受ければ，権威は実効的ではない。権威とは，受け入れられてはじめて有効となる，つまり，下方に発すると考える。この考えは，バーナード（Barnard [1938]）によって提示され，現在では，権威受容説として広く受け入れられる考えになっている。

要は，権威とは，むき出しで，むりやり服従を強要するようなやり方では，拒否されるか，円滑に応諾がもたらされず不要なコンフリクト，つまり，葛藤が生じることにもなる。むしろ，権威を権威と感じさせないような方式の影響関係が形成される方が望ましい。つまり，権威を不自然に感じない無関心域（zone of indifferrence）が広がるほど，権威は権威らしくなるというパラドックスが指摘さ

れている。

2 リーダーシップ

1. リーダーシップとは何か

リーダーシップとは，対人的な影響関係をとらえるためには不可欠の概念である。組織の中の職場集団や人間関係の中で，最も重視されてきた分析概念でもある。その概念を用いて説明される現象も多くある。しかし，従来から，リーダーシップについては，いわば百人百様の考え方があり，さまざまの定義が試みられてきた。それをただひとつの概念やモデルに収束することは難しい。

その中で，ほぼ合意を得ていることとして，リーダーシップとは特定の個人の能力や資質によるのではなく，対人的な関係の中で発揮され，場合によっては，集団の機能そのものであるという考え方である。特定のメンバーによってなされることがあっても，それはリーダーシップの機能が，その個人に仮託されているとみなすべきである。つまり，その人，そのリーダーを必要とするのではなく，集団がそのリーダーシップを必要とするから，そのリーダーがいるのである。

たとえば，スタジル（Stogdill [1974]）は，リーダーシップとは，集団の成員に受け入れられるような目標を設定し，それを達成するために個々の人たちの態度や行動を統合的に組み立て，いわゆる組織化を行い，それをさらに，一定の水準に維持するという集団全体の機能であるとしている。そのために対人的な影響が集団に及ぶ過程全体がリーダーシップである。それは，その集団が求めている方向や価値などとともになければならない。リーダーであることを理

由にスタンドプレーをしても,それから外れていれば,リーダーの役割を果たしたことにはならず,リーダーシップにはならない。いわば,組織の公式の影響関係を支え,権限や権威の行使を促進するようにリーダーシップは働くのである。

2. 資質としての要件

当初,リーダーシップは行動のスタイルとして,たとえば,アイオワ研究では,放任的,専制的と民主的の3つのコンセプトが対比的に議論された。放任的とは,リーダーシップの放棄である。集団行動にいっさいリーダーは関与しない。リーダーシップは生起しない場合である。専制的とはリーダーがフォロワーの意図関心には関係なく,すべての事柄を決め,フォロワーはそれに従うだけの場合である。民主的とは,それとは対照的に,フォロワーが何を考え何を期待しているかを考えながら,集団を方向づけるようなリーダーシップである。要は,政治的民主主義の浸透とともに,民主的なリーダーシップが専制的よりも望ましいとする一般的な考えと並行している。この議論は,後続の研究に大きな影響を与えている。

その後,1950年代には,いわゆるオハイオ研究として知られるリーダー行動の詳細な記述が試みられた。因子分析によって,2つの主要な次元が明らかにされた。ひとつは,配慮(consideration)で,メンバー相互に生じる緊張やストレスを和らげ解消し,人間関係を友好的に保つように働きかけるような行動であり,他のひとつは,体制づくり(initiating structure)で,これはメンバーのさまざまな関心や行動を,集団目標の達成に向けてひとつの方向に向けて動員し,効果的に統合するような行動である。

また,同じ時期に,ミシガン研究と呼ばれる研究においても,類似の行動次元が提示され,ひとつは現場で働いている人に関心を向け,彼らの福利を重視する従業員指向(employee oriented)であり,

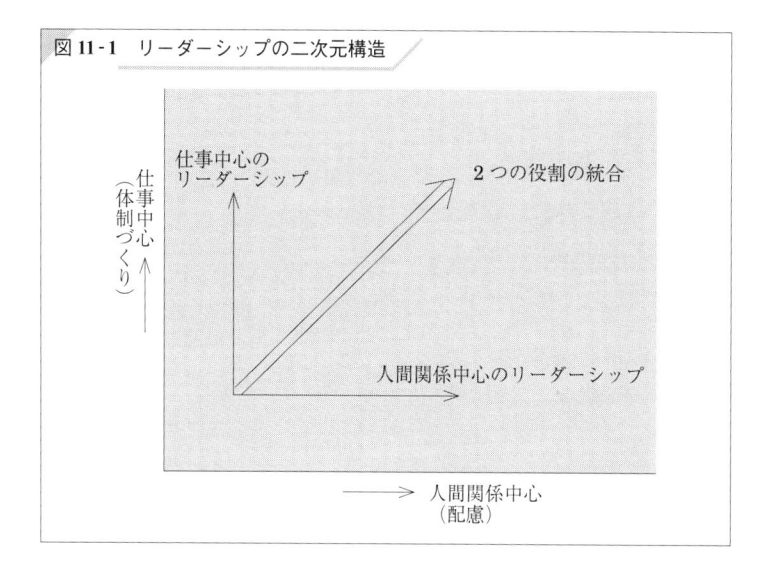

図 11-1 リーダーシップの二次元構造

```
仕事中心の
リーダーシップ        2つの役割の統合
↑
仕事中心
（体制づくり）
                    人間関係中心のリーダーシップ
                    →

              ──→ 人間関係中心
                   （配慮）
```

他のひとつは，職場集団がいかに効率を高め生産的であるようにするかに関心を向ける生産性指向（production oriented）である。前者はオハイオ研究の配慮次元に，後者は体制づくり次元に，それぞれ対応している。三隅［1984］によるPM論も同じ流れに属する。Pは業績達成（performance）の，Mは人間関係の維持（meintenance）の頭文字に由来している。

では，これらの次元の間はどのような機能的な関係があるのか。ベールズとスレーター（Bales and Slater［1955］）は，リーダーの役割として課題領域の専門家と社会情緒領域の専門家を考えた。これは，それぞれ，仕事中心の，オハイオ研究でいえば体制づくりと，人間関係中心の，配慮に相当する。この2つの専門家の働きは，それぞれ独自の方向に働く役割でもあるので，ひとりの人が同時に果たすことは難しい。要するに，2つの次元は図11-1のように直交軸でとらえられている。

管理職研修などでは，2つの役割を果たすことが望ましいとされるが，現実には役割葛藤の関係にあるので，時間の経過とともに，2つの役割は異なる人によって分担されるようになる。つまり，最も有能な人と最も好意をもたれる人は別人になるのである。仕事のできる人は，必ずしも人気者にはならないのである。役割分化（role differenciation）である。職場は，この2人のリーダーの連携によって望ましい成果を得ると考えた。

3. 役割の状況適合

　リーダーシップは，組織がヒエラルキーの権限構造を整備するとともに，その働きを活性化させるが，同時に，さまざまの要因によって，どのように働けばよいのかが制約されるようになる。リーダーに必要とされる技能やパーソナリティ特性は，その状況が何を必要とするかに応じて変化するものである。したがって，リーダーシップが，その組織の中で有効に機能するか否かは，内外の要因に大きく依存する。リーダーが張り切っても，状況がそれを受け入れなければ空回りになる。リーダーシップの有効性はフォロワーやタスク，基準や規範のような要因によって制約されている。

　リーダーシップ研究は，特定の個人のパーソナリティや能力，資質に関心を向け，そのスタイルで論じられることが多かったが，その後，状況によっては有効とされるリーダーシップの質が相違することから，その状況に適合的に対応できるリーダーシップについて，いくつかのモデルや仮説が提示されるようになった。リーダーの，その場の状況に合わせたダイナミックな行動が重視されるようになった。

(a) コンティンジェンシー・モデル

　状況との適合関係については，フィードラー（Fiedler [1967]）はひとつのモデルを提示している。状況特性を，リーダーが得ている

地位そのものが，他のメンバーに周知徹底させるに足るほどに，十分なパワーをもったものであるのか否か（地位パワー），メンバーの仕事がルーティンであるか否か（仕事の構造），および，リーダーと他のメンバーが互いに信頼しあいうまくいっているか否か（リーダー・メンバー関係）の3つの要因の組合せによって，状況を記述できると考えた。次に，リーダーが対人関係に示す寛容さの程度をLPC（least prefered coworker）によって測定した。これの高い得点は人間関係，つまり，配慮に関心を示すリーダーであり，低い得点は体制づくりに強い関心を示すリーダーであり，それが好ましい状況の中ではよい成果を得られることが明らかにされた。

(b) パスゴール・モデル

このモデルによれば，リーダーがどのようにフォロワーを動機づけ，満足させているかに主要な関心が向けられた。フォロワーを動機づけ，満足させるために，リーダーは彼らに対して目標の達成にいたる道筋を明確にしなければならない。通路，つまり，パスの明示化（path clarification）が欠かせない役割となる。

パスゴール理論で肝要な点は，リーダーシップはフォロワーに受け入れられなければ用をなさないことである。フォロワーが望んでいるものを提供して，彼らを満足させなければならない。また，フォロワーのニーズに合致するような，または，不足なところを補うようなリーダーの行動はフォロワーを動機づける。合致しない，あるいは，余分な行動は動機づけないだけではなく，リーダーの立場をフォロワーが受け入れなくすることになる。目標の達成もおぼつかない。

(c) 代替性仮説

リーダーシップは，必ずしもリーダーだけが果たすべき役割ではない。カーとジェルミャ（Kerr and Jermier [1978]）によれば，組

織の制度や構造，仕事の特性などがリーダーシップを発揮することがある。代替性（substitutes）仮説である。たとえば，科学技術の高度化によって，マン－マシン関係が自動化されたり装置化されると，計器が仕事の手順を次々に指示するかのように，リーダーシップの機能の多くは代行されてしまうことになる。すでに，ベルトコンベアではスピード自体が冷酷な仕事中心のリーダーシップを発揮している。また，内発的に動機づけられるような仕事は，価値関心が作業者に適合していれば，それ自体配慮的な要素を備えたリーダーシップである。

3　カリスマ，あるいは，状況変革者

1．特性論の再評価

リーダーになる人には，リーダーになれない人とは異なる能力や資質，そしてパーソナリティ特性が備えられているのではないかと考える立場がある。この立場からは，いくつかの個人的な特性について，ある人たち，特に有能とされる人たちに一貫してみられ，その特性は組織の成果にも有意に関連していることが主張されている。経営者論の領域で，この論点は有力である。

実際，声の大きい人，同じことを繰り返し発言する人などは，状況とは関係なくリーダーシップを発揮することがある。場合によっては，状況との適合性を失い突出気味になって，他のメンバーから忌避されたり，リーダーとしての役割を果たせなくなることもあるが，そのような特性を一貫して表出できる傾向にある人は，主導的な立場に立つ機会も多くあると考えられた。

このような考え方は，特性論アプローチ（trait approach），ある

いは偉人説（great-man theory）として知られている。この立場から，有能なリーダーに共通にみられる特性として，年上であることや背の高いこと，容姿に優れていることのような身体的特性，高学歴や出身階層が上であるような社会的な背景要因，知能指数やパーソナリティ，社交性や社会的技術の巧みさなどがリストアップされた。しかし，これまでの文献研究によって，これらの特性は有能なリーダーに一貫してみられるとは必ずしもいえず，また，リーダーがそれらの特性を備えていれば，組織の成果が好ましい方向に向かうともいえないことが示され，理論としては否定された。

2. カリスマ

しかし，再度，個人の特性に注目しようとの動きがある。新・特性論といわれることもある。そのひとつ，リーダーの個人的な特性に注目した試みとして，近年議論されつつあるのはカリスマ的リーダーシップである。ハウスとバエツ（House and Baetz [1979]）によれば，フォロワーに対して，深く尋常ではない影響を及ぼすことのできる個人的な資質をもったリーダーである。たとえば，自らの行動や姿勢に自信があふれ，確信をもってフォロワーが達成すべき目標を示し，それにいたる道筋を提示するリーダーである。フォロワーは，そのリーダーをいわばスーパーマンのように受け入れ，異議をさしはさむことなく，その後に従うことになる。近年，組織の中で，その個人的なパーソナリティや資質などでフォロワーに強力な影響を及ぼしているリーダーは多くあると考えられる。

　カリスマになれるリーダーとは，自己犠牲を厭わず，進んでリスクを背負い，既存の秩序を超えたところに，新たなビジョンを打ち立て，人々をそれに向けて動員できるような改革者である。しかし，他方では，それがフォロワーに受け入れられる範囲のものでなければならない。つまり，実現可能な構想を提示できる現実主義者でな

ければならない。このリーダーの出現は，現状が不備であり，それを改革しなければならないという期待が大きくなるほど，つまり，現実と期待のギャップが大きいほどカリスマは現れやすい。しかし，このリーダーシップを発揮できる人というのは，特異な資質によることに留意しなければならない。

3. 変革者の役割

また，バーンズ（Burns [1978]）やティシーとディバナ（Tichy and Devanna [1986]）などの変革的（transformational）リーダーシップがある。カリスマ的リーダーシップと近似しているが，フォロワーの応諾を得，彼らを多く動員することよりも，フォロワーと相互依存的な関係を重視することで，むしろ，積極的にフォロワーの信念やニーズ，価値をリーダーが望む方向に入れ換えようとするのが特徴的である。

さらにいえば，変革的リーダーシップとは，学習や訓練によって修得できるのではなく，それをしたいと欲求し，また，できるような個人的な資質によるところが大きい。クナートとレービス（Kuhnert and Lewis [1987]）によれば，彼ら自身の体験や，社会的，対人的な環境をどのように組み立てたり系統だてるかは個人差の大きいことである。より成熟した，安定したパーソナリティ構造をもった人は，このようなリーダーになれるとした。

4 職場集団のダイナミクス

1. 集団のマネジメント

組織は，図11-2のリッカート（Likert [1961]）の連結ピン・モデルで示されるように，少人数の職場集団の集合としてとらえられる。100人，1000人，さらに1万人規模の組織がひとつのま

図 11-2　連結ピン・モデル

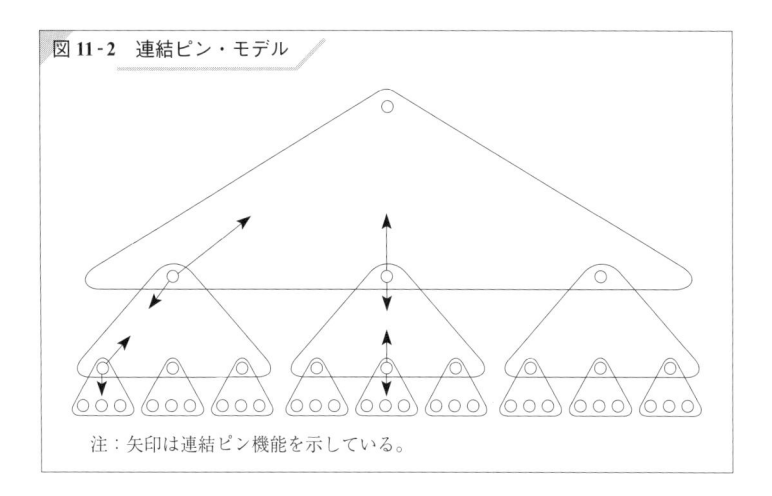

注：矢印は連結ピン機能を示している。

とまりとして動くことはあり得ない。

　少人数の職場集団は，分業化や専門分化の原理に従って，いくつものサブ集団にまとめられ，係が課になり，課が部となって，それらの総体が組織となる。したがって，それぞれの集団，特に，現場の第一線の基本的な作業集団である係や班などの小集団の活性化が，組織の生産性や効率の決め手になる。QCサークルやZD運動などが展開されたのは，このためでもある。それぞれの職場集団がどの程度貢献したかの集積が即組織の成果である。

　これら小集団の独自の行動様式については，グループ・ダイナミクス（group dynamics）としてまとめられ，知見が集積されてきた（Cartwright and Zander [1968]）。集団の中では，それを維持するように，基準や規範をつくり，それに従うように強要したり，従わないメンバーには相応の制裁を加えたりするなどの固有のメカニズムが明らかにされている。集団の中では，独自の集団基準（group standards）や集団規範（group norm）が形づくられる。これは，場合に

よっては，強制的にメンバーに従うように働きかける。集団に所属したいと欲する以上，基準や規範に同調（conformity）すべきであるとされる。

また，これらは，メンバーそれぞれが集団の中で果たしている地位や役割に対応しているので，これに従うことは他のメンバーに成員性を認めさせ，自らもそれを認めるということでもある。逆に，従わないと，また基準や規範から逸脱（deviance）すると，メンバーとしての資格を失ったり，制裁を受けることになる。

しかし，集団によって，同調の度合は異なる。従わない人が多い集団もあれば，従う人ばかりの集団もある。なぜその違いができるのか。その違いは集団の凝集性（cohesiveness）の相違でもある。集団が何か目的を達成するために，それを効率的にやり遂げるためには，メンバーが互いに好意をもち合い，魅力的でなければならない。互いの魅きあう程度が凝集性である。互いに好ましいと感じて凝集的であるほど，基準や規範に従い同調する人が多くなり，目的が達成されやすい。逆にいえば，凝集性の高い集団であるほど，逸脱しにくく，メンバーの判断や行動を同じくさせようとする圧力，いわゆる斉一性への圧力（pressure to uniformity）が強固に働くことになる。従わないメンバーには従うように圧力をかけ，それでも同調しないメンバーに対しては厳しい制裁が課せられる。これに従うことがメンバーであることの条件になっている。

従わないメンバーは従うように説得を受けるが，それでも従わない場合，コミュニケーションは少なくなり，メンバーとしての立場を失いつつあることが示されている。村八分にされるのである。村八分のような制裁は，ホーソン研究によっても明らかにされた。人間関係論では，一方で，職場の人間関係の機能性を強調しながら，他方で，それが集団内部に与える影響の大きさ，場合によっては，

組織の公的な権威を圧倒することもあることを指摘している。ときとして，組織の目標達成の障害にもなる。

2．会議のマネジメント

さらに，会議や委員会の構成も組織構造の重要な要素となっている。つまり，多人数になればなるほど，議論を尽くした意思決定はできないし，深い議論もできるはずがない。少ない人数で，いわば小集団の原理を応用して，より中身のある判断や行動を期待するのである。

会議は，通常，組織の公的な意思決定として活用され，選ばれた人々がその構成員となって，目的や，それに関与すべき資源の配分などを議し決定するのである。組織では，会議によって正式に意志が決定される。会議は，最末端の係や班の中での会議から課内会議や主管者会議，さらに，常務会から最高経営会議にいたるまでのさまざまの会議がある。公的であるほど，メンバーを拘束することになる。経営幹部による会議，たとえば，取締役会や常務会から，日々の職場会議までさまざまな会議がある。

それに対して，委員会とは，いわば特命事項の審議と，それの実施に関わることである。プロジェクトチームやタスクフォースなどは，限られた課題に対して，特定のメンバーが限られた時間と空間を活用して関与するような小集団である。深く吟味できるなどの利点があり，さまざまに活用される。細かな議論や大量の情報処理は公的な会議ではできないからである。専門的な，つまり，意図関心を絞り込んでスペシャリストなど特定のメンバーによる分科会が必要になる。

しかし，委員会の機能については，組織デザインとの関係で，それをいかに運営するかについてノウハウが必要になる。たとえば，小規模に絞り込んだり，その領域を得意とする専門家の選別をどの

ように行うか，議論の進行を硬直させないようにどのような柔軟な対応が必要かなどの検討が欠かせない。これらのノウハウを活用することで，会議の欠点を補い，組織の構造の重要な一部として委員会を機能させられるようになる。

3. 集団管理の病理

ただし，小集団特有の病理現象によって，会議や委員会が賢明な意思決定に失敗することがある。3人寄れば文殊の知恵とは逆に，議論すればするほど，愚かしい決定にいたることもあり，その運営には注意を要する。資料不足のままに結論を急いだり，また，声の大きい人の意見に従ったり，極端な意見に引きずられて妥当な結論を得る機会を逸したりする。極端な結論にいたりやすい集団病理はリスキーシフト（risky shift）と呼ばれている。

失敗例としては，ジャニス（Janis [1972]）によって報告されたケネディ大統領の国家安全保障会議における決定においてみられた集団浅慮（groupthink）はよく知られている。大統領への忠誠を争うことで，冷静な議論ができなくなっている。

5 管理過程

1. 管理者の立場

組織には，正当とされるパワーを備えた人が存在する。管理監督者である。その多くはリーダーであり，リーダーシップを発揮する人ではあるが，公的に委譲された権限をもって，組織過程をコントロールする。正当性を賦与されて公式的に影響力を発揮することが期待されている立場の人たちである。その人は責任をもって，組織の秩序，つまり，ヒエラルキーを維持しなければならない。彼らは職務として，対人影

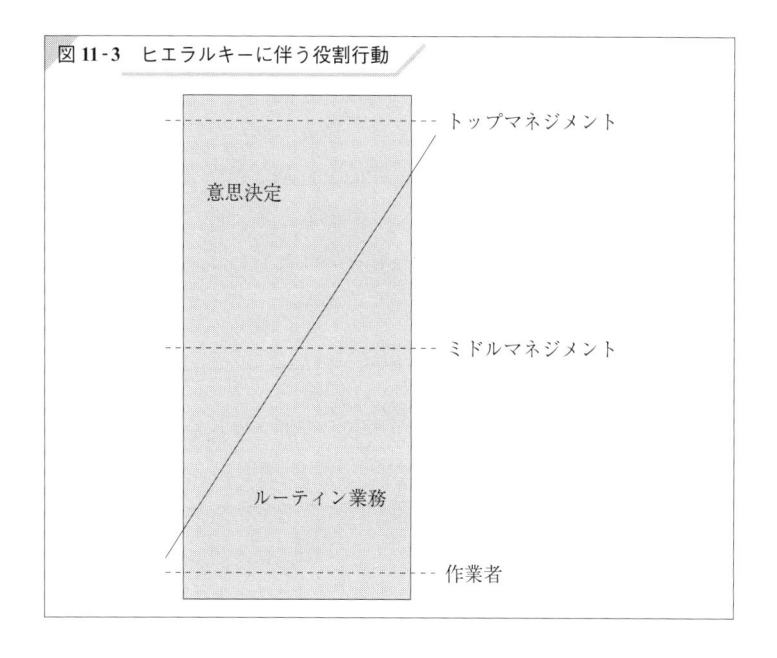

図11-3 ヒエラルキーに伴う役割行動

```
意思決定 ───────── トップマネジメント

         ───────── ミドルマネジメント

ルーティン業務
         ───────── 作業者
```

響力を含め込みながら,さまざまの働きを遂行しなければならない。彼らは,さまざまの意思決定に関わり,組織内部や外部の利害関係を調整しなければならない。対立や競合に際しては司祭者としても機能することになる。

　管理者の立場は,特に彼らの働きは,組織の中で,どのような立場にあるかによって大きく相違する。図11-3のように,ヒエラルキーの下方にいくほど,対人的な影響関係の中で監督的な仕事が多くなる。また,ルーティン的になる。他方,上にいくほど,経営全般に関わる意思決定的な仕事が増えるようになる。組織内部だけではなく,外部との関係が重要にもなる。

　繰り返すが,管理者とリーダーは区別されなければならない。肝心なことは,管理者は対人的な影響力を重視するリーダーとは区別

されるべきである。リーダーの働きは監督者に近似しているといえるであろう。

　管理者の行動は，場合によっては，硬直の進んだ官僚制にみられる前例をあまりに重視するなどの病的な行動とされることがあり，それを克服するのがリーダーシップであると考えられることがある。官僚制が硬直に向かうのは避けられないことであり，それを果敢に打破し，元の機能的な組織に復元するのがリーダーシップであるとされるのである（Bennis and Nanus [1985]）。

　管理者はラインに配置さえすれば，ヒエラルキーによって自ずと機能するものという暗黙の仮定がある。管理者は辞令によってつくられる。しかし，リーダーとなるためには，相応に鍛えられ磨かれなければならないとされる。研修が効果的であるとされ，そのためのプログラムが工夫される。誰でもがその場に配置されてただちにリーダーシップを発揮するとは限らないからである。

2．管理者の役割

　管理者の行動は，リーダーシップに先行して，あるいはそれを一部として，統合的な組織機能を果たすことになる。組織の中には膨大な経営資源が蓄えられている。利用し尽くされているとはいえない。また，誰もがこれを利用できるものではない。管理者の場合，これに近接できる機会は，他の誰と比べても多いはずであり，これを率先して活用しなければならない。対人的な影響だけのリーダーに比べれば，動員できるパワーは大きいものがある。したがって，管理者もまた鍛えられ磨かれなければならない。

　管理者として，限られた経営資源をどれだけ有効活用できるかは彼らの資質や能力次第である。それがあってはじめて，管理者はリーダーシップも発揮できるというものである。彼らのリーダーシップは何よりも管理者としての公的な立場の正当性によって支えら

れることになる。管理者として有能でない限り、リーダーとしても有能ではあり得ない。

　管理者は何をすべきか、ミンツバーグ（Mintzberg [1973]）によれば、管理者は、対人的な（interpersonal）役割を遂行し、そのネットワークを活かしながら、情報的な（informational）役割において中心となり、そこで得た情報を組織に利用できる機会が増えるために、意思決定的な（decisional）役割を果たすこともできるというように多面的に行動をとらえるべきである。管理者のそれぞれの役割行動から合わせて10個の行動次元をあげ、それらが組織内外の要因と絡むことを示した。

　要は、内部の人間関係に関わるだけが管理者の仕事ではない。リーダーとしての行動は、この場合、対人的な領域における役割のひとつである。対人的な影響関係だけのリーダーシップでは、管理者としての働きは限られる。いうまでもなく、組織は対人的な影響関係だけで成り立つものではない。メンバーが親しく協力しあうだけで目標が達成されたり、外部のニーズに応じきれるものではない。人間関係のほかに、モノやカネ、情報などさまざまな要因を統合できるような働きがなければならない。それは、リーダーの役割である対人的な影響関係を超えるものである。

　コッター（Kotter [1979]）も、管理者には、対人的なネットワークが重視され、かつ、対人的なスキルが不可欠としているが、この場合、対人スキルとは単なる影響関係のためではなく、組織内部のポリティックスの便宜のためである。このネットワークを利用して、モノやカネ、情報を機能的にひとつにまとめあげることが管理者の仕事である。そして、自らのパワーを大きくするのである。さらに、ラウら（Lau et al. [1980]）によれば、組織には、意思決定や資源の割付、交渉など多くの機能があるにもかかわらず、従来から、その

第 11 章　マネジメント・コントロール

中の対人的な影響関係であるリーダーシップに余分ともいえる関心を集中させる傾向があり、それが、より複合的であるはずの組織現象を解明する際の障害ともなっていると指摘している。

3. ポリティカル・マネージャー

さらにいえば、ポリティカル・マネージャーとしての役割に関連する。つまり、管理者は組織内部のルーティンに対処するような行動と、外部の要請に向き合わなければならない意思決定的な行動の2つの局面を合わせもたなければならない。特に、判断や決定に関わる管理行動は、それ自身価値を含み、自らの利害関係の立場を表明しなければならないこともある。組織ポリティックスに関わることは避けがたい。組織の目標の形成にも関与しなければならない。それだけに組織の成果に直接関係することになり、マネジメント・コントロールの中枢をなすことになる。

しかし、管理者は誰もがこのように行動するのか。個人差はありうる。ひとつには、これらの行動は管理者自らの動機づけと深く関係している。マイナー（Miner [1978]）は、管理者としての役割に強く動機づけられる管理者ほど、その役割をよく果たして、より多くより上質の成果が得られると指摘している。管理者はマネジメント・コントロールに積極的に自我関与するように動機づけられなければならない。

マネジメント・コントロールは、組織が成果を得るための、いわば神経系統の働きをしている。経営幹部からミドルを経て、現場の第一線で働いているランクアンドファイル（rank and file, 兵卒）にいたるまでの人たちが、どのような影響関係にあるかは、組織にとって基本的な課題である。

● 参考文献 ●

Bales, R. F. and P. E. Slater [1955], "Role Differentiation in Small Decision-making Groups," in T. Parsons et al. (eds.), *Family, Socialization and Interaction Process,* The Free Press.

Barnard, C. I. [1938], *The Functions of the Executive,* Harvard University Press.（山本安次郎・田杉競・飯野春樹訳『新訳経営者の役割』ダイヤモンド社，1968）

Bennis, W. G. and B. Nanus [1985], *Leaders : The Strategies for Taking Change,* Harper & Row.（小島直記訳『リーダーシップの王道』新潮社，1987）

Burns, J. M. [1978], *Leadership,* Harper & Row.

Cartwright, D. and A. Zander [1968], *Group Dynamics,* Harper & Row.

Fiedler, F. E. [1967], *A Theory of Leadership Effectiveness,* McGraw-Hill.

House, R. J. and M. L. Baetz [1979], "Leadership : Some Empirical Generations and New Research Directions," *Research in Oraganizational Behavior,* 1.

Janis, I. L. [1972], *Victims of Groupthink,* Houghton-Mifflin.

Kerr, S. and J. M. Jermier [1978], "Substitutes for Leadership : The Meaning and Measurement," *Organizational Behavior and Human Performance,* 22.

Kotter, J. P. [1979], *The General Managers,* The Free Press.（金井壽宏他訳『ゼネラル・マネジャー』ダイヤモンド社，1984）

Kuhnert, K. W. and P. Lewis [1987], "Transactional and Transformational Leadership : A Constructive/Developmenal Analysis," *Academy of Management Review,* 12.

Lau, A. W., A. R. Newman and L. A. Broedling [1980], "The Nature of Managerial Work in the Public Sector," *Public Administration Review,* 40.

Likert, R. [1961], *New Pattern of Management,* McGraw-Hill.（三隅二不二訳『経営の行動科学』ダイヤモンド社，1964）

Miner, J. B. [1978], "Twenty Years of Research on Role-motivation

Theory of Managerial Effectiveness," *Personnel Psychology*, 31.

Mintzberg, H. [1973], *The Nature of Managerial Work*, Harper & Row.

三隅二不二 [1984], 『リーダーシップの行動科学』(改訂版) 有斐閣。

Stogdill, R. M. [1974], *Handbook of Leadership : A Survey of Theory and Research*, The Free Press.

Tichy, N. and M. A. Devanna [1986], *The Transformational Leader*, John Wiley & Sons. (小林薫訳『現状変革型リーダー』ダイヤモンド社, 1988)

第12章　コンフリクト・マネジメント

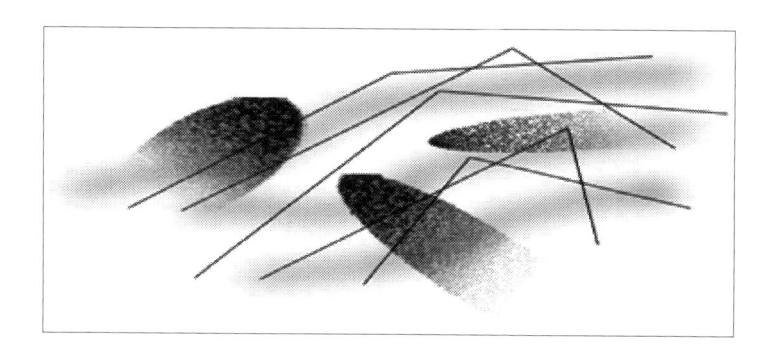

1 パワー関係のダイナミクス

1．パワー関係

組織の中では，人と人，部門と部門，もしかすると，組織と組織さえ，立場が相違すれば，それぞれの立場から利得を競い合うことになる。ある目標を達成するために，人と人，部門と部門が一致団結しているとみるのは，一面的で皮相な見方というべきで，現実に，組織の成り立ちとは，多くのあい対立する人や部門の集合である。

その中で，人や部門は少しでも優位な立場に立とうとする。少しでも優位な立場を得たものは，そうでないものを従えようとする。あるいは，自らの立場に有利なように，他者を従えようとする。しかし，それへの反発もある。この支配と応諾，あるいは反発の関係

は，パワーの有無あるいは程度が相違することはあっても，なくなることはない。

　パワーとは，ある個人や集団が他のある個人や集団に何かをさせたり，何かをさせない力である。パワーを多くもっている人や集団はそれだけ他の人や集団を，思うように従わせられる。ポリティクスにおいても有利な立場に立つことができる。このパワーを多くもつこと，あるいは，パワーの資源を多く確保することが，それぞれの個人，部門，組織の目標になる。確保することによって，さらに多くの利得を得ることができる。

2．資源依存関係

　パワーの大きさは，その人，その部門が，他の人，他の部門が必要でありながらもっていない資源をどの程度もっているかによって決められる。その資源を必要とするほど，資源を保持している人，ないしは，保持している部門に依存せざるを得ないからである。当然，その言い分を聞かなければならないし，従わなければならない。このように，資源の多少に関して成り立つパワー関係は，資源依存関係（power-dependence relations）である。しかし，資源の多少だけでは，パワーの程度が決まらないことも多い。少ないながら，その依存の程度を少なくしようとすることもあれば，依存関係を多岐にして，支配を受けにくくするということもある。パワー関係が安定することは少ない。

3．パワー・ポリティックス

　ザルド（Zald [1970]）によれば，組織の中では，パワーを保持するものの間でインタープレーが繰り返されている。人も部門も，自らの利得を多く得るために影響力を大きくしようとしている。そのためにパワーを多く得ようとする。その意味で，人も部門も，その行動の本質は政治的である。ポリティックスが，組織のありよ

うを枠づけている。組織そのものがさまざまな利害関係者の集合であり，価値が錯綜するのは，むしろ当然であるといってよい。そうであれば，ウォムズレイとザルド（Wamsley and Zald [1976]）がいうように，ポリティカルなパワー・ゲームが組織から消えることはない。

　誰もがパワーを多く得ようとすると組織は混乱にいたる。現実には，混乱にいたらないまでも，組織とはパワー関係の動揺，あるいは，そのダイナミズムとしてとらえることができる。組織の中の人と人，部門と部門の間の関係が秩序を失い，動揺するのは，パワーの獲得をめぐる対立や競合に由来するが，それは日常茶飯なことである。しかし，それが組織の成果に深刻な影響を与えそうであるとき，パワー関係に，混沌状態に秩序を与え，安定にいたらしめなければならない。それが経営管理である。パワー関係の安定が，経営管理的に重要なことであるが，それでも，組織からまったく動揺を除去することはできない。組織間関係においても同じようなことで，安定を求めながら，たえず動揺している。

2　コンフリクト・モデル

1. コンフリクトの発生

　一般的に，社会的に生じるコンフリクト，または葛藤とは，2つないしは3つ以上の人ないしは集団の間に生じる対立的あるいは敵対的な関係のことである。その関係は，表出されたものも，それ以前の，互いに好ましく思わない，潜在的なコンフリクトも含めて無数にある。無数に，つまり，日常的にあるとすれば，このような対立，あるいは敵対的な関係とは，不可避の生理現象とみなすこ

第12章　コンフリクト・マネジメント　　251

ともできる。同じことは組織の部門間で、そして、組織の間で、四六時中繰り返されていることである。

コンフリクトは不可避である。なぜかといえば、何人かの人が集まり、仲よくなれば、互いに価値を同じくするようになる。使命感さえも共有しあうようになる。同じような集団が、同じところにできれば、互いに他の集団との違いを認識するようになるであろうし、「われわれ」と「彼ら」の間を比較しようとするのは、当然の感情であろう。少ない資源を分け合うようになれば、分け合わない他を敵とみなすことも自然な感情の行き着くところである。競合しあうとなれば、仲間の中、集団の中では団結しようとし、相手集団を負かそうと戦略を練ることになる。

ポンディ（Pondy [1967]）は、一般的にコンフリクトが発生しそうな、可能性として潜在的に、それを生み出す条件として、以下の3つをあげている。

(a) 資源の希少性

組織が活用できる資源が不足している場合、コンフリクトは生じる。というよりも、原材料や機材、生産設備、人員などを含めて、これらの資源は慢性的に不足しているのが常態というべきであろう。その配分をめぐって関係者の間で合意がなければ、少ない資源をめぐって、互いに競合することになる。

(b) 自律性の確保

また、互いが自立を求めて、他者を統制したり自らの管轄下におきたいと意図した場合である。自律性を確かにしたいのである。パワーを獲得しようとの動機づけも強く働くことがある。支配と、応諾の拒否が、つまり、広い意味でのパワーの再配分に動機づけられた行動がコンフリクトを引き起こすことになる。

(c) 意図関心の分岐

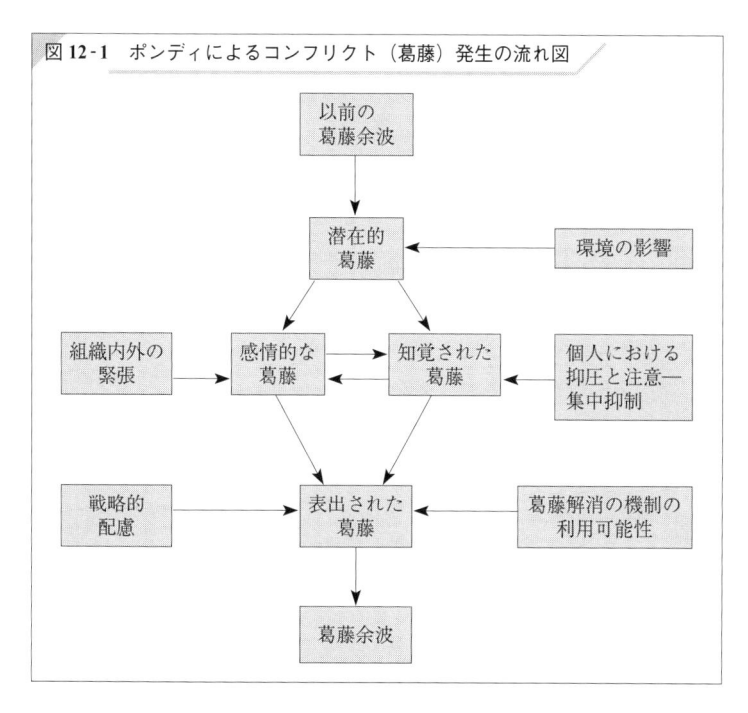

図12-1 ポンディによるコンフリクト（葛藤）発生の流れ図

```
          以前の
         葛藤余波
            ↓
         潜在的 ← 環境の影響
          葛藤
            ↓
組織内外の → 感情的な → 知覚された ← 個人における
  緊張      葛藤  ←   葛藤      抑圧と注意―
                                集中抑制
            ↓
 戦略的 →  表出された ← 葛藤解消の機制の
  配慮      葛藤        利用可能性
            ↓
         葛藤余波
```

　さらに，組織内の個人や作業集団間で，共通の目標を確立するにいたらず，協力関係のコンセンサスが成り立たない場合である。関心がはじめから同じということはない。それぞれが自分の都合で行動すると軋轢（あつれき）が生じる。コンセンサスにいたる過程では，当然のことながら，それを得るためにもコンフリクトは避けがたい。

　以上にあげたような条件は，潜在的なものも含めて，集団間の関係，組織間の関係においてもコンフリクトを引き起こすことになる。目標の達成に向けて利害関係者の考え方や意見を集約しようとすれば，必ず起こることだと考えてよい。したがって，潜在的なコンフリクトは必ず存在し，それがコンフリクトとして認知され，やがて顕在的となって，対立や競合が表面化することになる。通常コンフ

リクトとみられるのはこれであるが，それにいたる過程で，さまざまの可視的にはならないコンフリクト状況があると承知すべきである。

2．コンフリクト過程

コンフリクトとははじめから周知されるものではない。たとえば，対立関係は存在するとしても，当事者には気づかないことがある。潜在的なコンフリクトである。これが，当事者に気づかれ知覚されたコンフリクトになり，さらに，緊張や反発など感情的なコンフリクトにいたり，実際に，行動になって表出されたコンフリクトになる。それが当事者，あるいは，第三者の仲介を経て解消されてもなお，その余波として，次なるコンフリクトの火種になることもある。たとえ表出されなくても，その背後には，無数の，潜在的であったり，知覚されたり，感情に表出されたコンフリクトがある。これらのコンフリクトは，ポンディ（Pondy [1967]）によれば，図12−1のようなモデルとして紹介されている。

3．コンフリクトの機能性

このようなコンフリクト関係は，組織にとって機能的でもあり，逆機能的でもある。対応を一歩間違えると，組織のシステムを狂わせ崩壊にさえいたらしめることになるが，それを巧みに処理できれば，組織の効率や生産性の向上に役立ったりする。

ロビンス（Robbins [1974]）によれば，あまりにもハーモニーを重視すると，逆に，自己満足に陥って，崩壊にいたることさえある。つまり，それ自体は悪いことではなく，建設的に働くか，それとも破壊的に働くかが問題であり，組織の業績向上に貢献するようにコンフリクトを管理しなければならない。彼は，組織にとって機能的であるとの視点を以下のように要約している。

(1) 中位の程度のコンフリクトであれば必ずしも組織にとってコ

ストにはならない。むしろ，多少の緊張の存在は，その低減に向けてメンバーの行動を動機づけることになる。コンフリクトのないところでは，緊張が生じることもなく，退屈だけを感じることにもなる。むしろ，それは関心や好奇心を刺激して，人々の行動を活性化させることになる。

(2) 見解が対立することは，しばしばより上質のアイディアを生み出すこともある。考え方が対立し競合することで，意見が揉まれ練られて，以前には思いもつかなかったような考えにいたることがある。違う分野と交流があり，考え方がさまざまの異論にさらされるほど，組織が得る成果が多くなると考えてよい。コンフリクトは処理の仕方に間違いがなければ，組織が創造的であるための前提条件でもある。

トーマス（Thomas [1976]）によれば，価値が競い合うことで新しい価値が創造され，組織革新にも貢献する。コーサーとシュエンク（Cosier and Schwenk [1990]）も，選択肢を多くすることになり，意思決定の質を向上させることにもなると指摘している。

(3) 対立していたり敵対している状況の中における攻撃行動は，必ずしも非合理的ではなく，また破壊的でもない。逆に，それを表面化させず押し込めてしまうような方策は現状を維持することだけに執着して，変革への意欲を抑え込むことにもなりかねない。内外の変化に適応していく中で，新しい考え方が，古いそれと激しく衝突するのは避けられないことで，それを非合理とか破壊的とするのは正しくはない。

このような立場からいえば，コンフリクト関係について，あらゆる組織に対して有意味な価値をもつものとして積極的に評価することもできる。対立や競合は，組織の存立にとって必ず必要であり，ある立場に対して，それとは反対の立場があること，つまり，対立

的な関係が形成されるということは，むしろ推奨されるべきである。コンフリクトが存在することは即組織に対して新しい価値の芽生えがあることであり，変革の可能性を拓くものでもある。ワンマン体制のもとで，独自の意見をもたないどころか，ゴマスリしか能のない茶坊主が群がるだけでは，組織は沈滞し，生産性や効率は低下することになる。むしろ，組織が存続するためにも，構造的なコンフリクト関係は避けられないものである。

　では，コンフリクトとはどのような現象であるのか，また，どのような経緯を経て発生し解消に向かうのか，それを，対人的と集団間でどのように生起するかについて，以下で考える。

3 個人間コンフリクト

1. 個人的立場と個人差

それでは，どのような要因によって，個人間に対立や競合が発生するのか，また，どのような場合に，その関係が顕在化するのであろうか。そして，解消に向かうのであろうか。

　組織の中のすべての人たちの欲求をすべてかなえられるほど，組織は十分な資源をもっていない。たとえば，同期の誰もが課長に昇進できることはなく，誰もが望むだけの賞与を得ることはできない。限られた資源をどのように配分するかは難しい問題である。また，部署が違えば，その部門の意見を代表して，同期のライバルと，たとえ仲のよい同僚とでも争わなければならない。個人間でコンフリクトが生じるのは避けることができない。

　さらに，対人的なコンフリクトはパーソナリティの相違，価値観や態度など個人差からも生じる。個人的に異なるほど，率直には理

解しあえないからである。セクハラなどの問題も，結局，男性が女性の立場について理解が乏しいことによる場合が多い。

逆にいえば，個人間に相違するところが少ないほど，同質的であるほど，以心伝心で互いの気持ちが理解しあえ，厳しい対立にはいたらない。メンバーの選択基準を厳しくして，似たもの同士を集めるとそういうことが少なくなる。しかし，理解しあう過程では必ず価値観や考え方をすり合わす過程があり，それはコンフリクトを起こすことになる。

極論であるが，コンフリクトを生みやすい個人特性もある。たとえば，権威主義的なパーソナリティの人は，少しの意見の相違にも耐えられなくて，相手を批判したり非難することがある（Berelson and Steiner [1964]）。性格的にトラブルを起こしやすい人もいれば，生来内向的でかつ情緒が不安定であるために，対人関係に不都合を生じやすく，それを円滑に処理できない人もいる。

さらに，ブレーム（Brehm [1966]）のリアクタンス理論によれば，個人は自らの自由を確保したいと考え，自由を拘束しようとする要因に抵抗する人もいる。自立指向の強い人はコンフリクトを多く経験しがちである。これらはまとめてトラブル傾性における個人差といってよいであろう。

2．ホイッスルブロワー

エリストンら（Elliston et al. [1985]），ニアとミセリ（Near and Miceli [1987]）などが，ホイッスルブロワー（whistle-blower）と呼んだ内部告発者も，コンフリクト関係において注目すべきであろう。この人たちは，組織の中で，メンバーでありながら，組織の枠組みや経営方針に異議を唱えたり，積極的に反対する人たちのことである。まさしく個人差要因である。彼らが，不満分子（dessidents）や単なるトラブルメーカーであるのか，それとも，その異議申し立て

が，改革者（reformers）として将来を見通した革新に結びつくこともなくはない。どのような人たちが，どのような機会に異議を申し立てるようになるのか。

組織を円滑に経営するためには，異端分子は排除した方がよいとする考え方が一般的である。反対者は少なければ少ないほど，当面の成果は大きいとされる。しかし，反対者のいない仕事は，前後の見境もなく猪突猛進するだけで，議論が尽くされていなかったり，肝心の問題点が見落とされていたりすることがある。組織が成熟して仕組みを整備するほど，反対意見を押し退けてドグマ的になることが多くなる。組織は成熟に向かうほど，硬直化も同時的に進行するのである。

反対する少数者をただ切り捨てるだけでは，将来的な展開の芽を摘むことになるかもしれない。ホイッスルブロワーの組織への貢献や波及効果を見極めることも，コンフリクト管理において看過できない。反対者を育成することも経営施策において必要なことである。制度化されたコンフリクト関係が，組織の中に組み込まれるような管理方策が今後の課題になるであろう。

3. コミュニケーション技術

個人的な対立は，当事者の社会的な技術が下手，つまり，コミュニケーションが機能的でない場合に生起することがある。誤解や曲解などはしばしば伝えようとしたことと，伝えられたことが相違することによって生じる。互いが互いを理解できないと，些細な行き違いが深刻な対立に発展することさえある。

コミュニケーションの流れを円滑にするように組織デザインの工夫は欠かせないが，社会的な技術として，メンバーはそれぞれ状況に応じた役割を取得することであり，その状況に適応した考えや行動をすべきである。新人は適応できていないので，まだ職場の様子

が十分に理解できていない，上司や同僚との気心も通じるにはいたっていないなどから，無用な対人的トラブルを起こすことになる。コミュニケーションの技術を，それぞれの個人，あるいは，職場集団として修得することが，組織のコンフリクトを少なくするのに役立っている。

4 集団間コンフリクト

1．構造的コンフリクト

集団間コンフリクトで肝要なことは，構造的に，つまり，組織の構造や制度に起因するコンフリクト関係は不可避ということである。専門分化が進んで，相互依存的な集団の間では，意図が十分伝わらず，歪められたり，利害が競合したりなど，構造的にコンフリクトが発生している。これらの中には，容易に解消しない深刻なこともある。

(1) 水平的コンフリクト

組織の中で，互いが相互依存的であるほど，コンフリクトは発生しやすい。逆に，依存しあうことがない，並行的なタスクを互いが関係なく遂行するような関係にあれば，対立も競合も起こらない。依存するからこそ，コミュニケーションの必要性が増し，連絡調整の必要が増して，しかも，それが難しくなるというパラドックスがある。

このコンフリクトは，その組織がおかれた環境が曖昧で，また，それぞれの部門の目標が互いにまとまりを欠いたり，しかも，そのために，限られた資源を取り合うとすれば，ますます競合の度合いは大きくなる。

水平的なコンフリクトは,スタッフとラインの間の関係において発生するものが典型としてあげられるであろう。

(2) 垂直的コンフリクト

垂直的な対立や競合は,多くの場合,組織のヒエラルキーが有効に機能しないで,権威が正当性を失い,権限の配分に歪みが生じるなどした場合に発生すると考えられる。たとえば,上司と部下の間におけるコンフリクトは,上司の指示や命令に,部下が,何らかの理由で従わなかったときに生じる。また,上司が,応諾のために,十分な正当性を保持できていれば,対立は生じなかったであろうし,権威が確立できていれば,無関心域ができ,指示や命令に服してくれたであろう。

しかし,それでも,垂直的な対立は解消されない。なぜならば,上と下の間には心理的な距離感が厳として存在し,それぞれが独自の利害関係を有するからである。上司と部下の間にも,それぞれに価値観や考え方があり,利害の競合は少なからず存在する。

典型例として,労使間の対立がある。被雇用者が賃金や労働条件に関して,雇用者と対立することである。この対立に,価値観が絡み,さらにイデオロギーが絡むような対立関係も存在する。他方,これに労使協調や経営家族主義などの考えで,コンフリクトを緩和しようとする価値意識も存在する。

2. コンフリクト要因

集団間コンフリクトは,以下のような不可避の要因によって引き起こされる。

(1) 不完全なコミュニケーション・ネットワーク

互いの集団が相互依存的であるほど,互いに緊密な関係を保たなければならない。それだけに,コミュニケーションが量的に増大すれば,逆に行き違うことも多くなる。誤解も多くなる。そうなると,衝突したりコンフリクトの機会も増える。互いに相手との連絡調整

が欠かせられなくなるほど，コンフリクトが生じるのはやむを得ない。相互依存を必要とするほど，意見が衝突したり考え方が相違するのは避けられない。逆説的ではあるが，コミュニケーション頻度は対立や競合と密接に関連している。

　一方向的に依存するような関係では，依存する側が応諾することで表出されたコンフリクトは解消される。しかし，潜在的なものは残される。あるいは，新たなコンフリクトの引き金になることもある。逆に，互いが資源をもちあうような，相互依存的な関係では解消されないことがある。一方的な応諾がなく，互いが譲り合う必要を感じないからである。

(2) 利害関係の対立や競合

　さらに，組織の中で，構造上避けられないこともある。たとえば，製造部門と営業部門はそれぞれの活動に熱心になるほど，考え方が合致しなかったり対立することもある。ラインとスタッフ関係の分析も両者の対立が避けられないことを示唆している。構造上の位置づけが相違すれば，それにもとづく考え方の相違で対立することがある。考えが相違すれば，資源の配分や自立と依存に関して厳しく対立することになる。構造的なコンフリクト関係である。

　インフォーマル集団がフォーマルな組織とトラブルを起こしがちなのも，メンバーの個人的な意図関心が組織のそれと食い違うことに由来する。それは避けられないことで，官僚制化による形式化や文書化が進むほど，構造的なコンフリクトも深刻になる。

　なお，利害の対立で最も深刻であるのは，ゼロサム的状況においてである。誰かが利得を得れば，誰かが確実に利得を失うことになるようなところでは対立や競合は容易に解消しない。実際，限られた資源を取り合うことも多くあるので，ゼロサム的な状況も少なくはない。この場合，利得のパイを大きくしようとしたり，関係の外

に敵をつくることで，内部の対立を少なくしようとする。

また，コンフリクト関係が長引いたり泥沼化するのは，当事者に解決の方策が制度的に保障されていない，つまり，当事者能力が欠ける場合であることが多い。というのは，それはしばしばその個人や集団の間だけで起きているのではない。彼らが，その利害を代表する外部的な何かのために起こることもある。いわば代理戦争である。コンフリクト関係にある当事者に調停能力があれば，対立や競合は収まりもつくが，それが欠ける程度に応じて，スポンサーのいうなりの状態が続き対立が終息しない。

(3) 未熟な組織内関係

逆に，官僚制化がコンフリクト関係を抑制することになる。対立や競合が起こりやすい職場もあれば，そうでない職場もある。誰が何をし，何をすべきではないかを明確に定義していなかったり，誰が誰に伝えるべきであるかなどのコミュニケーションの伝達経路が不確かであったりするような官僚制的な構造が未発達であるとトラブルが生じやすい。不確かであると，迷いが生じたり，勝手な行動を放置することにもなる。立場や役割を明確に定義すると競合が少なくなることもある。

解消マニュアルがあって，対立や競合が発生した場合，どこで，どのように調整が行われるかについて，解消のための手順や手続きが明示されていれば深刻になることはない。官僚制のルールが発達しているところでは，標準化や文書化によって，対立や競合は抑制される。決着のつかないことはヒエラルキーのより上位の立場が裁断することで収拾される。

しかし，逆に，マニュアル化が進み，構造や制度が整備されるほど，対立や競合が激しくなることもある。官僚制化は内部手続きの標準化や権限の集中化を促すが，これが過度に進行すると，逆に，

融通の効く行動ができなくなり,瑣末な規則に執着したりして,いわゆる官僚制の病理とされる硬直したような行動様式がみられるようになる。そのために,互いに折りあうことも譲りあうこともなく,立場を主張するだけになる。

　要は,一方で,制度の不備はそのまま不要な摩擦を引き起こすことになる。他方で,官僚制化を進めて体制を整備することが,むしろ逆に,対立を顕在化する。官僚制化は諸刃の剣である。

　他にも選択肢がある,つまり,資源の複数化も,パワー関係に影響を及ぼしている。その関係を続けることに関心を向けなくなるので,解消に向けて努力しようとしない。さらにいえば,シェリフとシェリフ（Sherif and Sherif [1969]）によれば,集団間コンフリクトは,内部で凝集性を高め,外に対して一致団結の敵愾的行動を剥き出しにすることさえある。

　なお,以上の集団間コンフリクトはそのまま組織間コンフリクトに適用できる。いっそう詳細なコンフリクト関係は,組織間関係論などで議論が続けられている。

5　コンフリクト・マネジメントの実際

1. コンフリクトの解消

　自然に発生したコンフリクトは,多くの場合,また,自然に解消したりする。あるいは,規則やきまりをつくって,事前に処理できるようなこともある。処理のための専門機関を設置することもある。水平的な部門間などでは,より上位の権威が裁定して,対立を収束させるような試みもされる。分業化やヒエラルキーによる権威の確立など官僚制化は,情報などの円滑な流れをつくるための工

夫であり，余計なコンフリクトを生じさせないようにしている。

2．協調的な解消法の限界

コンフリクトは，互いが意志を疎通させないことに由来する，いわば，誤解にもとづくことが多いと考えられることがある。誤解を解消するためには，対立している個人間，集団間で，次のことが必要となる。

(1) コミュニケーションの機会を大きくする。
(2) 仲介者を設ける（第三者的なコンサルタントを入れることも含む）。
(3) 互いのことがよく理解できるようにするために，人事交流を図る。

感受性訓練のような，対人的な理解能力を高めるような工夫もある。しかし，以上のような考え方は，互いが理解できれば，相応の対立や競合は少なくなるとの期待を込めてはいるが，互いに理解さえすれば，対立がなくなるような単純なことではない。資源の不足や目標の競合など，不可避の要因がたえずコンフリクトを生じさせている。構造的なコンフリクトは避けられない。協調的な関係を確立すればコンフリクトは減少するはず，と考えるのは楽観的な見方である。

3．コンフリクト・マネジメント

コンフリクトはコントロールさえ適切であれば，組織の効率や生産性に好ましい影響を及ぼすこともあることが示された。コンフリクトが発生することで，隠れていた問題が顕在的になって，それの対処を考えるようになるなどの利点も指摘されている。また，コンフリクトが顕在的であることが，その職場のモラールの高さを示すようなこともある。たとえば，医師との意見が食い違うことの多い看護師のいる職場は，むしろモラールが高い。したがって，コンフリクトを適切に管理できれば，むしろ，組織の効率や生産性に

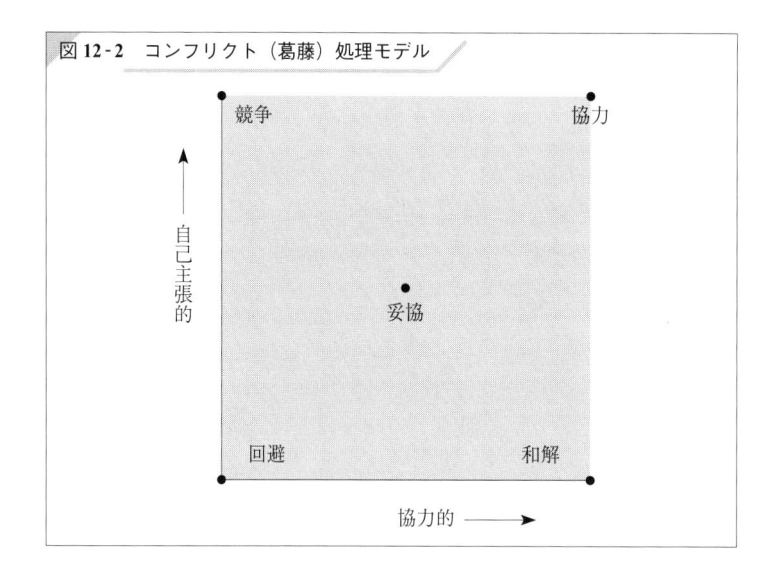

図 12-2 コンフリクト（葛藤）処理モデル

```
          競争                    協力
      ↑
   自
   己
   主
   張            ・妥協
   的

          回避                    和解
                          協力的 ——→
```

前向きに貢献することもできるのである。

シュミット（Schmidt [1974]）は，どの程度自らの利害にこだわるかの自己主張性（assertiveness）と，どの程度他者の利害に関心を有するかの協力性（cooperativeness）の二次元上でとらえる，図12-2のようなモデルを示した。

(a) 競争（competing）：自らの利得にこだわると，競い合い，相手を打ち負かすような方策をとることになる。威圧的でもあり強制的でもある。

(b) 和解（accommodating）：自らの利得は捨て，相手に譲るような方策である。争うよりは，相手との関係を維持することに関心を向けることになる。余儀なく相手の言いなりになることもある。

(c) 回避（avoiding）：自らの，そして相手方の利得が表立つのを止めるような方策である。

(d) 妥協（compromising）：自らも譲るが，相手も譲るように仕向ける，いわばないよりはまし（half a loaf）ということで，適当なところで折り合いをつけるような方策である。

(e) 協力（collaborating）：自分の利得も相手の利得も大きくなるような方法を一緒に見つけようと働きかけるような方策である。コンフリクト関係を前向きに対処しようとすることであり，統合的な方略であるとされる。

バーク（Burke [1970]）も，上司と部下の間のコンフリクト関係の解消について，以下のような5つの解消法を提示した。

(a) 一方がその立場を撤回（withdrawal）して他方に応諾すること。
(b) 一方が他方を宥めすかして宥和（smoothing）すること。
(c) 互いが折りあうところを見つけて妥協（compromise）すること。
(d) 一方が他方にむりやり強制（forcing）すること。
(e) 互いに問題を直視（confrontation）して方途を探ること。

この中で，前向きにコンフリクトを解消するためには，問題直視が最良の方法であり，妥協，強制や撤回は，当面の解消に役立つことはあっても，それを前向きに生かせる方法ではないことが示された。曖昧に妥協することも，無理を承知で突き進むことも，逃げ出すことも，コンフリクトの根本的な問題解決には貢献しない。

コンフリクト関係は，まったく除去することはできず，また，生起してそれを完全に解消することもあり得ない。さらに，それを，いたずらに押さえ込むことは組織の活力を殺ぐことにもなりかねない。積極的に取り込むような管理手法が望まれる。それのノウハウが蓄積されれば，有用なコンフリクト・マネジメントの手法が組み立てられることになるであろう。

● 参考文献 ●

Berelson, B. and G. Steiner [1964], *Human Behavior : An Inventory of Scientific Findings*, Harcourt Brace Jovanovich.

Brehm, J. W. [1966], *A Theory of Psychological Resistance*, Academic Press.

Burke, R. J. [1970], "Methods of Resolving Superior-subordinate Conflict : The Constructive Use of Subordinate Differences and Disagreements," *Organizational Behavior and Human Performance*, 5.

Cosier, R. A. and C. R. Schwenk [1990], *Agreement and Thinking Alike : Ingredients for Poor Decisions*, Academy of Management Executive.

Elliston, F., J. Keenan, P. Lockhart and J. Van Schaick [1985], *Whistle-blowing Research : Methodological and Moral Issues*, Praeger.

Near, J. P. and M. P. Miceli [1987], "Whistle-blowers in Organizations : Dissidents or Reformers ?," *Research in Organizational Behavior*, 9.

Pondy, L. R. [1967], "Organizational Conflict : Concepts and Models," *Administrative Science Quarterly*, 12.

Robbins, S. P. [1974], *Managing Organizational Conflict : A Nontraditional Approach*, Prentice-Hall.

Schmidt, W. H. [1974], "Conflict : A Powerfull Process for (Good or Bad) Change," *Management Review*, 63 (12).

Sherif, M. and C. W. Sherif [1969], *Social Psychology*, Harper & Row.

Thomas, K. [1976], "Conflict and Conflict Management," in M. D. Dunnette (ed.), *Handbook of Industrial and Organizational Psychology*, Rand McNally.

Wamsley, G. L. and M. N. Zald [1976], *The Political Economy of Public Organizations*, Indiana University Press.

Zald, M. N. [1970], "Political Economy : A Framework for Cmparative Analysis," in M. N. Zald (ed.), *Power in Organizations*, Vanderbilt University Press.

第 V 部 組織のダイナミクス

これまでの章では，組織の短期的適応，すなわち定常状態における組織と環境との関係や，組織の内部構造・組織文化と人間行動について取り上げてきた。そこでは組織が環境に適応していくためには，経営戦略と組織構造，組織文化，組織プロセス，人員などの間の整合性を確立しなければならないことが明らかにされた。このことは，環境が質的に変化したり，組織が成長し新しい環境に適応していくには，こうした整合性を刷新していかなければならないことを示している。この第Ⅴ部では，組織の長期適応，すなわち組織の成長や環境変化への適応，組織の変革について論じる。

　まず第13章で組織の発展段階についての比較静学的モデルを紹介して，組織の長期適応について概観する。第14章では組織の長期適応過程の背後にある動学的メカニズムとして，組織学習の概念を紹介し，組織の戦略，構造，文化，プロセスなどを抜本的に変革する戦略的組織変革への障害を明らかにする。第15章では戦略的組織変革のプロセスと，経営者の役割について論じていこう。

第13章 組織の長期適応と発展過程

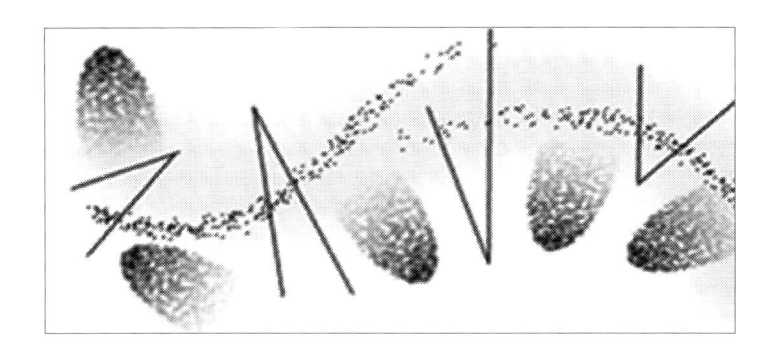

　良くデザインされた組織は，一定の環境適応能力をもっている。その組織は既存の構造，文化，組織プロセスや人員の能力によって，ある程度の環境変化に対して適応できる行動のレパートリーをもっているからである。組織の既存のレパートリーの範囲内で展開される環境適応を，「短期適応（short-run adaptiveness）」という。これに対して組織の行動レパートリーそれ自体を変えることを通じて展開される環境適応を，「長期適応（long-run adaptiveness）」という。別の表現をすれば，短期適応は既存の能力（レパートリー）の範囲内で行われる「問題解決」に相当するのに対し，長期適応は能力そのものを高めていく「学習」に相当する（March and Simon [1958]）。

　この章では，互いに関係する3つの比較静学的モデル（comparative static model）の紹介を通じて，組織のダイナミックな成長・発展過程を概観していこう。

　第1は，組織の成長，規模の拡大によって生ずる問題を解決する

ために組織構造,リーダーシップスタイル,経営管理システムなどを変革していくモデルである。組織の成長と組織変革の関係を理解するには,ライフサイクル・モデルが有効である。

　第2は,経営戦略を通じて新しい環境に適応していくために,組織を変革していく場合である。環境が変化するだけでなく,組織は自ら経営戦略を通じて新しい環境をつくり出していく。この新しい環境で組織が有効性と能率を達成するためには,組織構造や組織文化を変革していかなくてはならない。

　第3は,組織文化の発展段階モデルである。組織文化は,組織が外部適応や内部統合していく過程で,リーダーシップ行動と密接な関係をもって形成され,また変化していく。

1 組織の成長とライフサイクル・モデル

　企業・病院などの協働体系の成長は,一般にその「規模」の拡大として定義される。協働体系の規模は,さまざまな尺度によって測定されるが,基本的にはその組織が「意識的に調整する」諸資源の総量を意味する。第Ⅰ部で示したように,これらは組織の参加者からの貢献として提供されるものであり,厳密には企業・病院など具体的な協働体系が利用する生産的資源として考えることができる。したがって理想的には,協働体系の規模は,それが利用する物的・人的資源の全体量の現在価値によって測定される。しかし現実にはこうした厳密な尺度を見出すことは困難であるため,通常は分析目的により,近似的な尺度を利用する (稲葉 [1979])。たとえば企業の場合は,資本金,使用総資本,固定資産,総資産,従業員数,生産量,売上高,顧客総数などが,近似的尺度として用いられる。

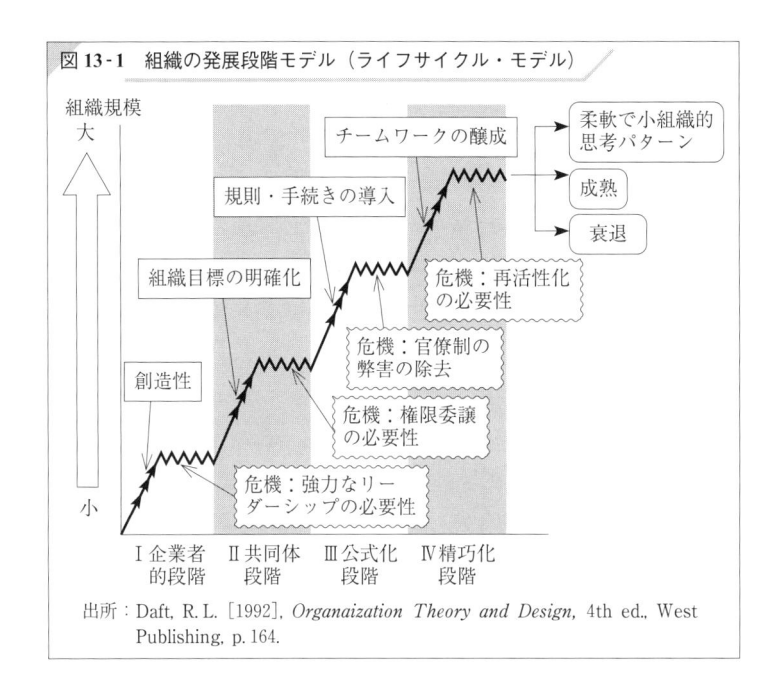

図 13-1 組織の発展段階モデル（ライフサイクル・モデル）

（図中テキスト）
- 組織規模 大／小
- 創造性
- 危機：強力なリーダーシップの必要性
- 組織目標の明確化
- 危機：権限委譲の必要性
- 規則・手続きの導入
- 危機：官僚制の弊害の除去
- チームワークの醸成
- 危機：再活性化の必要性
- 柔軟で小組織的思考パターン
- 成熟
- 衰退
- Ⅰ 企業者的段階　Ⅱ 共同体段階　Ⅲ 公式化段階　Ⅳ 精巧化段階

出所：Daft, R. L. [1992], *Organization Theory and Design*, 4th ed., West Publishing, p. 164.

▶組織の成長と発展段階モデル

　組織の成長・規模の拡大に対応して，組織の戦略行動や構造，組織文化，管理システムなどが変化していくパターンを包括的に説明するモデルとして，組織のライフサイクル・モデルがある（Greiner [1972], Kimberly and Miles [1980], Quinn and Cameron [1983], 他）。ここではクインとキャメロン（Quinn and Cameron [1983]）の説を中心に，組織の誕生から成長，成熟していく過程を段階的に説明していこう。

　組織の発展段階は，次の4つのステージ，企業者的段階（entrepreneurial stage），共同体段階（collectivity stage），公式化段階（formalization stage），精巧化段階（elaboration stage）に分類できる（図13-

1）。

企業者的段階：組織の誕生段階では，企業であれば製品を開発し，市場を開拓するなど，環境の中に自らの生存領域を見出すことが重要である。新しく誕生した組織が生存できるか否かは，資本家や供給業者，労働者や顧客などの外部環境からの支持を得ることができ，必要な資源を獲得できるかに依存しているからである。

この段階は，創始者の創造性や革新性が重視され，管理活動は相対的に軽視される傾向にある。組織は非公式的・非官僚的となる傾向がある（Greiner [1972]）。

しかし組織が成長するにしたがって，創始者の個人的能力だけでは管理できないほどの資源を取り扱うようになる。また新しく雇用される従業員も，創始者の夢や理念によってのみ動機づけされることは少なくなる。組織が成長を続けるためには，経営管理技術をもった強力なリーダーによって統合されていく必要がある。

共同体段階：企業者的段階が組織と外部環境との関係を定義する段階であるとすれば，次の共同体段階は組織の内部統合をつくり出す段階である。組織が強力なリーダーシップを得ることに成功すると，組織内の諸活動は明確な目標に向けて統合されていく。組織メンバーは組織目標を明確に意識しており，組織の一員であることに誇りをもつことができる。従業員間のコミュニケーションや情報伝達構造をつくり上げ，家族的雰囲気の中で，職務へのコミットメントを高め，動機づけていくことが重要となる。しかし，まだこの段階では，インフォーマルなコミュニケーションや統制が優先され，リーダーの個人的特性によるモラルの確保が中心となる。

共同体段階にある組織の規模が増大し，組織メンバーの数や階層が増えるにしたがって，強力なリーダーシップだけでは組織はしだいに有効に機能しなくなる。組織メンバーが，リーダーとインフ

ォーマルに接触できる規模を越えて組織が成長すると，彼らは自身の職務を遂行するのに十分な権限をもっていないことに気づき，職務や組織目標へのコミットメントを低下させてしまう。トップ・リーダーが強力に自らの責任を果たそうとすればするほど，権限はトップに集中していくからである。リーダーは権限を委譲し，組織は分権化された諸部門を，直接トップ・リーダーが指揮することなく，制御・調整できる機構を構築していかなくてはならない。

公式化段階：公式化段階では，職務規制や評価システム，予算・会計制度や財務管理制度などの規則・手続きが導入され，組織はしだいに官僚制的になっていく。非公式のコミュニケーションは減少し，公式のコミュニケーション経路を通じて形式や内容が特定化された情報が伝達，処理されるようになる。技術や人事財務管理の専門家スタッフが増加し，トップマネジメントは戦略や中・長期計画に専念するようになり，現業の業務はミドル以下の管理者層が責任を負うようになる。トップと現業とを効果的に結びつける管理－調整メカニズムの導入によって，組織は安定的に成長し続けることができるようになる。

組織がより大きく複雑になるにしたがって，それを有効かつ能率的に管理するには，官僚制的な規則・手続き，専門スタッフの導入は必要不可欠である。しかし，さらに組織の規模が拡大し，複雑になると，いわゆる官僚制の逆機能（Merton [1968], March and Simon [1958]）が弊害となって現れてくる。規則は本来，組織目標を達成する手段であるが，組織メンバーにとって，規則を固守することが目標になるという「目標の置換」現象が起こり，環境の変化に柔軟に対応することをできなくする。メンバーは自分が所属する下位組織の目標に一体化し，組織全体の成果に関心をもたなくなっ

たり，あらゆる問題を規則に頼って解決しようとするため，メンバー間の人間的結びつきに緊張感をもたらす結果を生む。

精巧化段階：官僚制の危機を乗り切るには，部門や職能を横断するチームを形成し，協力関係（collaboration）を導入することが必要となる。組織は多数の部門に分割され，小規模組織の利点を確保しつつ，公式のシステムだけでなく，プロジェクトチームやタスクフォースなどによって柔軟性を得ようとする。組織構造は分権化され，権限委譲が進められ，全体として分化と統合のバランスが強調される。一方で，公式化段階での官僚制的な基準や集合的段階の人間関係論的な基準が重視されるとともに，他方で柔軟性や成長，新しい資源の獲得などが相対的により重視されることになる。

こうして組織が仕上げ段階にまで成長してくると，企業者段階で設定されたその組織の社会的使命の重要性は低下していくかもしれない。こうした危機を乗り越えていくために，組織は環境との関係を新たに創りだし，「再活性化（revitalization）」していく必要が生まれる。さもなければ成長は止まり，活力は低下し，組織は成熟・衰退してしまう。

2 経営戦略と組織のダイナミクス

前節では組織の誕生から成熟まで，規模の拡大によってもたらされる変化について記述してきた。このモデルは基本的には，組織の戦略に変更はないものと仮定してきた。しかし，組織は一定規模に達し成熟したあと，そのドメインの中にとどまったまま，衰退するという理由は存在しない。むしろ経営者は，新製品を導入したり，地理的拡大を行い，それに伴って組織構造やプロセスを変革してい

くことを通じて，さらなる成長を計画することができる。

一般に組織は，技術，所得，人口，文化，社会的環境等の諸変化に直面したとき，その資源を有効に活用するために，新しい経営戦略を立案・実施していく。新しい戦略行動は，ドメインを変更し，組織が利用する諸資源の多様性や複雑性に変化をもたらすために，新たな管理上の問題を生み出す。こうした管理上の問題は，組織構造やプロセス，組織文化等を，新しい戦略に適合するよう変革することを通じて解決される。したがってもし，組織が適切に変革されなければ，戦略行動を有効に実施できず，組織のパフォーマンスは低下してしまう。このような意味で，「組織構造は戦略に従う」（Chandler [1962]）。

1. チャンドラー・モデル

チャンドラー（Chandler [1962]）は米国企業における事業部制組織の成立史を研究し，19世紀後半以降の企業成長を，次の4つの階層に分類した。

第1段階は，垂直統合戦略を通じた経営資源の蓄積期である。南北戦争以後，急速に増加した需要を満たすために，工場・設備・人員などの経営資源を大量に獲得し，次いで製品販路を確保するために自社の販売網をつくり，また基礎原材料を確保するために供給源を支配した。

第2段階は，こうして拡大した経営資源を，能率的かつ有効に活用するための組織をつくる段階である。新しい組織は機能別部門組織と管理機構から構成され，各部門内部で諸資源を組織的に動員するとともに，市場需要の動きに合わせて製品の流れを調整し，各部門間の活動水準を決定することができるようになった。

第3段階は，多角化戦略を通じた新たな成長段階である。企業は，消費者の所得水準や技術の成熟等の理由で市場の限界に直面し，経

営資源の転用や，より有益にそれらを運用できる新市場・新事業分野に進出していった。その結果，企業は新たな経営資源を獲得することで成長を続けることができた。しかし，それらの経営資源を能率的かつ有効に運用するには，機能部門別組織におけるコミュニケーション経路や権限－責任関係を再編成する必要があった。

そのため第4段階では，経営資源の運用の合理化とさらなる成長のために組織を革新していった。こうして多角化した製品－市場分野ごとに事業部をつくるとともに，企業者的活動を担当する総合本社をもつ事業部制組織が登場したのである。

2. 戦略と組織の発展段階モデル

チャンドラーのモデルをさらに発展させたガルブレイスとナサンソン（Galbraith and Nathanson [1978]）によれば，経営戦略の変化とそれに伴う組織構造の変革とのダイナミックな関係は，図13-2のように要約される。

出発点は，単一機能・単一製品ラインの単純な組織である。第1の組織変革は，前節で述べた規模の拡大によって起こされる。規模が拡大すると分業が進み，この分解された職務を調整するために，管理階層をもった単一機能組織が生まれる。この組織構造からいくつかの発展経路が可能である。既存の経営資源の活用にとって，供給や流通の問題が重要であれば，垂直統合戦略を採用するだろう。その結果として，複数の機能別部門をもつ集権的な組織が生まれる。一方，他の組織では，内部成長と買収によって，製品ラインを多角化する戦略をとるかもしれない。関連事業への多角化を追求する場合は，経営資源を能率的に管理するために事業部制組織構造を，買収等により非関連事業へ多角化する戦略を採用する場合は，持株会社やコングロマリットの形態をとることになる。

次の段階は，GMのような持株会社から事業部制組織へ移行する

図13-2 経営戦略と組織の発展段階

```
                        単純組織
                          │
                        規模の成長
                          ▼
                     単一機能組織
        ┌────────────────┼────────────────┐
  無関連事業            関連              垂直統合
  への多角化            企業                │
        │              への                ▼
        ▼              多角            集権的
     持株会社          化              機能部門制組織
        │     内部成長    規模の            │
        │     の強化      経済性            │
        │  ◀─────── 事業部制 ─────────────▶│
     無関連事業        組織        関連事業
     の吸収              │         への多角化
        │                │
        ▼                ▼                ▼
     世界的         世界的           世界的
     持株会社   ◀── 多国籍企業 ──▶  機能部門制組織
        │   内部成長の強化  関連事業への多角化
        │                         規模の経済性
     無関連事業の吸収
```

凡例:
──▶ 新しい組織構造をもたらす戦略
━━▶ 合衆国の企業にとって支配的な発展経路

出所:Galbraith and Nathanson [1978], 邦訳139ページ。

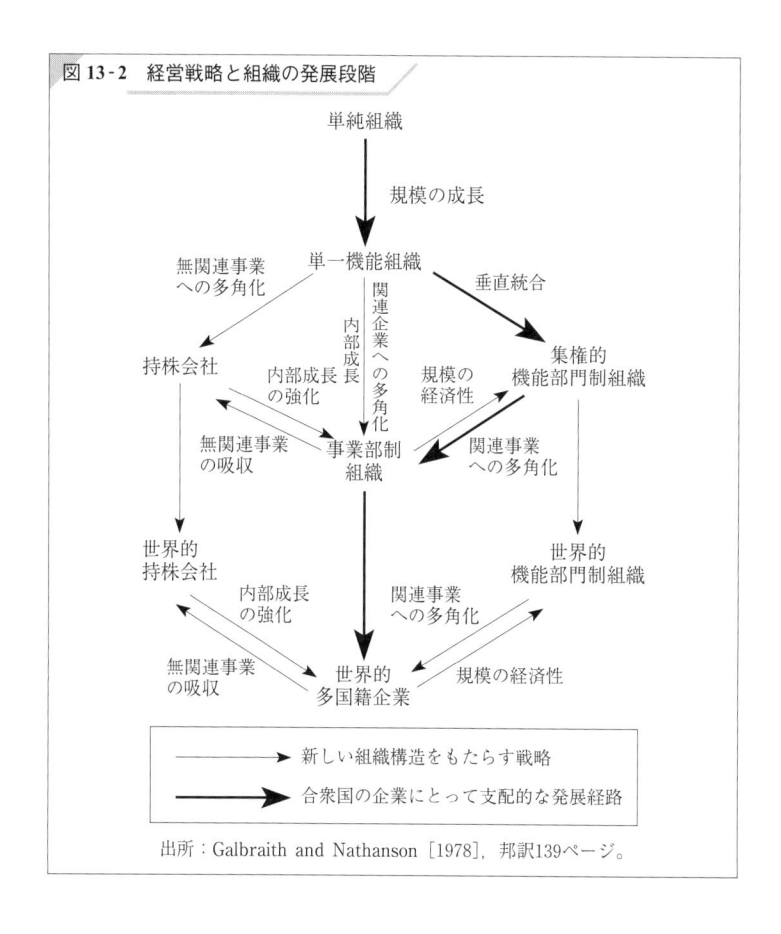

ケースと，デュポン社のように機能別部門組織から事業部制組織へ移行するケースなどがある。前者の場合，買収したさまざまな組織の統合を行い，事業の関連性を利用して経営資源の管理をより能率的に行おうとする試みである。後者は，多角化した諸事業がもたらす多様性を，機能部門制組織では管理できなくなったことから行われた組織変革である。

この2つのほかにも，現実にはあまりみられないが，事業部制組織が集権的機能部門制組織に移行する場合や，持株会社へ移行する場合がある。前者は，関連性のある製品ライン間に標準化を導入し規模の経済性を実現しようとする戦略をとる場合である。後者は事業部制組織が外部成長を追求し，無関連な事業へと多角化する場合で，新しく買収した事業が既存の組織構造に適合しないときである。

　海外への進出戦略を追求する組織にとって，次の発展段階はグローバル構造である。このグローバル構造には，いくつかのタイプがあるが，ストップフォードとウェルズ (Stopford and Wells [1972]) らの研究では，ほとんどの組織が，地域別か製品別のグローバル構造を採用するとしている。最近になって，各国子会社間の役割分担を進めた，グローバル機能部門制組織や，ABB（アセア・ブラウン・ボヴァリ）社などのようにグローバル・マトリックス構造をとる組織も現れている (Bartlett and Ghoshal [1989])。

▶戦略と構造の関係

　多くの成長モデルのレビューを基礎に展開されたガルブレイスとナサンソンのモデルは，ある段階から次の段階への組織構造の変化は，新しい経営戦略の採用によって導かれること，そして質的に異なる組織構造が生み出されることを示している。各段階の組織構造，文化，組織過程，管理システムなどは整合性 (congruence) をもって組み合わさっているから，新しい段階への移行は，これらすべての要素の新しい組合せを生み出す。

　組織の発展は自動的に推移する固定的なプロセスではない。組織は自ら戦略的選択を行うことができる。しかし発展の経路は無限にあるわけではない。このモデルでは，どのような戦略的選択が可能かは，その過去の発展経路にある程度依存している。その意味では，戦略にしたがって組織構造が決まるとともに，組織に適合した戦略

を選択することも必要である（伊丹［1984］）。

3 組織文化のダイナミクス

　組織文化は，その組織が過去に経験した外部適応や内部統合に関する諸問題を解決する過程を通じて学習される（Schein［1985］）。ここではシャインにしたがって，組織の発達段階と組織文化の機能，変容メカニズムの関係をみていく。

　組織文化の形成・変化に最も大きな影響を与えるのはリーダーシップであるから，組織の発展段階は次の3段階に分類できる。第1の誕生・初期成長期は，組織が創業者もしくは支配権をもつ同族によって経営されている段階であり，第2の発達段階は，圧倒的な株式や支配権をもたない専門経営者によって経営されている段階を意味する。第3の成熟段階は，組織文化が環境適応について機能障害を起こす時期である。創業者支配または同族支配の組織では，大規模で複雑な組織となることもあるし，専門経営者によって率いられた組織でも小規模にとどまることはありうる。この意味で，組織文化の変化にとっては，規模や複雑さよりも，その組織の世代年齢が重要な意味をもっている。表13-1は，組織の発展段階と組織文化の機能，その変容メカニズムのダイナミックな関係をまとめたものである。

1. 誕生・成長期

　新しい組織の誕生・成長初期における，組織文化の推進力となるのは，創業者の個人的な思考様式である。もしその組織が基本的使命の達成に成功し，存続していくならば，創業者のシンボリック・アクションなどを通じて，組織に植えつけられた組織文化は，その組織の独特の能力と

表 13-1 成長段階,文化の機能,変容メカニズム

成長段階	文化の機能・問題点
I　創設と初期段階　　　創業者支配	1.　文化は組織の独自能力であり,自己存立の源泉である 2.　文化は組織をまとめる接着剤である 3.　組織は一層の統合性・明確性をめざす 4.　成員に対し組織への同化が協調される
継承局面	1.　文化をめぐり保守派と改革派が対立する 2.　後継者は,文化要因を維持するか変更するかによって,判断される
変容メカニズム 　　　1.　自然的進化 　　　2.　組織セラピーを通じての自律的変化 　　　3.　ハイブリッド人材の登用による管理された進化 　　　4.　外部人材の中枢登用による管理された改革	
II　発達段階 　　1.　製品・市場の拡張 　　2.　垂直統合 　　3.　地理的拡大 　　4.　吸収・合併・統合	1.　下位文化の発達に伴い既存の文化的統合力が弱められる 2.　中核的理念・目標の喪失がアイデンティティの危機を招く 3.　文化再構築の方向性を管理する好機が生ずる
変容メカニズム 　　　5.　計画的変革組織開発（OD） 　　　6.　技術を媒介とする誘導的変革 　　　7.　醜聞や神話を通じての改革 　　　8.　漸進主義（incrementalism）	
III　成熟段階 　　1.　市場の成熟または衰退 　　2.　組織内部の安定性の増大／停滞 　　3.　変革への動機の欠如	1.　文化はイノベーションを妨げるものに転化する 2.　文化は過去の栄光を保持し,自己満足的・防衛的になる
転換への選択	1.　文化変容は不可欠だが,全体変化は不可能でまた望ましくもない 2.　本質的な文化要素は保存されなければならない
終局的選択 　　　1.　倒産と再組織 　　　2.　乗っ取りと再組織 　　　3.　合併と同化	1.　パラダイムレベルでの深い文化変容が現れる 2.　首脳陣の大量交代を通じて文化変容が生ずる
変容メカニズム 　　　9.　強制的説得 　　　10.　方向転換 　　　11.　再組織,破壊,再生	

出所：Schein [1985], pp. 271-272.

なり，メンバーのアイデンティティの基礎となり，組織を結束させる心理的な「糊（glue）」となる。組織は文化を明示的に示し，できる限り統一化し，新規加入メンバーに対してそれをしっかりと教え込む。

組織文化の問題が発生するのは，創業者の引退や業績悪化によって，経営者が交代する局面である。この継承局面では，創業以来の文化を好む保守派と，それを変革しようとする急進派との間で闘争が展開されやすい。また後継者の選択も，候補者が既存の文化を継承するのか，変革するのかという観点から行われる傾向がある。

ここで重要なことは，既存の組織文化の多くの部分が，創業者の個性の反映であることから，創業者個人に対するメンバーの感情が，組織文化の闘争の場に反映されてしまうことである。既存の組織文化が，創業者の個性とは別に，メンバーのアイデンティティ，その組織の独自能力，不安からの防壁となっていたことを忘れて，こうした闘争が展開されるならば，組織は危機に陥る可能性がある。したがって継承プロセスは，組織文化の重要な機能を強化するよう管理されなければならない。

▶変容メカニズム

この段階の組織文化変容メカニズムには，3つのタイプがある。

第1の自然な進化は，組織が外部環境の脅威に直面せず，創業者もしくはその一族が組織を支配している場合の変化で，有効に機能している思考・行動様式を吸収しつつ変容していく過程である。この自然な進化には，「一般的進化（general evolution）」と「特定的進化（specific evolution）」がある。前者は，組織が成長するにつれて，組織文化が多様化・複雑化するとともに，高次のレベルでの分化と統合が進み，また新たな統合が生み出されるというプロセスである。一方，後者は環境の特定部分に対応した下位レベルの組織単位の適

応で,特定的環境への適応行動に対応した組織文化を蓄積していくプロセスである (Lawrence and Lorsch [1967])。たとえばハイテク企業では研究開発機能が,一方消費財企業はマーケティング機能が,それぞれの組織文化に大きな影響を与えるだろう。

第2の変容メカニズムは,組織セラピー (organizational therapy) やハイブリッド (hybrid) 人材の登用を通じた自律的に管理された進化である。組織セラピーは,組織メンバーにその組織文化の強み・弱みを自己洞察させ,認知的再認識を促す支援活動であり,一般に外部コンサルタントの介入を通じて行われる。

ハイブリッド人材とは,その組織の構成員にメンバーとして受容されているが,その組織の進むべき方向について,保守的な主流派とは若干異なった個人的信念をもっている人である。外部の人が提案したら反対するであろう政策も,ハイブリッド人材が提案することで,「彼もメンバーなのだから」という理由から,受容されやすくなる。しばしば創業者が,後継者に予定されている外部の人間を,一定期間その組織の取締役会メンバーなどに就かせるのは,その人を他のメンバーから組織の一員として認めてもらうためである。

第3の変容メカニズムは,外部の人材を枢要な地位に登用することを通じて,組織文化の改革を行うメカニズムである。これは創業者の文化が組織業績の悪化を招いた場合によくみられる。典型的には,次のようなプロセスをたどる。(1)業績の低下や失敗により組織に危機感が醸成され,新しいリーダーの必要性が認識される。(2)同時に古い組織文化の手続きや信念が崩壊し,(3)危機に対処するために,新しい信念をもつリーダーが登用される。(4)古い文化の支持者と新リーダーの支持者でコンフリクトが起こるが,(5)危機が回避され,業績が回復すると,新しいリーダーの功績が認められる。(6)その後,組織文化維持のための一連の活動を通じて,強化されていく。

組織が誕生期・成長初期の危機を乗り越え，創業者から後継者へリーダーシップが適切に継承されると，組織は発達段階に進む。

2. 発 達 期

　発達期は創業者一族がオーナーでなくなったり，中枢的地位を占めなくなった段階を意味する。組織は一定の確立された存在となり，更新プロセスを通じて，自ら継続的な成長を維持していく必要がある。組織は成長を追求し，地理的拡大，製品多角化，垂直統合，合併・買収など，さまざまな戦略行動を展開する段階になる。

　この段階では組織文化の最も重要な要素は制度化され，組織の構造や主要プロセスの中に植えつけられているため，通常ほとんどメンバーに意識されなくなっている。意識される可能性があるのは，経営理念，スローガン，社是・社訓等であり，それらの背後にある価値観や根源的信念は，当然のものとして受けとめられている。

　発達段階では，組織文化の統一性が失われる方向に向かって，強い力が働く可能性がある。それは強力な下位文化が発達し，また多様化し，地理的に分散した大組織では，高度に統一された組織文化を維持することは困難だからである。組織メンバーは下位部門の文化にコミットしていくため，中核的価値や目標が失われ，組織はアイデンティティの危機に陥ることもある。

　この段階で組織文化に対する挑戦は，組織の外部または内部から現れる。第1は，環境が著しく変化したため，組織全体もしくはその一部の業績が悪化する場合である。第2に，組織内の下位部門間で，組織文化をめぐる破壊的な権力闘争が展開される場合である。こうして組織文化の統一性が問題になると，潜在的であった文化問題が顕在化し，組織文化改革への契機となる。

▶ **変容メカニズム**

　この段階では組織文化変容プロセスの管理は，ほとんどのメン

バーが組織文化を意識していないため、非常に複雑である。管理者は自らの組織文化の内容と、絶えず進行しているはずの文化的プロセスに対する深い洞察をもつ必要がある。具体的には、次の4つの変容メカニズムがある。

第1は、「組織開発 (ogaizational development)」のような計画的変革 (planned change) である。組織開発のコンサルタントの仕事の多くは、対立する多様な下位文化をつなぎあわせる努力に費やされる。自己が所属する組織単位の文化に対する自己洞察と、他の組織単位の文化に対する洞察を深めることを通じて、全体組織レベルでの目標を確認させ、それへのコミットメントを育成することを通じて、変革プログラムを進めていく (Beckhard and Harris [1977]、他)。

第2のメカニズムは、技術を媒介とする誘導的変革である。これは一見「中立的」もしくは「進歩的」な技術を導入することを通じて、文化の多様性を減らし、統一性を達成するために、人々に共通の言語で思考し、行動させようとする方法である。コンピュータとコミュニケーションが結びついた新しい情報システムを導入することで、それまでの仕事の仕方の背後にある前提を意識させ、それの変革を促す努力などが含まれる〔情報システムの導入が、組織文化の変容に与える影響については、アレンとスコット・モートン (Allen and Scott Morton [1994]) などの研究を参照せよ〕。

第3のメカニズムは、スキャンダルや神話を利用した変革である。組織が成長してくると、組織をいかに運営するかについての積極的なイデオロギーをつくり上げてくる。これはアージリスとショーン (Argyris and Schon [1978]) が「信奉された理論 (espoused theory)」と呼んだものであり、「タテマエ」としての管理・行動様式を示している。これに対し組織は「実効理論 (theory in use)」と呼ばれる現実の行動をより良く説明する「ホンネ」の管理・思考様式を形成

してくる。

　この「信奉された理論」と「実効理論」との間に矛盾が存在する場合に，スキャンダルによる変容メカニズムが利用される傾向がある。たとえば，「信奉された理論」（タテマエ）では「人事異動は本人の意志にもとづいて行う」としている組織が，「転勤を拒否したものは昇進させない」という「実効理論」（ホンネ）をもっているとしよう。この組織で上司に本人の望まない転勤を強要された管理者が，上司との会話のいきさつを詳しく記したメモを公に暴露することで，「実効理論」と「信奉された理論」との矛盾を明らかにすることができる。このように組織内部の者が，自分の望んでいる変革を誘い出すために，スキャンダルを工作したり，リークしたりすることが，文化の再検討を促すことがある。スキャンダルのこうした効果のため，一方で組織は，スキャンダルについてきわめて用心深くなり，それを罰する場合が多い。

　第4の変容メカニズムは，漸進主義（incrementalism）である。ある種の変革は，あらゆる機会を利用して組織を特定の方向に向かわせるよう，忍耐強く継続的に努力することが有効な場合がある。漸進主義とは，ある管理者の自由裁量の範囲内で小さな変革を少しずつ積み重ねていくことをいう。個々の意思決定は小さな変化しか生まないが，それぞれの決定が一貫して新しい組織文化へとバイアスを受けることから，結果として大きな変化を生むことがある。このようなリーダーは究極的にどこに到達したいかを知っていても，いきなり大変革には着手しない。組織を望む方向へ動かすためにむしろ小さな機会を求めて変革し，その成果をテストし，ときには偶然的事象を利用することに集中する。たとえば上級管理者の人事の場合で，新しい思考様式をもつ人々を少しずつ配置し，組織メンバーが気づいたときには，ほとんどすべての上級管理者が，新しい組織

文化の信奉者に変わってしまっているという場合がある。

以上のように組織の発達期には,経営者たちが組織文化問題を管理すべきかどうか,またいかに管理すべきかについて,最も広い選択の幅をもっている。したがって管理者は組織がどこにいて,どこに向かおうとしているのかを良く知る必要がある。もし,組織が激変する環境に直面している場合には,「強力」な組織文化よりも「柔軟な」組織文化を提唱すべきである (Kotter and Heskett [1992])。この組織文化の柔軟性は,文化の均一性よりも多様性に,また文化的プロセスを適用する際の緩やかさに依存している。

3. 成 熟 期

組織が提供する製品が陳腐化したり,市場が飽和状態になった結果,もはや成長できなくなったとき,組織文化の重要な部分が,ダイナミックで競争の激しい環境の中で機能障害に陥ってしまう場合がある。これは組織の年齢や規模,経営者の世代などよりも,むしろ組織のアウトプットと環境の機会や制約等との適合関係に依存している。しかし組織文化の変革という視点からみると年齢は重要な意味をもつ。長期間,環境適応に成功してきた組織は,その組織と環境との依存についての信念を再検討することもできないし,何らかの挑戦を受けても,既存の文化に固執する傾向がある。これが成熟期である。

成熟期の組織文化は,主要管理者が存続のための新しい戦略を理解することを妨げるフィルターのような役割を果たす (Donaldson and Lorsch [1983])。組織文化は非常に強力に組織メンバーの思考様式を制約しているので,たとえ外部コンサルタントが新しい戦略案を提案しても,組織メンバーはそれを理解することができなかったり,理解できる管理者がいても多くのメンバーの抵抗を受けたりしてしまう (Davis [1984], Kotter and Heskett [1992])。その結果,組織文化はイノベーションを妨げ,きわめて防衛的になってしまう。

この成熟段階では，何らかの方向転換（turnaround）を通じて組織を再び適応的にするよう文化の諸部分を抜本的に変換するか，または合併や買収あるいは破産手続きを通じて，組織とその文化を破壊するか，基本的な選択はこの２つしかない。いずれの場合も，このプロセスを実行するには，新しい強力な変革管理者が必要である。そして変革を実施する前に，変革を受け入れることができるよう強制的に準備を整えなければならない。

　成熟期の組織文化変容メカニズムの第１は，強制的説得（coercive persuasion）である。

　これは，古い組織文化が機能障害を起こしつつ，なお組織メンバーがそれに強力に固執しているという状況で変革を遂行するために，まず逃げ道を断ち，その上で心理的安全を保証しつつ，古い思考様式を否認する力を強めていく方法である。適切なインセンティブを与えることで，組織に残ってほしい人々が退社しにくい状態を確保し，一方で彼らがもつ古い思考様式を一貫して批判する。他方，新しい思考様式に向かって動いている証拠が少しでもあれば，それを一貫して支持し，十分な報酬を与えることで一種の心理的安全を与えていくのである。

　第２の変容メカニズムは方向転換である。これは変革管理者または変革エージェントのチームが，これまで述べてきた変容メカニズムを組み合わせて，組織文化を抜本的に変革するメカニズムである。まず初めに変革への動機づけとして，組織の生存を脅かす外的現実や，支配的経営者集団による新しい洞察と計画を使い，強制的説得などを通じて，組織メンバーに過去の思考・行動様式が陳腐化していることを認識させる。次に組織文化の一部を再検討し変革することに伴う不安に組織メンバーが堪えられるよう，十分な心理的安心感を与えつつ，新しい文化を築き上げていく。これは，教育，指導，

強制，組織構造やプロセスの変更，新しい文化の学習状況に対する不断の関心，学習実績への適切な報酬，新しいスローガンや物語・神話・儀式の創造などを通じて行われる。

最後の変容メカニズムとしての再組織，破壊，新生は，とりわけ激しい苦痛を伴うメカニズムであるため，通常は意識的戦略として使われることは少ない。しかし，既存の組織文化があまりに強固で，組織が生存の危機に瀕しても，なお変わりにくいとすれば，その組織文化を無理に変える努力をするよりも，組織自体を破壊して新しい組織をつくった方が容易かつ低コストの場合がある。組織文化の担い手である組織自体を破壊すれば，組織文化もまた破壊される。新しい組織は，自ら新たな文化を構築しはじめることになる。

4 比較静学モデルのまとめ

この章で示した3つの比較静学モデルは，いずれも組織が順調に発展していく場合，そこに段階的な発展パターンが見出されることを示している。これらのモデルとはまた，組織の成長発展が，第1に経路依存性をもっていること，第2にある段階から次の段階へと組織を変革していく経営者の能力に依存していることを示している。

▶ **経路依存性**

その意味で企業成長・発展過程には，現在および将来の経営資源の蓄積と事業展開が，多かれ少なかれ，どのような活動を過去に行ってきたかに依存するという「経路依存性（path dependence）」がみられる。

それが組織の規模の拡大によるものであろうと，組織の戦略行動の変更に伴うものであろうと，組織は決して自然に発生していくわ

けではない。それぞれの段階で組織を能率的に管理し，さらに次の段階へと進んでいくプロセスは，生存のための意図的な営為である。組織が直面する諸問題は，外部環境の諸条件の変化だけでなく，その組織の過去の歴史によっても規定されている。経営者は，歴史が繰り返すからではなく，それが現在の組織の諸問題を生み出しているからこそ，歴史を知らなければならない（Greiner［1972］，稲葉［1979］）。

▶組織の成長と経営者サービス

協働体系が成長していく過程で獲得・蓄積された経営諸資源を，有効かつ能率的に活用できるか否かは，組織を通じて管理する経営者の能力に依存している。この経営者の能力は，彼らの個人的能力だけでなく，その組織の構造や，管理システムに依存している。経営者の提供するサービスは，既存の経営資源を管理・運営するサービスと，新しい経営資源の獲得・蓄積を計画し，組織を変革していくサービスとに分けて考えることができる。経営者サービスを成長の計画に割当てることができるか否かは，既存の組織のあり方によって決まるから，結局のところ，協働体系の成長は，組織の構造や管理システムに，大幅に依存していることになる。組織構造や管理システムが，既存の経営資源や環境に適合していれば，成長のために利用することができる経営者サービスをより多く確保できるからである。したがって，組織の成長率は，こうした経営者サービスの成長率とその利用可能性の関数である（Penrose［1959］）。

この章で示した一連のモデルは，組織の成長・発展過程を，ある段階の状態から別の段階の状態への推移として記述している。その意味で「比較静学モデル」と呼ぶことができる。

しかし第2章でみたように現実の組織は「状態」ではなく「プロ

セス」であり，比較静学モデルで「状態」とされた中でも組織は存続に向けてさまざまな変化を生み出している。またある段階から別の段階への推移も，さまざまな組織的努力が進行するプロセスなのである。組織のダイナミックな発展段階を理解するには，こうしたプロセスの視点から，より動学的に記述するモデルが必要である。次章ではこうしたモデルとして，「組織学習論」を取り上げる。

● 参考文献 ●

Allen, T. J. and M. S. Scott Morton [1994], *Information Technology and The Corporation of The 1990s : Research Studies*, Oxford University Press.

Argyris, C. and D. A. Schön [1978], *Organizational Learning*, Addison-Wesley.

Bartlett, C. A. and S. Ghoshal [1989], *Managing Across Borders : The Transnational Solution*, Harvard Business School Press.

Beckhard, R. and R. T. Harris [1977], *Organizational Transitions : Managing Complex Change*, Addison-Wesley.

Chandler, A. D. [1962], *Strategy and Structure*, MIT Press. (三菱経済研究所訳『経営戦略と組織』実業之日本社, 1967)

Davis, S. M. [1984], *Managing Corporate Culture*, Harper & Row. (河野豊弘・浜田幸男訳『企業文化の変革』ダイヤモンド社, 1985)

Donaldson, G. and J. W. Lorsch [1983], *Decision Making at The Top, The Shaping of Strategic Direction*, Basic Books.

Galbraith, J. R. and D. A. Nathanson [1978], *Strategy Implementation*, West Publishing. (岸田民樹訳『経営戦略と組織デザイン』白桃書房, 1989)

Greiner, L. E. [1972], "Evolution and Revolution as Organizations Glow," *Harvard Business Review*, July-August.

Kimberly, J. R. and R. H. Miles [1980], *The Organizational Life Cycle*,

Jossey-Bass.

Kotter, J. P. and J. L. Heskett [1992], *Corporate Culture and Performance,* The Free Press.（梅津祐良訳『企業文化が高業績を生む』ダイヤモンド社，1994）

稲葉元吉 [1979]，『経営行動論』丸善。

伊丹敬之 [1984]，『新・経営戦略の論理』日本経済新聞社。

Lawrence, P. and J. Lorsch [1967], *Organization and Environment,* Harvard University Press.（吉田博訳『組織の条件適応理論』産業能率大学出版部，1977）

March, J. G. and H. A. Simon [1958], *Organizations,* John Wiley & Sons.（土屋守章訳『オーガニゼーションズ』ダイヤモンド社，1977）

Merton, R. K. [1968], *Social Theory and Social Structure,* enlarged ed., The Free Press.

Penrose, E. T. [1959], *The Theory of the Growth of the Firm,* Basil Blackwell.

Quinn, R. E. and K. Cameron [1983], "Organizational Life Cycles and Shifting Criteria of Effectiveness : Some Preliminary Evidence," *Management Science,* Vol. 29, No. 1.

Schein, E. H. [1985], *Organizational Culture and Leadership,* Jossey-Bass.（清水紀彦・浜田幸雄訳『組織文化とリーダーシップ』ダイヤモンド社，1989）

Scott Morton, M. S. [1991], *The Corporation of The* 1990*s : Information Technology and Organizational Transformation,* Oxford University Press.（宮川公男・上田泰訳『情報技術と組織変革』富士通ブックス，1992）

Stopford, J. M. and L. T. Wells [1972], *Managing The Multinational Enterptise,* Basic Books.（山崎清訳『多国籍企業の組織と所有政策』ダイヤモンド社，1976）

Column ④ 組織のデモグラフィー

組織の成長・発展に伴って変化する重要な特性に，組織デモグラフィー（organizational demography）がある。組織デモグラフィーとは組織メンバーの構成に関する特性で，年齢，性別，教育水準，在職期間，居住期間，国籍や人種など，いわゆる人口統計学的な属性によって測定される。

組織デモグラフィーの分析上重要な概念に，「コーホート（cohort）」がある。これはある組織に同時期に加入した人々の集団を意味する。一般に組織への加入年次の類似性が高ければ，メンバー間のコミュニケーションの頻度は高くなり，そのコーホートの凝集性は高くなる。また，コーホート間のデモグラフィックな特性の差が大きいほど，コーホート間のコミュニケーション頻度は低くなり，世代間ギャップが生じやすくなる。

長期的雇用慣行が一般的である日本の企業組織と，そうした慣行がない米国企業では，組織のデモグラフィックな特性が異なる。いわゆる日本的経営と呼ばれる経営慣行や従業員の高い忠誠心等は，日本企業の組織デモグラフィーによってかなり説明される。また，戦後のベビーブーム期に生まれたいわゆる「団塊の世代」は，組織の中で特定のコーホートの規模が突出する現象を生み出した。その影響は，組織のさまざまな特性に及ぶと考えられる。

ある組織のデモグラフィーは，組織のメンバー構成を変えるような採用，成長，離職等のデモグラフィック・プロセスによって変化する。組織のデモグラフィーは，基本的にゆるやかに変化するから，長期間にわたって組織の経営を拘束し，変革への抵抗要因となることもある。しかし，雇用機会均等法のような法制度の制定，転職市場の形成，合併や海外進出を通じた急速な組織規模の拡大などは，組織のデモグラフィーを急激に変えることもある。

(Pfeffer, J. [1983], "Organizational Demography", in L. L. Cummings and B. M. Staw eds., *Research in Organizational Behabior*, Vol. 5, JAI Press)

第14章 組織学習と変革

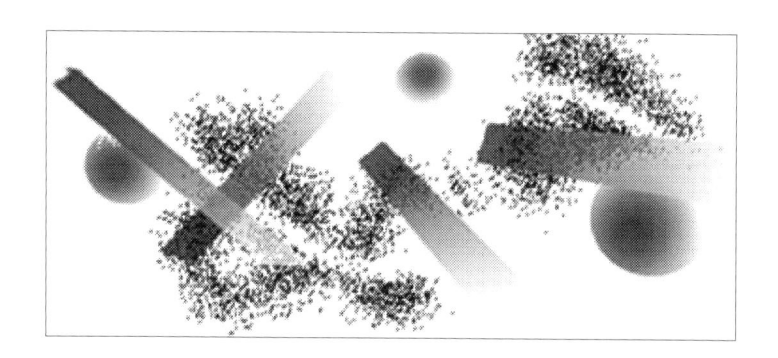

　この章では組織の成長・発展段階での根底にある動学的メカニズムとして，組織学習の概念を導入し，組織を抜本的に変革することがなぜ難しいのかを論じる。

　まず最初に，前章の比較静学モデルを基礎に，組織の発展の「断続的均衡モデル（Punctuated Equibrium Model）」を紹介し，組織発展過程が，漸次的進化と革新的変革の組合せによって記述できることを明らかにする。次に組織学習の概念を導入し，なぜ組織学習が漸次的進化プロセスを促進し，革新的変革を排除するのかを示していく。最後に抜本的な組織変革（革新的変革）に対する抵抗と障害について論じていこう。

1 組織発展の断続的均衡モデル

前章の比較静学モデルから明らかなことは，組織の発展プロセスはそれぞれの段階における漸次的進化過程（incremental evolution process）と，ある段階から別の段階に飛躍する革新的変革過程（radical revolution process）という2つのタイプの変化プロセスが交互に組み合わさって記述されるということである（Tushman and Romanelli [1985], Tushman, Newman and Romanell [1986]）。

▶**漸次的進化過程**

漸次的進化過程とは，比較静学モデルにおける各々の安定的段階において進行する連続的な変化プロセスである。組織の戦略，構造，文化，人員，プロセスの間の適合関係は，決して完全ではあり得ない。したがって，比較的安定した段階といっても，現実には絶えず漸次的な修正や改善が行われ，組織は変動している。

成長期を経て成熟期に達した企業組織は，一定以上の有効性（effectiveness）と能率（efficiency）を達成しつつ，安定的な組織均衡を維持している状態にある。また組織内部では，こうした組織均衡を維持するために，能率が十分満足のいく水準に達するよう組織化されている。すなわち，組織と外部環境の間に確立された関係と，組織の内部環境との間には，安定的な整合性が成立している。

ここでいう安定的整合性とは，環境と組織との関係がまったく変化しないということを意味するわけではない。現状に満足している参加者でも，希求水準は時間とともにゆるやかに上昇する。したがって，現在の組織と戦略が，現在の環境に適合していて，かつ環境の変化が予測可能な範囲内にあれば，組織はそれに適応するために，

現在の戦略や構造を基本的に維持しつつ、インクリメンタルな調整をしていく必要がある。ここで行われる革新は目標が明確で、組織の戦略、構造、文化、人員、プロセス間の整合性（congruence）を改善し続けることを目的としている。一般にはすでに行われている職務をベースに、それをより能率的なものにしたり（fine tuning），環境の小さな変化に適応的に調節（adjustment）していく継続的改善の積み重ねである。

▶革新的変革過程

漸次的進化過程は経済が安定的に成長している状況や、技術革新が既存のパラダイムのもとでインクリメンタルに進行する時期に現れる。しかし、経済や技術が急激に変化し、既存の組織の生存を危うくするような不連続な環境変化が現れると、組織を微調整していくというシナリオが、不適当になり、場合によっては危険ですらある。

革新的変革は、発展過程の特定の段階にある組織が危機に直面し、別の段階へと移行していく不連続な変化を意味する。法的、政治的、技術的な変化に伴う産業の不連続な変化、既存のドメインでの成長の限界や組織規模の拡大等の理由によって、組織は新しい戦略、組織構造、組織プロセスを構成しなければならない場合がある。こうした変革は、既存の組織の延長線上に、というよりも、それとは不連続な、新しい組織の再構築を必要とする。

結局、優れた組織の長期的な発展プロセスは、比較的長期に安定した漸次的進化過程の期間と、そうした均衡を打ち破り組織全体を再構築する不連続な革新的変革過程、そしてその後再び訪れる漸次的進化過程によって描き出されていく。したがってこうした漸次的進化過程と革新的変革過程のダイナミックなバランスをとることが、変革をマネジメントする経営者にとって最も重要となる。

2 組織学習論

1. 組織学習の概念

個人が経験から学習するように，組織もまた学習する。一般に「学習」という概念を「問題解決」と区別して用いる場合，それは有機体の潜在的行動能力に起きた変化が，多かれ少なかれ永続的に定着することを意味する。たとえばある企業が特定の製品開発に成功することと，その企業の製品開発能力そのものの向上との間には，明確な差が存在することを意味している。前者は既存の製品開発能力のもとで行われる問題解決であるのに対し，後者はここでいう「学習」に相当する。

組織の行動能力は，組織のもつルーティンに依存している。したがって組織学習は，組織がもつルーティン（行動プログラム）の変化プロセスとして定義される（Cyert and March [1963], Hedberg [1981], 他）。組織ルーティンは，公式の文書として制度化されている諸規則・手続き，組織構造だけでなく，メンバー間に暗黙のうちに共有されている組織文化や，個人の頭脳に記憶されている知識等の形態をとっている。また組織ルーティンには，企業組織の成果の観点からみた合理性に根拠をもつものもあれば，メンバー間で社会的に正当だと考えられている信念に基礎をおくものもある。

組織の適応能力は，組織ルーティン（行動プログラムや組織文化等）の体系として理解することができる。ある時点での組織の能力は，その組織がもつルーティンのレパートリーによって決定される。組織の短期適応とは，こうしたルーティンのレパートリーによって遂行される問題解決活動を通じて行われる適応である。これに対して，組織のもつルーティンそのものの変化を伴う適応は，長期適応とい

われるが,「組織学習」とは,こうした組織の長期適応に対応する概念である。

2. 組織学習の基本的メカニズム

組織の学習は,2つのタイプの学習メカニズム,すなわち「積極的問題解決学習」と「不安除去学習」を通じて行われる(Schein[1985])。積極的問題解決学習とは,正の効用をもたらす知識の学習を意味する。ある解決案が組織の直面する重要な問題を解決することができれば,その解が後に喚起・使用される可能性は高くなる。さらに組織内で自動的に行動を引き起こす「プログラム」として保持されていく。こうして強化された学習結果は,その解決案の前提となっていた当時の仮定や知識などとともに,その組織に「当然のこと」として受け取られるようになる。

一方,不安除去学習は,その動機づけの基盤や学習メカニズムの点で,積極的問題解決とは異なる。何らかの原因によって脅かされているといった恐怖感や,何が起きているのか,これからどうなるのかわからないといった認知的失見等から生じる苦痛・不安の軽減が,この学習の基本的動機である。われわれはこうした苦痛・不安を除去,軽減,回避するような知覚や思考・行動様式や感情を学習する。すなわち不安除去学習は,負の効用を除去するための知識の学習を意味する。

このような不安除去学習は,一回とか少数の経験だけでもしばしば強化される。ひとたびある行動が不安回避に成功すると,その不安のもともとの原因がなくなった後も,その行動は際限なく自動的に繰り返される傾向がある。これは,その行動をやめると再び不安が訪れるかもしれない,という「恐怖症」の基礎的メカニズムである。苦痛・不安を生む状況を避けようとして学習した儀式,思考様式,信念および根源的仮定は,たとえ不安の原因がなくなっても,

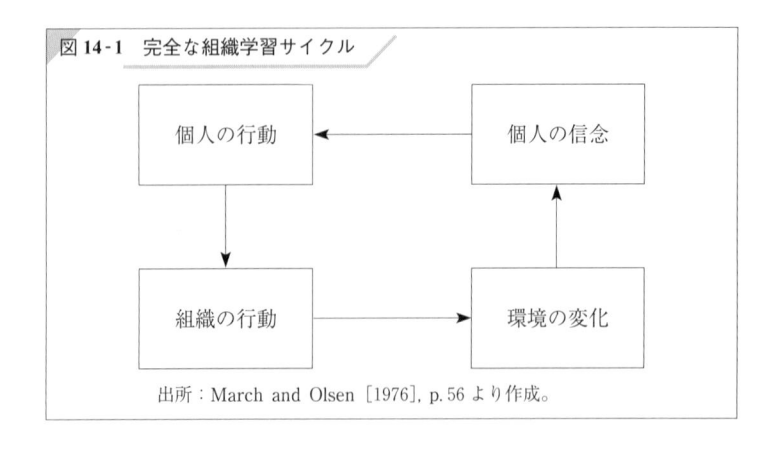

図14-1 完全な組織学習サイクル

```
個人の行動  ←————  個人の信念
   ↓                   ↑
組織の行動  ————→  環境の変化
```

出所：March and Olsen [1976], p.56 より作成。

きわめて安定的に保持される傾向がある。

3. 組織学習サイクル

通念では，私たちは学習メカニズムについて，「高い成果をもたらす知識は，より頻繁に使われ，低い成果しかもたらさない知識は捨てられ，新しいものに取って代わられる」と考えている。したがって，組織学習は，第1に組織の行動と成果との関係についての情報の解釈を基礎に行われる。第2にそうした解釈が，組織知識や組織の行動の修正，変更を導くことができるかに依存している。

組織学習は，次のようなサイクルを通じて行われる（March and Olsen [1978]）。基本的に組織学習は，組織メンバーをエージェントとして行われる。まず，ある組織行動がもたらした結果を観察・分析した結果，個人レベルの信念・知識に修正が加えられる。個人が学習した成果は個人レベルの行動の変化を促し，それが組織レベルでの行動の変化をもたらし，それに伴って，組織は新しい行動を展開する。その結果が環境での優れた成果に結びつけば，組織における個人の信念は強化される。一方，もし低い成果しかもたらされな

い場合には，その信念は棄却され，新しい信念が形成される契機となる。

しかし後に述べるように，組織学習は，こうしたメカニズムで説明できるほど単純ではないところに重要な特徴がある。現実の組織をみればわかるように，現在の環境に適さない行動を展開したり，誤った判断をすることがある。ときには現業の従業員が明らかに間違っていると思っている行動を，トップの命令によって継続する場合すらある。こうした学習の失敗こそ，合理性に限界のある組織の基本的特徴であるということもできる。

4．組織学習のレベル

組織学習には，基本的に2つの異なるレベルのものがある。すなわち「低次学習（lower-level learning）」と「高次学習（higher-level learning）」である（Fiol and Lyles [1985]）。ここで重要なことは，異なるレベルの組織学習は，同じメカニズムでは学習できないという点である。低次学習には，単なる行為の繰り返しや部分修正，シングル・ループ学習などが含まれる。高次学習には，全体組織に影響を与える学習やダブル・ループ学習，規範・認知枠組・根源的仮定の変化等が含まれる。

「シングル・ループ学習（single-loop learning）」とは，所与のコンテキスト（与えられた目標や制約条件の集合）のもとで，手段行動のエラーのみを修正する「サーモスタット」のような学習をいう（Argyris and Schone [1978]）。一方，前提となる価値，目標，政策などのコンテキストそのものの修正を伴う学習を「ダブル・ループ学習（double-loop learning）」という。さらにダブル・ループ学習がもたらす「学習することを学習する」というプロセスを，「第2段階学習（deutero-learning）」と呼ぶことがある。

組織発展の継続的均衡モデルとの関係でいえば，漸次的進化過程

表 14-1　学習のレベル

	低次レベル	高次レベル
特徴	・繰り返し行われる ・ルーティン ・具体的職務，規則，構造のコントロールの範囲内 ・よく理解されたコンテクスト ・組織の全レベルで起こる	・ヒューリスティックスや洞察による学習 ・非ルーティン ・コントロールできない問題に対処するために新しい構造・規則等の開発 ・曖昧なコンテクスト ・多くの場合組織の上位レベルで起こる
結果	・行動として現れる	・新しい洞察，ヒューリスティックス，合意の形成
例	・公式の規則の制度化 ・マネジメントシステムの制度化 ・問題解決スキルの向上	・新しいミッション，方向の定義 ・新しい条件の設定 ・問題を認識・定義するスキル ・新しい物語，神話，文化の創造

を支配するのが低次学習であり，革新的変革過程は高次学習に相当する（表14-1）。

「組織学習」の概念は，基本的に価値中立的であり，それは組織の成果に正の貢献をするか，負の貢献をするかとは直接因果関係をもっていない。またそれは組織発展の全プロセスを通じて，すなわち漸次的進化過程と革新的変革過程を通じて，それらの根底に進行しているプロセスである。

しかし，これまでの組織学習に関するさまざまな研究は，基本的に組織学習サイクルが不完全になる傾向があること，シングル・ループもしくは低次学習が促進される傾向が強いことを明らかにしてきた（桑田［1993］，［1994］）。組織学習のこうした特性のために，組織の発展過程では，基本的に漸次的進化過程はより強い慣性をも

ち，一方で革新的組織変革は非常に困難になることが明らかになる。

3 安定的段階における組織学習

　安定的段階における組織学習が，不完全な学習サイクルとなり，結果として低次レベルの組織学習が中心となる基本的理由は，この時期に展開される組織構造の精巧化（elaboration）と密接に関係している。企業組織は規模の成長に伴い，垂直的および水平的に分業関係が進展し，「階層化」，「専門化」と「規則の制度化」を導くことになり，組織は，多数の専門化された部門から構成される安定的な存在になる。環境と組織の戦略や構造，組織文化やプロセスの間には，一貫した整合性がみられる。

　このような特徴をもつ安定的段階では，組織学習サイクルは次の4つのパターンに示すように，不完全なものになる傾向がある（March and Olsen [1976]）。それらは，役割制約的学習，迷信的学習，傍観者的学習，曖昧さのもとでの学習である（図14-2）。

1．役割制約的学習

　管理規則・組織内諸手続き体系の整備は，組織知識の制度化を促すため，組織学習を役割制約的なものにする。「役割制約的経験学習（role constrained learning）」とは，個人の信念の変化が行動の変化に結びつかないケースである（図14-2(a)）。複雑な組織では，個人の自由な行動を抑制するようなさまざまな制約が存在する。

　標準業務手続きや罰則規定，所属集団の集団圧力等のために，組織内で個人は，自己の信念に反するような行動を余儀なくされることがある。このような場合，個人レベルではある種のルーティンが適当でないことを知っていても，組織レベルでそうしたルールが適

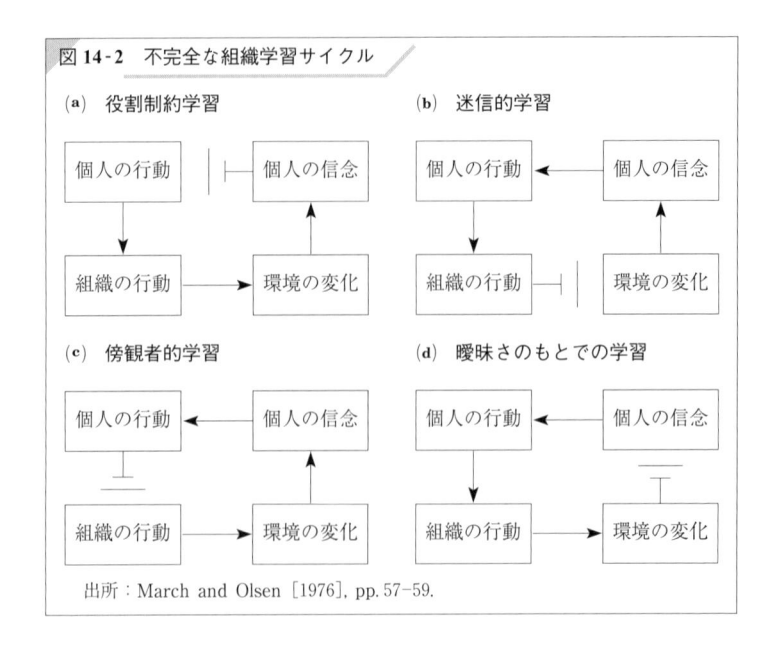

図14-2 不完全な組織学習サイクル

(a) 役割制約学習

個人の行動 —┤ 個人の信念
↓   ↑
組織の行動 → 環境の変化

(b) 迷信的学習

個人の行動 ← 個人の信念
↓   ↑
組織の行動 ─┤ 環境の変化

(c) 傍観者的学習

個人の行動 ← 個人の信念
↓   ↑
組織の行動 → 環境の変化

(d) 曖昧さのもとでの学習

個人の行動 ← 個人の信念
↓   ↑
組織の行動 →┤ 環境の変化

出所：March and Olsen [1976], pp.57-59.

用され続けることになる。

2．迷信的学習

第2は，迷信的学習（superstitious learning）である。これは組織の行動と環境の反応とが断絶している状況で発生する（図14-2(b)）。すなわち組織の行動が，環境の反応とは無関係に展開される場合である。たとえば，売上高の低下に対し，広告・宣伝費の支出増加という行動をとる場合，実際には景気の回復や競争相手の失敗によって売上高が伸びても，その組織メンバーは，「広告宣伝費の支出増は，売上高の上昇をもたらす」という信念を強化するようなケースがある。

組織の成熟化に伴って，組織の根源的仮定が具体的なルーティンとともに組織メンバーに内面化され，制度化されてくると，現在の戦略志向にとって有効で効率的なコミュニケーションが可能になる

が，一方で組織に新たな認識をもたらすような変化に関する情報のコミュニケーションは困難になる。したがって，環境に直接関わる組織メンバーが，環境からの新たな要求を認識することができても，それを組織の他の部門，特に戦略・政策決定責任単位に伝達できる可能性は低くなる。結果として，組織学習が特定の組織単位や個人レベルにとどまり，組織全体の戦略転換や高次学習に結びつく可能性は低下する。

3. 傍観者的学習

階層的システムは，局所的な適応行動の変化が，システム全体には波及しないようにつくられている。その意味で階層的システムは，きわめて柔軟で適応力の高いシステムとなる。しかしその反面，環境の変化が，組織部門間の壁を越えた意思決定を必要とするような不連続で大きなものである場合，全体組織を再構成することに強い抵抗を示す可能性も増大する。

このように学習サイクルにおいて，個人もしくは一部門の行動と組織全体の行動との結びつきに断絶が生じている場合は，「傍観者的学習（audience learning）」といわれる（図14-2(c)）。個人は学習し，それにもとづいて行動するが，それが組織の行動には活かされない。たとえば，画期的な新製品を発明した個人研究者の業績でも，その事業計画が取締役会で採用されない場合には，その企業の新しい戦略行動の展開には結びつかない。

傍観者的学習は，下位文化が形成されてくるということとも関係する。専門化された各組織部門は，専門化された職務にのみ関係するため，メンバーの注意の配分（allocation of attention）も限定された領域に集中し，下位組織文化を形成していく。組織メンバーの注意は，基本的に直接の帰属集団に向けられる傾向があるため，組織学習は主に低次学習を中心に行われる可能性が高くなる。

この下位文化は，その部門内でのみ通用する言語を発達させるばかりでなく，その部門独特の思考・認知枠組を構成する。このようなサブ・カルチャーの形成と組織メンバーのそれへのコミットメントが強くなるにしたがって，異なる下位文化をもつ部門間コミュニケーションは，相対的に困難となる。組織全体に新しい解釈をもたらすような情報は，必然的に複数の部門が関わって解釈する必要があるが，組織部門間のこうした「カベ」が存在するために，組織学習は局所的なものに限られる傾向がある。

4. 曖昧さのもとでの学習

　第4は「曖昧さのもとでの学習（learning under ambiguity）」である（図14-2(d)）。これは，組織の行動がもたらした環境の変化を，組織メンバーが適切に解釈できず，結果として個人の信念が修正されない状況である。一般に，組織は環境の状況を絶えずモニターする手続きをもっているが，その手続きに合致しない情報は入手することができない。曖昧な情報は主観的な推測を込めた憶測によって解釈される傾向がある。心理学で使われるロールシャッハ・テストのように，曖昧な事象に直面すると，個人はあらかじめもっている自己の認識枠組に則して，それを解釈する傾向がある。このような場合，実は個人は環境の客観的な姿を見ているのではなく，鏡の中に映し出された自身を見ているのである。その結果，環境の反応は個人の信念の修正には結びつかない。

　成熟した組織において，新しい解釈が必要とされる情報のコミュニケーションが困難になる。前述したように成熟期に達した組織は，その組織内でのみ通用する用語等のコードを開発し，発達させている。こうしたコード化が，既存の枠組内でのコミュニケーション能率を高める。しかし一方で，これらのコードにのらない情報は，組織にとって無視される結果となる。組織の能率が多かれ少なかれ

コード化に依存しているとすれば,組織は本質的に新奇性の高い情報を伝達・処理する能力が低いといえる(Arrow [1974])。そのことが新しい意味・解釈をもたらす可能性のある情報が伝達される可能性を低下させる。そのようなコミュニケーション・メディアの貧困さの結果,たとえ個人レベルで環境の変化について学習できても,それを組織全体の政策に反映することができなくなる。

　このように組織学習は基本的には,不完全な学習サイクル,もしくは低次学習となる傾向をもっているため,組織は漸次的進化過程に強い慣性をもつことになる。しかしこれは,変化がまったく生じないということを意味するわけではない。マーチ(March [1991])が指摘するように,よく組織された企業では,新戦略の展開や新製品の開発,新しい部門組織の創設など,さまざまな「変化」が観察されうるが,そのほとんどは既存のルーティンによって生み出されたものである。組織はそうしたルーティンの体系であり,このように行動を生成する主体(action generator)としてみることもできるのである。

4 戦略的組織変革への障害

　成熟期に達した企業組織は,一定水準以上の有効性と能率を達成しつつ組織均衡を維持している。しかし環境が不連続な変化を起こしたとき,その組織の既存のルーティン体系が新たな環境に適さなくなり,従来の組織能力,すなわち既存の思考様式にもとづく戦略行動の展開では業績が悪化する危険がある。かかる問題を克服し,企業組織を新たな成長軌道に乗せていくためには,企業は自らのビジネスを定義し直し,環境との関係を抜本的に再構築していく必要

が生ずる。そのためには経営戦略,組織構造・文化,組織プロセス,管理システム,人員などの抜本的な変革,すなわち革新的変革が要求される。このような組織の革新的組織変革の成否が,その組織の長期的な成長・発展の可能性を決定する。

　逆説的だが,成熟期にある企業組織の高い能率,有効性を可能にしている特徴それ自体が,革新的組織変革への重大な抵抗や障害となって機能する可能性が高い。第1に変革には,既存の行為を継続する場合には現れないコストが伴うからである。第2に,組織は変革の必要性を認識することができない可能性があるからである。第3に,たとえ業績が悪化しても,なお既存の行為を継続しようとする強い力が作用するからである。

1. 継続と変革

▶埋没コストと継続

　革新にはコストがかかる。革新のコストは,その原因が何であれ,既存のプログラムの継続を促す傾向がある。

　革新のコストの典型は,「埋没コスト(sunk cost)」である。埋没コストは,現在のプログラムを継続している限り発生しないコストでありながら,それを捨てて新しいプログラムを採用する場合に発生するコストである。たとえば,ある製品を生産・販売している企業が,その製品の販売をやめて新製品を生産・販売する場合を考えてみよう。この企業は既存の製品の生産・販売のために,それに適した工場・機会・設備をもち,組織メンバーを教育し,販売チャネルに投資をし,ブランドを確立するための広告・宣伝費を投入してきている。こうした費用は,その製品の生産・販売を続ける限り,売上や利益に結びつく資産である。しかし,新しい製品に転換する場合には,そうしたこれまでの投資が無駄になるだけでなく,新製品開発コストや新たな工場・機械設備の購入,従業員教育,販売チャネルやブランドの確立に必要なコストなどがかかることになる。

こうした従来の行為を続けていれば発生しないコストが，埋没コストである。

こうした埋没コストは，組織が現在の状況にとどまる限り発生しないため，一般に組織はできる限り現在の戦略・構造に執着する傾向がある。

▶外部環境へのロックイン

漸次的進化プロセスにおける組織学習を特徴づけるのは，高い安定性と強力な慣性である。安定性と慣性が強く作用するのは，第1に，組織が矛盾した要求をもつ利害者集団からなる外部環境に組み込まれているからであり，そして第2に，一定以上の業績を上げていれば，あえて不連続な変革をもたらすような探索を行わない傾向があるからである。

利害関係組織は，外部からのその企業の戦略決定に影響を与え，コントロールするさまざまな手段をもっている。多くの利害関係組織は通常，すなわち安定した組織均衡状況下では，そうした影響力を行使しない傾向がある（Gordon [1961]）。環境を構成する利害関係組織にとって，現在の組織均衡の変革は，既得権益の喪失を意味するからである。一方で，自らの利益が失われる可能性のある戦略行動に対しては，彼らはさまざまなルートを通じて影響力を行使し，変革に強力な抵抗を示す可能性が高くなる。安定した状況では，組織にとって所与の条件として考えられていた環境要素から，あるいは物言わぬサイレント・マジョリティから，変革に対する大きな抵抗を受ける。こうした抵抗は，結果として当該組織が変革を行う際の自由裁量の範囲を大幅に制限してしまう。こうした組織と外部環境との整合性は，インクリメンタルな変化以外のあらゆる変革に対して，強い抵抗要因となる。

2. 戦略的近視眼

第1に，現在の組織の知識は，戦略的近視眼（strategic myopia）を生み出す傾向がある。組織の知識は，組織内のさまざまなルールや手続きとして具体化されている。とりわけ外部環境の変化に関する情報を集め，処理する手続きは，組織が直面する環境の多様性，不確実性を除去するための重要なルーティンであり，組織の認知的解釈枠組を構成している。こうしたルーティンがあるため，情報処理能力に限界がある企業の管理者は，情報のオーバーロードに悩まされることなく，組織を管理することができる。

しかしこれらのルーティンは，基本的に現在のビジネスを管理・運営するために構築されているので，それに直接関係をもたない情報やデータは排除される傾向にある（Lorsch [1986]）。その結果，管理者が戦略的変革の必要性を示す外部シグナルに注目する可能性は低くなる。

また組織の知識が，組織内手続きとして整備されていればいるほど，管理者はそれらに依存し，現在のビジネスに関する情報しかみなくなる傾向がある。現在のビジネスををより良く管理するために，関連情報を多く処理しようとするので，結果として，それだけで彼らの情報処理能力をフルに使い切ってしまうことになる。

▶有能さのワナ

企業組織および環境を構成している諸組織は，成熟段階にある組織均衡状態から，満足水準を超過する十分な利潤を得ている。このように不満がない状況では，彼らは現状を変更する可能性を探索したり，そうした変革を実行しようとする十分な動機をもたない。

これはレビットとマーチ（Levitt and March [1988]）によって「有能さのワナ（competency trap）」と名づけられた現象である。あるプログラムや戦略知識が，希求水準を越えるような成果をもたらすと，

そのプログラムや戦略はますます使用されるようになる。その一方，現在のプログラムや戦略よりも優れたものを探索しようとする動機づけは失われる。その結果，組織は現在の能力で希求水準を越えることができるならば，もっと優れた能力をあえて学習しようとはしない。

この「有能さのワナ」は，組織の適応行動に強力な慣性を与えることになる。

3. 業績悪化への組織的反応

一般に業績の悪化は，現在の行為の前提となっている知識の有効性を否定し，組織変革へと経営者を動機づけるものとして信じられている。過去に失敗した戦略にしがみつくのは，非合理的で，あまり起こり得ないと考えられている。しかし，このことは決して自明ではない。

▷コミットメントの上昇

現実の組織学習に関して，低業績や失敗の後でさえ，従来の戦略行動や知識が強化される場合があることを示す研究が少なからずある。ストウ（Staw [1981]）は失敗経験が引き金となって，過去の戦略に対するコミットメントの上昇（escalation of commitment）が，心理的反応として起こりうることを示した。これには，次のような4つの理由がある。

第1に，失敗に対する責任を認めることは，心理的コストを増大させる。これは一種の認知的不協和現象で，この心理的コストは，実際に行為を変更した場合に生じる埋没費用とともに，管理者をして，新しい行為への変更よりも，従来の行為へコミットさせることになる。

第2に，損失が生じた場合，人々は多少リスクを冒しても，その損失の埋め合せをして，全体の利得では損失が発生しないように努

力する。これは損失を埋没費用にしたくないからである。その結果，組織は今度こそは成功するだろうという期待をもって，従来の戦略を追い続けることがある。

第3の理由は，失敗によって損失が生じ，環境から脅威がやってきた場合，組織は新しい対応策よりも，従来慣れ親しんできて，経験も豊富な対応の方を選択する傾向がある点に求められる。こうして，失敗経験は管理者に損失や脅威を与えるからこそ，むしろ既存の行動へのコミットメントが上昇するという反応が起こるのである。

第4に，もし管理者が適切なデータを入手することができても，そのデータを解釈する認知枠組は，既存の組織文化に依拠しているために，それらの重要性を過小評価してしまったり，不適切な解釈をする可能性が高い。このような傾向は，行為－結果の因果関係が曖昧な状況下では，さらに増幅される。曖昧な状況下で人々は，失敗の原因を，内部ではなく外部環境へ帰属させる性向をもっている。これは認知的不協和を避けようとするためであり，組織メンバーは，失敗の原因・理由が外部環境にあることを立証するような情報を収集しようとし，また不利な情報は無視しようとする。こうして「運が悪かっただけだ」という形で失敗を処理したり，将来については逆に希望的観測を行ったりする。

組織の低い成果を外部に対して説明する責任があると感じている管理者について，失敗がその人の任期中に起こった場合には，以上のような傾向は特に強く作用するだろう（Pfeffer and Salancik [1978]）。外部環境にあって組織に貢献を提供している構成者集団に組織成果の説明をする責任をもっているのは，上級経営者層であるからこうした認知的バイアスを自らにかけてしまうのも，この上級経営者たちが中心となる。

▶「ゆでガエル」シンドローム

　業績悪化時期にみられるもうひとつの重要な命題は，希求水準自体の適応，いわゆる「ゆでガエル」現象である。業績が希求水準を少し下まわると，満足度が若干低下し探索量を増やすが，第2次的には希求水準そのものを若干低くすることによって適応しようとするかもしれない。ヴァン・デ・ヴェン（Van de Ven [1986]）はベイトソンのゆでガエル寓話を引用して，この様子を次のように表現している。

　　「カエルは熱湯の入った桶に入れられると，死にたくないから桶から飛び出してしまう。しかし，水の入った桶に入れられ，それをストーブにかけてゆっくりと暖めてやる。そうするとカエルはいつの間にか，ゆでられて死んでしまう」（Van de Ven [1986]）。

　このように，業績低下がゆるやかに起こると，希求水準自体がそれに適応してしまい，革新へのきっかけがつかめなくなる。

　特に「希求水準の適応」が「有能さのワナ」と結びつくと，企業はゆるやかな業績低下を容認するようになる。それどころかそうした状況下で，自社の能力についてある程度の自信をもち続けるという奇妙な状態が生まれる。

　以上のように，既存の組織構造や組織文化自体の特徴が，高次学習や革新的組織変革への重大な障害となる可能性がある。次章では，こうした障害を乗り越えて，革新的組織変革が遂行される可能性について検討しよう。

● 参考文献 ●

Argyris, C. and D. A. Schone [1978], *Organizational Learning : A Theory of Action Perspective*, Addison-Wesley.

Arrow, K. [1974], *The Limits of Organization*, Norton.(村上泰亮訳『組織の限界』岩波書店, 1976)

Cyert, R. M. and J. G. March [1963], *A Behavioral Theory of the Firm*, Prentice-Hall.

Fiol, C. M. and M. A. Lyles [1985], "Organizational Learning," *Academy of Management Review*, Vol. 10, No. 4.

Gordon, R. A. [1961], *Business Leadership in the Large Corporation*, University of California Press.

Hedberg, B. [1981], "How Organizations Learn and Unlearn," in P. C Nystrom and W. H. Starbuck (eds.), *Handbook of Organization Design*, Oxford University Press.

Huber, G. P. [1991], "Organizational Learning," *Organization Science*, Vol. 2, No. 1.

桑田耕太郎 [1993], [1994], 「組織学習と企業成長(I), (II), (III)」『経済と経済学』第73号, 第74号, 第75号。

Levitt, B. and J. G. March [1988], "Oraganizational Learning," *Annual Review of Sociology*, 14.

Lorsch, J. W. [1986], "Corporate Culture : Invisible Barrier to Strategic Change," *California Management Review*, Vol. 26, No. 2.

March, J. G. and J. P. Olsen [1976], *Ambiguity and Choice in Organization*, Universitesforlaget.(遠田雄志・アリソン ユング訳『組織におけるあいまいさと決定』有斐閣, 1986)

March, J. G. and H. A. Simon [1958], *Organizations*, John Wiley & Sons.(土屋守章訳『オーガニゼーションズ』ダイヤモンド社, 1977)

Pfeffer, J. and G. Salancik [1978], *The External Control of Organizations : A Resource Dependence Perspective*, Harper & Row.

Schein [1992], *Organizational Culture and Leadership*, 2nd ed., Jossey-Bass.

Schwenk, C. R. [1984], "Cognitive Simplification Process in Strategic Decision-making," *Strategic Management Journal,* Vol. 5, No. 2.

Staw, B. [1981], "Escalation of Commitment to a Course of Action," *Academy of Management Review,* Vol. 6.

Tushman, M. and E. Romanelli [1985], "Organizational Evolution: A Metamorphosis Model of Convergence and Reorientation," in B. M. Staw and L. L. Cummings (eds.), *Reseach in Organizational Behavior,* Vol. 7, JAI Press.

Tushman, M. L., W. H. Newman and E. Romanelli [1986], "Convergence and Upheaval: Managing the Unsteady Pace of Organizational Evolution," *California Management Review,* Vol. 24, No. 1.

Van de Ven, A. H. [1986], "Central Problems in the Management of Innovation," *Management Science,* Vol. 32, No. 5, May.

第15章 組織の戦略的変革

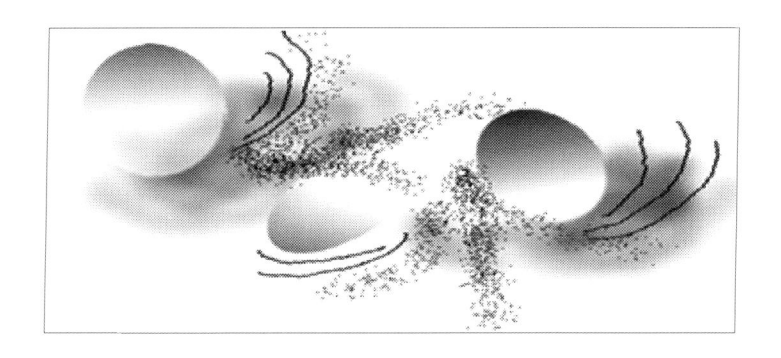

　組織の戦略,構造・文化,プロセスなどを抜本的に変革する「戦略的組織変革（strategic organizational change）」は,経営者にとって最も困難な仕事である。前章でみたように,組織は基本的に既存の戦略,構造・文化,プロセスを継続し,それらの間に整合性を形成・維持しようとする強いダイナミクスをもっているからである。経営者自身も組織のこうした力から完全に自由ではあり得ないのである。それにもかかわらず,組織が環境の変化に対して長期にわたって存続していくためには,戦略的組織変革を遂行しなければならない。

　革新的な組織変革には,「こうすれば必ず成功する」という決定的な手法があるわけではない。そうした規範的（normative）な理論は,これまでの諸章でみたように,組織の目標や有効性指標,組織の置かれている環境条件と組織の発展段階等によって異なるだけでなく,われわれの組織や人間の行動やその変革についての理解のあ

り方や利用可能な技術によって進歩するからである。

この章では、戦略的組織変革のプロセスを中心に、いかにして組織が既存の慣性から逃れて抜本的な変革が可能になるか、その条件を検討していく。

▶戦略的組織変革のプロセス

組織変革をどのように進めるか、そのプロセスについては、多くの研究者・コンサルタントがさまざまなモデルを提示している（Beckhard and Harris [1977], Kanter [1983], Allaire and Firsirotu [1985], Tichy and Devanna [1986], Fombrun [1992], Nadler, Shaw and Walton [1995], 他）。この章では、次の3つのステップから成るプロセスとして、戦略的組織変革プロセスを説明していこう（Kanter, Stein and Jick [1992]）。

(1) **変革の必要性の認識**：組織は、組織内外の新しい現実に気づき、既存の方法ではもはや適応できなくなることを認識する必要がある。

(2) **変革案の創造**：経営戦略、組織構造、組織文化、組織プロセスなどを、どのようなものに変革していくのか、その目標、ビジョン、具体案をつくり出すプロセス。

(3) **変革の実施・定着**：実際に組織を変革するために、実施計画を作成し、移行過程を適切に管理し、その変革の成果を確実に定着させ維持していくプロセス。

本章の以下では、この各ステップについて詳しく論じ、最後に経営者の役割について言及する。

1 戦略的組織変革の必要性の認識

戦略的組織変革は決して自然に始まるものではない。まず第1に、

経営者もしくは経営者グループによって，変革を創始する必要性が認識されなければならない（Fombrum [1992]）。たとえ外部環境が組織変革を必要とするような変化をしても，組織には前章でみたようにドラスティックな変革ではなく，漸次的な進化によってそれに適応しようとする非常に強い圧力が作用しているからである。単なる業績－目標のギャップは，戦略的組織変革（高次学習）が起こる十分条件ではない。組織メンバーの注意（attention）は，既存の組織の戦略・構造・文化・プロセスによって大幅に制約されている。そのため彼が既存の枠組みに当てはまらない環境の変化や機会を認識したり，革新的アイディアに注意を向ける可能性は低い。

こうした制約を打ち破り，問題に気づくためには，経営者自身が，既存の認知プロセスによって，情報を自動的に処理するのではなく，より意識的に情報の意味解釈を行う必要がある。ルイスとサットン（Louis and Sutton [1991]）は，これを「認知ギアの切り換え」と呼んでいる。これは低次学習から高次学習への切り換えを意味している。そのためには，組織の既存の情報処理手続きによって加工された情報ではなく，よりリッチな情報を獲得し経営者は自身の責任でそれの意味するところを解釈しなければならない（桑田 [1991]）。

▶リッチな経験からの高次学習

われわれが経験を取り扱う方法には，一般に次の2つがある。第1は，経験を単なるひとつのデータ・ポイントとして考える方法であり，もう一方はそれをリッチで詳細な物語として扱う方法である（March, Sproull and Tamuz [1991]）。前者は試行錯誤による学習や統計的仮説検証等でみられる経験の扱い方で，所与の認知枠組の中で，情報は既存の情報処理手続きにしたがって一義的に処理される。一方後者は，ケース・スタディ法のように，ひとつもしくは少数の経験をより深く解釈する方法で，新しい意味や教訓を導きだすのに

有効である。ここで経験（情報）のリッチさ（information richness）とは，その経験から多様な解釈を導きだせる程度，すなわち情報の潜在的多義性を意味する。

　経営者が戦略的組織変革の必要性を認識するためには，組織の経験・外部環境の情報をよりリッチな物語として解釈することが必要である。すなわち特定の経験（情報）について既存の解釈とは異なった意味を導くには，多様な解釈を試み，それを評価する多様な価値観を適用する必要がある。その結果，低次学習ではなく，既存の行動のコンテキストや前提を修正する高次学習を促す可能性が高くなる。

　経営者が情報をリッチな経験として解釈する可能性は，第1に組織の情報探索性向，第2にデータの種類，第3にコンフリクトに依存している。

▶スラック資源と探索のモード

　組織がリッチな経験・情報を獲得できるかは，第1に組織がそのために利用できるスラック（余裕）資源をもっていること，第2に「生のデータ（raw data）」にコミットできることが必要である。

　スラック資源がリッチな経験解釈を可能にする理由は，少なくとも2つある。第1は革新に利用しうる資源に関する理由であり，第2は組織のリスク選好に関する理由である。

　第1に，組織に十分なスラック資源がない場合には，組織は日常業務に関する意思決定を，革新よりも優先的に処理するという「プランニングにおけるグレシャムの法則」が作用する（March and Simon［1958］）。このように組織メンバーが既存の情報処理ルーティンを，優先して使用すると，経験をリッチなものとして解釈することはできなくなる。組織は現在の日常業務で使われていない，変革のために利用可能な資源（スラック）をもっていなければならな

い。

　第2に，組織が情報をリッチに解釈できるか否かは，組織の情報収集・探索の態度にも依存している。特に組織スラックの大きさと関係した経営者のリスク選好（risk preference）は，探索モードに大きな影響を与える。

　一般に組織の探索モードには，問題主導型探索（problematic search）とスラック探索（slack search）がある。問題主導型探索とは，組織の業績があらかじめ決められた目標水準に満たない場合に，その差（問題）を埋めようとして起こる目標指向的探索である。この場合，あらかじめ決められた目標に関連した情報だけが探索され，既存の枠組みの中で問題は解決されることになる。一方，スラック探索は，成果が目標水準を超過し，スラックがあるときに行われるオープン・エンド型の探索である。いうまでもなくスラック探索の方が，より高いリスクを許容したり，多様な解釈の可能性を試してみる「遊び」が許される傾向が高い。このようにスラックの存在は，経営者の遊びやリスク・テイキングな行動を促し，予期しなかった情報に直面したり，新しい問題を創出する可能性を高める（Levinthal and March [1981], Singh [1986]）。

▶**生のデータへのコミットメント**

　組織の経営者がリッチな情報を獲得する第2の条件は，生のデータに直接アクセス・コミットすることである。生のデータは，既存の情報処理手続きによって加工されていないため，最もリッチな情報を伝達することができる。たとえば，フォン　ヒッペル（von Hippel [1977]）は，多くの製品革新のアイディアは，要求の厳しい顧客からもたらされていると報告した。最も要求の厳しい顧客とフェイス・トゥ・フェイスでコミュニケーションすることを通じて，環境条件や顧客のニーズの変化に対し組織メンバーが注意を向ける可

能性を高める。

　生のデータに直接コミットすることは，見慣れない形式のデータや新奇性の高いトピックを組織にもたらす可能性を高め，また予期されていない源泉から問題提起される可能性も高まる。これらの情報は，組織の既存の認知枠組では解釈できないため，そうした制約から逃れてリッチな情報として解釈される傾向がある（Wilson et al. [1986]）。

▶ コンフリクト

　コンフリクトが組織革新の契機となる場合がある。一般にコンフリクトは，人々や集団が意思決定困難になるような，意思決定の標準的メカニズムの故障を意味する（March and Simon [1958]）。すなわちコンフリクトの発生は，組織の既存の手続きや規則では処理できない問題が発生していることを示すシグナルである。利害者集団間のコンフリクトは環境の諸要因の変化を反映しており，組織内コンフリクトは，組織構造やプロセスの機能障害を反映している。したがってコンフリクトが発生した場合，経営者はそれをリッチな情報として注意深く解釈し，根本的な原因を探索することを通じて，戦略的組織変革の必要性を認識する可能性がある。

　ところで多くの組織内コンフリクトは，既存の組織文化の中で暗黙のルールにしたがって，顕在化しないまま政治的に処理されてしまう傾向にある。しかし，コンフリクトの政治的解決は，組織内の本質的問題を解決したわけではない。経営者はこうした潜在的コンフリクトに，細心の注意を向ける必要がある。

2 革新的組織変革案の創造

既存の組織の問題が認識され,戦略的組織変革の必要性が認識されると,次は望ましい組織案を創造しなければならない。望ましい経営戦略,組織構造,組織文化,組織プロセス,人員はどのようなものか,これらを整合性をもった全体として描き出す必要がある。経営戦略論,リエンジニアリングや組織デザイン論,組織文化・組織風土論や組織開発,職務デザインや教育・訓練,リーダーシップ教育など,組織論の多くの領域で,望ましい組織の特徴について研究されてきているが,それぞれについてここで紹介する余裕はない。

ここでは,どのような組織的プロセスによって革新的な組織変革案が創り出されるのか,いかにして既存の低次組織学習のバイアスを逃れ,高次学習を行うことが可能になるのか,この点に焦点を当てて論じていく。

ところで,たとえ特定の個人がリッチな経験を通じて組織変革の必要性を認識し,革新的アイディアを創始しても,それは,個人的知識あるいは言語で表現できない暗黙的知識(tacit knowledge)にとどまる限り,革新的組織変革には結びつかない。それはハイレベルの組織的プロセスを通じて,明示的な変革案として経営者層に公式に認められたものにならなければ,傍観者的学習になってしまうからである。このように個人的・暗黙的知識を基礎に,組織レベルの明示的革新を生み出していくプロセスを,野中［1990］は「組織的知識創造(organizational knowledge creation)」と呼んでいる。

革新的アイディアが生まれるためには,既存の思考様式とは異なった仕方で問題解決がなされる必要がある。情報は既存の思考様式

にしたがって一義的に解釈されるのではなく、いったんは多義的な意味を含むリッチな情報として把握される必要がある。そしてこの多義性が除去されていく過程を通じて、その情報は、既存の解釈とは違った特定の意味をもつものとされていく。換言すれば、いったん多義性を増幅してからそれを除去するという過程を経て、新しい解釈に到達することができる。

ここでは、組織における創造過程に影響を与える次の3つの条件について指摘しておく。第1はリッチな情報を処理する自律的組織単位、第2はフェイス・トゥ・フェイスの対話、第3は冗長性（redundancy）と最小多様性の法則である。

▶自律的組織単位

情報の多義性を増幅し、リッチな解釈をするためには、関連する多様な領域、バックグラウンドをもつ人々をひとつのグループにまとめる必要がある。ひとりの人間が増幅しうる多様性には、自ずと限界があるため、多様な思考様式をもつ人々の協力が有効なのである。

このように編成された革新のための組織単位は、自由に考え行動できる「自律性（autonomy）」をもつ必要がある。ここで自律性とは、第1に目標、手段、基準を自ら決定する自由をもち、第2に既存の組織構造や文化、管理システムにとらわれない自由をもつことを意味する。

自ら目標や手段を設定する自由を与えられた人々は、内発的に（intrinsically）動機づけられる。こうした人々は、問題解決過程に積極的にコミットし、多様で創造的な解決案を創り出せるようリッチな情報にコミットする傾向がある（Barturnek [1988]）。彼らが積極的に行動する際、新しい現実を創出し、新しい秩序、ものの見方を自ら生み出す可能性が高くなる。

既存の組織における支配的権力者たちからの介入にさらされない人々は，新しいコンテキストの中で，自由で多義的な解釈を楽しむことができる（Burgelman［1983］）。彼らが必要な資源を自足できると，こうした自律的行動が促進される。一方，この組織単位が，重要な資源を組織の他部門や外部利害関係者に依存していると，その組織単位の自己組織化能力は低下してしまう。

▷**フェイス・トゥ・フェイス・コミュニケーション**

　特定の言葉を使うということは，その言葉のもつ意味に束縛されることを意味する。したがって革新的アイディアは，既存の言語では表現できないという意味で，「暗黙知」の形態をとることが多い。実は，このある人がもつ暗黙知を，言語で表現可能にすること（ただし新しい意味をもつ言語）こそ，組織的知識創造のエッセンスでもある（野中［1990］）。

　こうした過程は，フェイス・トゥ・フェイスの対話を通じたプロセスとして，次のように進められる。まず第1に，ある人（A）が，既存の言語ではなく，行動やメタファーを通じて，他の人（B）に暗黙知を伝えようと努力する。BはAの伝えたい内容を部分的に感じとることはできるが，完全には理解できない。Bは自分が感じたことを基礎に，Aとは異なる自分の解釈を加えて，再びAに働きかける。そうするとAは，本来自分が伝えたかったことと違う反応がBから戻ってきたことに驚くとともに，自分が伝えた情報についてBのような解釈ができることを知ることになる。こうした社会的相互作用過程で，暗黙知の多義性が増幅される。この過程がさらに進行すると，AとBの共有する意味の部分がしだいに拡大し，今度は多義性が少しずつ除去されていく（Weick［1979］）。その結果，AとBに新しい意味解釈が共有されるとともに，それを特定の言語表現で表すことが可能になる。

こうした社会心理学的な多義性の増幅と除去のプロセスは，ワイク（Weick [1979]）が組織化の本質として指摘したプロセスである。このプロセスでは暗黙知，メタファーなどが促進されるため，フェイス・トゥ・フェイスの対話が最も有効である。

▶冗長性と最小多様性の法則

　上で述べたような自己組織化のプロセスは，それぞれのメンバーがまったく異なる知識や情報をもっている場合には成立しない。それぞれメンバーは，少なくとも自己の専門領域をもちつつも，組織全体に関する知識や情報を共有していなければならない。このような状況は，各メンバーに常に組織全体のことを考えつつ，専門的な意見を主張することを可能にする。このように全体観をもつ部分要素から成るシステムは，「ホロン (holon)」と呼ばれる（Morgan [1983]）。

　各メンバーが重複した情報をもつという冗長性は，能率を重視する伝統的な分業体系においては無駄だと考えられている。しかし，多義性が増幅される状況の中では，メンバー間の主張が拡散しないようそれぞれが自己統制することを促すとともに，信頼関係の育成に大きく貢献する。もし冗長性がなければ，最終的に生み出される結論がメンバーの主張の単なる総和となるか，多義性が拡散して結論が出せなくなるだけである。

　一方で情報の冗長性は，組織の情報負荷を著しく高めてしまう。そのコストを抑制するためには，最小有効多様性の法則にしたがって，必要以上の多様性を組織がもたなくてすむようにすることが重要となる。

　最小有効多様性の法則とは，アシュビー（Ashby [1956]）が提唱した概念で，「環境の多様性と同じレベルの多様性が組織単位に組み込まれたとき，最も効率的に学習が促進される」という法則であ

る。一定以上の情報の冗長性を確保しつつ,最小有効多様性を達成するには次の2つの方法がある。第1は,すべてのメンバーが環境探査に責任を負うことである。第2の方法は,キーとなる環境要因や革新に影響を与える要因を理解できる人員を,適切に配置することである。こうした人員が組織内のどこにいるのか,についての正しい情報を各メンバーがもつことによって,組織メンバーのそれぞれが重要な要因に精通していなくても,組織としての多様性は確保できるからである。

　以上のように,革新的組織変革あるいは高次学習を行うプロセスは,組織的創造プロセスをその中核に含んでいる。組織的創造のプロセスは,まだ十分に研究されてはいないが,結局のところ多義性の増幅メカニズムと除去メカニズムの適切な組合せによって,リッチな情報が処理されるプロセスである。このようなメカニズムを通じて,既存の組織学習メカニズムを通じた一義的な情報処理からは生まれてこない,革新的な組織変革案が創造される。

3　移行実施プロセスのマネジメント

　戦略的組織変革の到達点である望ましい組織の変革案が明らかになると,次は現在の組織に働きかけて,それを望ましい組織に変えていく変革実施プロセスに入ることになる。組織を,現在の状態(present state)から将来の望ましい状態(desired state)にシフトさせていく変革実施のプロセスは,「移行状態(transition state)」と呼ばれる(Beckhard and Harris [1987])。この移行状態には,以下に述べるような固有の不安定な問題が発生するために,この時期の組織管理には特別の注意が払われる必要がある。移行状態における一連

の問題解決のあり方が，最終的に到達しようとする将来の状態に大きな影響を与えるからである（稲葉 [1985]）。

1. 移行状態における諸問題

組織変革を実施していく移行過程において生じうる問題は，3つある。第1は変化に対する「抵抗」であり，第2は変化に際しての「混乱」であり，第3は変化を利用しようとする「対立」の問題である（稲葉 [1985], Nadler, Show and Walton [1995]）。

組織の中で変化に直面する人間は，いろいろな理由でそれに抵抗しようとする。第1に，変化が生み出す「未知」の状況への不安がある。第2に，既存の状況で確立されていたアイデンティティや能力が，新しい状況で適応できない可能性があるからである。第3に既存の組織で権限・権力をもつなど有利な立場にあった者は，その既得権が失われる苦痛から抵抗する場合がある。また進められている変革よりも，自分の提案する変革の方が優れていると考える者も，現在の変革に抵抗する可能性が高い。

第2の問題は，変革が組織構造や文化に及ぶ場合に，組織内に制度化されていた既存の秩序が破壊されることによって生じる混乱である。移行過程といえども，組織は既存の日常業務を停止してしまうわけではない。しかし，組織の構造や管理プロセスが変革されていく過程では，一時的に組織内部に大きな流動状態が現れるため，組織の日常業務を管理・統制することが困難となる場合がある。その意味では，定常状態での管理システムも，移行期において有効に機能しなくなる可能性がある。

第3に，変革に伴って生じる組織中のパワーバランスの変化をめぐる対立の問題がある。組織は異なる利害をもつ個人や集団が参加する，政治的な駆け引きの場でもある。こうした権力闘争は，定常状態においても展開されるが，組織構造や文化が安定している時期

には，それらに従った限られた範囲での闘争である。組織内のパワー構造は，組織構造や組織文化にかなり依存しているため，移行期の組織変革は既存のパワーバランスを崩す可能性をもっている。したがって各個人や集団は，進行中の変革が既存のパワー関係をどう変えるかを予想し，新しい組織においていかなる立場を獲得しうるかを胸に秘めつつ，政治的な行動を展開する可能性が高くなるのである。

組織変革の実施・移行期のマネジメント問題は，結局のところ次のように要約できる。抵抗問題への対処は，組織メンバーの行動が新組織に向け変化していくよう動機づけることであり，混乱問題への対処は組織の移行期に生ずる各種の不均衡を統制していくことであり，対立問題への対処は利害・パワーの緊張関係を移行の促進に利用することである。

2．移行状態のマネジメント

移行状態にある組織は，上に述べたような諸問題に直面する。それに対処する基本的な対策は，まず第1に移行状態のマネジメント（transition management）を専門に担当する管理者およびチームを形成することである。第2にトップマネジメントがこの移行管理チームを，全面的にサポートし，彼らが職務を完遂できるよう支援する必要がある。移行管理者（transition manager）は，移行期の諸問題に適切に対処するための移行計画を，以下のような方法を統合して形成し，移行過程を管理していく。

▶抵抗問題への対処

組織メンバーの変革への抵抗を少なくし，移行への関心を高める代表的方法には，次の5つがある。

(1) 現行組織の問題点のメンバーへの周知徹底：既存の組織についての不満の存在をつきとめ，それを顕在化することで，メンバーの慣

性を打破する。

(2) **変革過程へのメンバーの参加**：組織変革によって影響を受ける人々を，変革の関わる重要決定に参加・関与させることを通じて，その決定結果を拒否できなくする。意思決定への参加は，抵抗を弱めるだけでなく，メンバーを変革に積極的に動機づける効果ももっている。

(3) **変革支持に対する報酬配分**：移行期間中や将来の状態において望ましいと考えられる行為・行動に対して，ボーナス，給与，昇進，移動，表彰など，さまざまな報酬を与える。動機づけの期待理論が明らかにしたように，人々は好ましい結果が得られると期待する行動に動機づけられるからである。

(4) **現状脱却のための時間と機会の提供**：既存の組織文化などは，メンバーの人格・パーソナリティにまで影響を与えている。組織メンバーが馴れ親しんだ仕事の仕方を捨てさせるため，条理を尽くした説得と，彼らに自らを納得させる時間的余裕を与える必要がある。

(5) **新組織に向けての教育・訓練**：組織メンバーが新しい組織における関係の意味を知り，新しい技能・態度を学ぶよう教育するとともに，新組織のどこに自分が組み込まれるのか，どのような役割が期待されているのかを理解する十分な情報を与える必要がある。

▶**混乱問題への対処**

第2の混乱問題の管理は，次の3つの方法によって対処される。

(1) **望ましい新組織像の具体的な明示**：新しい組織の構造，技術体系の変化，人員の配置と職務内容，評価・報酬制度の変更など，新組織の具体像を明確に示すことを通じて，逸脱や混乱を抑止し，またそれらを修正する指針を与える。

(2) **関係者間の緊密かつ継続的な情報伝達**：抜本的な組織改革は，組織構造・文化の諸要素の非常に複雑かつ多重な相互作用を含んでい

る。こうした複雑な移行過程の実際の進行状況について、移行管理者は適切な情報を入手し、メンバーに正確に情報を伝達していく必要がある。情報の途絶が起きないよう、定常状態とは別のコミュニケーション・ネットワークやフィードバック・メカニズムをつくるとともに、調査、聴取、相談等の、インフォーマルな情報ルートを適時利用する。

(3) **迅速な問題解決とその支持体制**：移行期において予見されなかった問題が起きた場合、それらを速やかに解決しなければ、移行に支障をきたすばかりか、移行の勢いがそがれてしまう。場合によっては、最終的に到達すべき組織の状態も、移行過程での経験を踏まえつつ適切に修正する必要もある。

▶**権力問題への対処**

組織内の権力闘争に伴う問題への対処法として、次の2つが重要である。

(1) **中心的な権力集団からの協力の確保**：組織変革が順調に行われるためには、大多数のメンバーから積極的な支持を取り付ける必要がある。もし組織の中に、権力を求めて互いに闘争するいくつかの下位集団が見出される場合には、中心的な権力集団（key power group）からの協力を得ることが重要となる。中心的権力集団とは、それからの支援が得られなければ組織が安定せず、他の諸集団に対しても相対的に大きな影響を与えることができる力のある集団を意味する。一方で、容易に移行に同意しない集団に対しては、代償を与えるなどして、その抵抗を変革に支障がない程度に和らげる必要がある。

(2) **下位集団リーダーの役割行動の利用**：集団のリーダーは部下の行動に方向性を与え、行動を鼓吹し、各種の報酬を与える。こうしたリーダーの行動を通じて、組織内に変革のエネルギーをつくり出す

ことができる。もしリーダー間に深刻な対立がある場合には、外部からの圧力に各下位集団の注意を向けさせることが有効である。諸集団の外部に、協働して行動しない限り打破できない「共通の敵」をつくることを通じて、集団間の対立を統合することができるからである。

以上のように移行過程を効果的にマネジメントすることができれば、組織は移行に伴う混乱を最小限にとどめ、時間、その他の資源を節約して、組織変革を意識的に誘導できる。また経営管理者の対応力を高めるとともに、組織内の緊密性を高め、コンフリクトを処理する有効な機会を得ることができるのである。しかし、移行過程の主要局面が完了しても、移行直後の組織状態は必ずしも安定しているわけではない。メンバーは新しい状態に不慣れであるし、新しい組織における諸要素の細部まで十分に定まっているわけではない。その意味では、定期的に移行実績を評価し、新組織への定着と新たな整合性の達成に向けて努力が続けられる必要がある。

4 学習する組織と経営者の役割

戦略的組織変革は、変革の必要性を契機し、変革案を創造し、それを実施・定着させていく一連の、しかし多重のループを含む努力である。それは、トップマネジメントだけでなく、変革案を創造する管理者や移行管理者、そして変革を受け入れる人々の複雑な相互作用が展開されるプロセスである。これは、高次学習として記述される。

一方、漸次的進化過程は、組織の戦略・構造・文化・プロセス等の間にダイナミックな整合性を構築していく過程である。しかし、

そこでの学習メカニズムが，戦略的組織変革を難しくしているという矛盾がある。

組織の成長・発展をつかさどる経営者の基本的役割は，時間の経過の中で漸次的進化過程と戦略的組織変革過程の間のダイナミックなバランスをとっていくことである。そのために経営者は，組織学習プロセスのマネジメントを行う必要がある。いつ，どのタイミングで，認知的ギアを取り換えるのか，それを知ることが重要である。その意味では，経営者自身が，学習者である必要がある。

経営者の第2の役割は，組織に学習を重視する価値観を注入する制度的リーダー（institutional leader）としての機能である（Selznick [1957], Van de Ven [1986]）。組織学習のプロセスを適切に切り換えることは，組織全体に大きなストレスを生む。こうしたストレスに堪え，適切な組織学習を展開できるインフラストラクチャーを構築することが重要な使命となる。

● 参考文献 ●

Allaire, Y. and M. Firsirotu [1985], "How to Implement Radical Strategies in Large Organizations," *Sloan Management Review,* Spring.

Ashby, W. R. [1956], *An Introduction to Cybernetics,* Chapman and Hall.

Bartunek, J. [1988], "The Dynamics of Personal and Organizational Reframing," in R. E. Quinn and K. Cameron (eds.), *Paradox and Transformation,* Cambridge, Mass., Ballinger.

Beckhard R. and R. T. Harris [1987], *Organizational Transitions : Managing Complex Change,* 2nd ed., Addison-Weseley.

Burgelman, R. A. [1983], "Corporate Enterpreneurship and Strategic Management : Insights from a Process Study," *Management Science,* 29.

Coch, L. and J. R. P. French Jr. [1948], "Overcoming Resistance to Change," *Human Relations*, 11.

Daft, R. and K. E. Weick [1984], "Toward a Model of Organizations as Interpretation Systems," *Academy of Management Review*, Vol. 9, No. 2.

Fombrun, C. J. [1992], *Leading Corporate Change : How the World's Foremost Companies are Launching Revolutionary Change*, McGraw-Hill.

von Hippel, E. [1977], "Successful Industrial Products from Customer Ideas," *Journal of Marketing*, January.

稲葉元吉 [1985],「組織変革における移行過程の管理」『組織科学』Vol. 19, No. 4。

Kanter, R. [1983], *The Change Masters*, Siomn and Schuster.

Kanter, R., B. A. Stein and T. D. Jick [1992], *The Callenge of Organizational Change : How Companies Experience It and Leaders Guide It*, The Free Press.

桑田耕太郎 [1991],「ストラテジックラーニングと組織の長期適応」『組織科学』Vol. 25, No. 1。

Levinthal, D. and J. G. March [1981], "A Model of Adaptive Organizational Search," *The Journal of Economic Behavior and Organization*, Vol. 2.

Lewin, K. [1947], "Frontiers in Group Dynamics," *Human Relations*, 1.

Louis, M. R. and R. I. Sutton [1991], "Switching Cognitive Gears : From Habits of Mind to Active Thinking," *Human Relations*, Vol. 44, No. 1.

March, J. G. and H. Simon [1958], *Organizations*, John Wiley & Sons. (土屋守章訳『オーガニゼーションズ』ダイヤモンド社, 1977)

March, J. G., L. S. Sproull and M. Tamuz [1991], "Learning from Sample of One or Fewer," *Organization Science*, Vol. 2, No. 1.

Morgan, G. [1983], "Action Learning : A Holographic Metaphor for Guiding Social Change," *Human Relations*, 37.

Nadler, D. A., R. B. Shaw and A. E. Walton [1995], *Discontinuous*

Change, Jossey-Bass.

野中郁次郎 [1990], 『知識創造の経営:日本企業のエピステモロジー』日本経済新聞社。

Salancik, G. R. and J. Pfeffer [1977], "Who Gets Power and How They Hold on to It: A Strategic-Contingency Model of Power," *Organizational Dynamics*, Winter.

Selznick, P. [1957], *Leadership in Administration*, Harper & Row.

Singh, J. [1986], "Performance, Slack and Risk Taking in Organizational Decision Making," *Academy of Management Jornal*, Vol. 29, No. 3.

Tichy, N. and M. Devanna [1986], *The Transformational Leader*, John Wiley & Sons. (小林薫訳『現状変革型リーダー:変化・イノベーション・企業家精神への挑戦』ダイヤモンド社, 1988)

Van de Ven, A. H. [1986], "Central Problems in the Management of Innovation," *Management Science*, Vol. 32, No. 5, May.

Weick, K. E. [1979], *The Social Psychology of Organizing*, 2nd ed., Addison-Wesley. (遠田雄志訳『組織化の社会心理学』文眞堂, 1997)

Wilson, D., R. Butler, David Cray, D. Hickson and G. Hallory [1986], "Breaking the bounds of organization in Strategic Decision Making," *Human Relations*, Vol. 39, No. 4.

第Ⅵ部 非営利組織

以下の3章では，いわゆる非営利組織を組織論的にとらえる。従来，経営学や経営管理論では，そのモデルをおもに，企業組織，つまり，営利組織に求めてきた。したがって，何の疑問もなく，組織といえば，企業組織であり，プライベート・セクターの組織であった。資本主義社会はそれを必要とし不可欠としている。しかし，営利を求めるだけが組織ではない。というよりも，今後，4人にひとりが65歳以上の高齢者という，超高齢社会を考えれば，営利が必ずしも活動の中心にはならない組織が，さらにいっそう社会的に重要になりそうである。とすれば，それら非企業，非営利の組織にも関心を向けるべきであり，それによって，学問としての健全なバランス感覚を保持できる。

　以下では，まず第16章では行政組織，特に地方自治体について，第17章で，医療や福祉の，いわゆるヒューマン・サービスの組織について，さらに，第18章では，ボランタリー組織について論じる。ボランティアの組織は，非営利組織の本質に迫る可能性を秘めており，超高齢社会の組織を考えるために，重要な手掛かりを得るであろう。

第16章 公的セクターの組織

1 公的セクターの基本的な成り立ち

　公的セクターの典型的な組織としては，政府組織がある。これは，中央政府と地方政府に分けることができ，行政組織としてとらえることができる。つまり，公的に，行政サービスを提供する組織である。その基本は，自らの組織の，あるいは，特定の利害関係者のために，個々の，いわば私益を追求するのではなく，中央政府であれば国家の，地方政府であれば，地方の，つまり，住民の利益を追求する組織である。

　しかし，中央政府も地方政府もさまざまのバリエーションをもっている。各省庁，出先機関，あるいは，その下に特殊法人などがある。地方政府であっても，都道府県，市町村，その間に，政令市や

中核都市，特例市など，さまざまの区分ができ，しかも，中央－地方関係は，組織間関係として，欠かせない議論である。このように，組織論からも，このような多様な展開を視野の内に収めなければならない。

以上の公的なセクターに共通する一般的な問題を考えれば，これらの組織は，とりあえず正義と公平を実現しなければならない。そのために，もし，企業の生産性を，production efficiency ということにすれば，行政組織としてのそれは，allocation efficiency である。つまり，モノやサービスを必要とする人に必要とする分を配分できたかということである。しかし，配分すべき資源については，必ず制約がある。行政組織が提供することのできるモノもサービスも無限にあるわけではない。限られた資源を適正に，いわば効率よく配分しなければならない。この語義に関しては，企業と変わるところは何もない。企業にも適正配分は当然のこととされる。

ただ，企業ならば，見返り，つまり，利得の大きいところに配分することが適正であるとされる。経済原則が貫徹するように行動すればよい。しかし，行政組織はそのようなことができない，あるいは，すべきでないという規範の上に，組織が成り立つのである。モノやサービスの配分には必ず公平や平等が焦点とされ，それがいかに実現されたかが，結果としての組織の生産性とされる。

行政サービスでは，結果としての公平，そして，それにいたる配分過程の円滑さ（つまり，効率）が，生産性の指標になる。ただし，この結果と過程は，トレードオフの関係にあることもあり，それが行政組織の生産性評価を難しくしたり煩雑にしている。たとえば，公平さを実現しようとすると，必要性に関する事前のアセスメントに最大限の配慮が望まれ，社会的に正当であることが認知されなければならない。いわゆる正義が真正面から問題にされる。しかし，

これを実現するためには，大多数の合意を得なければならないし，それを確かにするための複雑な手続きを要する。当然のことながら，この手続きはコストを大きくする。逆に，そのコストを少なくしようとすれば，必ず不公平が生じる。民主的な手続きといわれるものには，必ず相応の，合意形成や公平さに関する事前事後の検証などのコストを随伴することを承知しなければならない。見方次第ではハイコストは不可避である。

このような組織の成り立ちにおける基本的ともいえる相違が，田尾［1990］によって指摘されたような，企業とは異なる組織特性をみせることになる。しかし，その相違がまったく異なる次元としてとらえるべきであるのか，それとも，一次元上の，相対的な違いとみなすかについては，組織論的にも興味のある議論であり，今後の検討課題であるといえるであろう。

2 公的セクターの組織と環境

公的セクターの真剣な経営努力によっても，公平が達成されず，正義が行われないことがある。そのことの方がはるかに多いというべきであろう。なぜなら，公的なセクターとは，内外からさまざまの利害関係者を巻き込みながら，施策を立案し実施するところである。利害の反りが合わない関係者が，それを実現しようとすれば，政治的にしか解決されない。多くの利害関係者が絡みあう競合関係は，理屈通りに，合理的に処理されないことがある。端的にいえば，その組織とは，公然と，多くの利害集団の危ういバランスの上に成り立っていると考えられる。したがって，その生産性とは，しばしば政治的に評価されるのである。誰のための生産性か，誰のための

正義であり公平であるかという問題を避けて通ることはできないのである。

具体的にいえば，その組織は，たとえば，議会からフォーマルな影響を受ける。それ以外に，議員個人や圧力団体から，さまざまの影響を受けることになる。それを見過ごすこともあれば正面から受けとめることもある。また，組織が安定していれば，その政治的な影響関係も少なくできるが，それを欠くと優勢な団体，強力な団体に絡めとられて，独自の施策を展開できないことにもなる。危ういバランスは崩される。公平や正義も歪められるかもしれない。

極端な事例でいえば，開発行政と環境保護行政では，嚙み合うことはほとんどないともいえる論点を含み，誰にも申し分なく解決されることはあり得ない。本来対立しあうのである。このような議論において，妥協が成り立ち，一定の方策ができるとすれば，結局世論の動向に従うことになったり，あるいは，首長の判断で押し切ることもある。福祉サービスについても，抽象的な総論には賛成しても，実施については注文が山のようにあって各論反対になり，一歩も前に進まないというのが通常の態様である。政治的であるから，バランスが偏って，ある種の政治的優越が正義となり，手段と目的の合理的関係はこの際考慮の外において，強引に押し切られるということもなくはない。

要は，その組織の生産性を，明示された合理的な基準によっては評価しがたい。施策の立案や実行が，かなり意図的な，もしかすると，客観的な必要性以外の要因によって影響され，歪みを受けることも少なくない。これは，オープンシステムとしての公的組織にとって，本来避けようのない必然といえなくはない。誰のための行政サービスであり生産性であるのか，ステークホルダーに関する視点が欠け，政治的な変動のダイナミックスを把握する視点が欠けると，

組織論も管理論も空疎になる。

　高度に発達した産業国家では（発展途上国とは異なり），企業組織の経営管理は非常に高度化しているので，公的部門のそれが遅れをとるのは，相対的にやむを得ない。加えて，公平や正義を確かめるための民主的手続きがハイコストであることも，避けられないことである。ただし，わが国の場合，人事制度や利害集団による価値の競合など政治風土の問題を絡めて，特有の問題が指摘されている。そのような問題を改善することは，当然必要なことであり，行政組織における，いわば日本的経営を真正面から論じるべきである。ただ，それは，行政組織の本来的で本質的ともいえる非効率とは別途に議論されなければならない。

3　行政サービスの構造

　生産性という以上，必ず具体的な指標によって測定されなければならない。行政組織の生産性とは，正義や公平によって勘案され，政治的に評価されると述べた。では，それは，どのような指標によって表示されるのか。これは政治的という以上に，具体的な尺度，あるいは，操作的な概念をどのように構成するかという困難な問題がある。というのは，一般に，サービスを組織の成果とした場合，それを測定し評価するのは非常に難しいからである。行政サービスも同じである。

　ひとつは，行政組織の生産性の評価が，もしかすると，受け手である関係者や関係団体の手に委ねられかねないということである。これは当然のことでありながら，危うさを含んでいる。というのは，行政組織で，クライエントである住民や関係団体が評価の主導権を

掌握することは，場合によっては，果てしのないサービスを強要することにもなりかねない。合理的な資源の配分が阻害されることにもなりかねない。さらに，基準枠のない行動は，結局その過程さえ無事すませばそれでよいとの気持ちを醸成することになる。

このこととの関連でいえば，行政サービスは，結局クライエントである住民や関係団体をどの程度満足させたかという主観的な指標が重視されることになる。生産性の指標としては具体性にも欠け，客観的でないので合意を得たり納得させることに手間取ることも少なくない。測定の後処理についてもコスト高といえる。というのは，満足という心理そのものが尺度依存的で，測り方次第でどのようにも捉えられるということがあり，立場や地位，役割によって解釈が相違することも少なくない。

したがって，行政サービスでは，成果を得るために，何をどこまで努力すればよいのか，努力の程度や限界の見通しが困難である。何をすればよいのかが明示されれば，それに向けて，さまざまのことを考え，それに至る筋道を立てて，方法や手段も具体的に検討することもできる。しかし，成果がモノではなくサービスであることに加えて，目標が具体的に提示されないことがある。というよりも，行政サービスの組織全体の目標は抽象的になる。利害関係を調整するためには抽象的にならざるを得ない。というのは，公的サービスであるほど，組織は外部のさまざまの利害を内部の権力関係の中に反映させ，そのバランスに気遣うようになり，明確で具体的にブレイクダウンされた下位目標を提示することをためらうようになる。首長の公約とは，このようなものである。たとえば，住民福利の向上といっても何もいっていないことと同じである。具体的にすればするほど，部局間の競合は表面化するようになる。

さらに，3つ目に考えるべきこととして，そのサービスが，端的

にいえば，全人格的，あるいは，毎日の生活の部分ではなく，広範囲に関わらざるを得ないということがある。個々のサービスがいかに生産的であっても，全体のサービスの中に適切な位置を得，評価されないようであると用をなさない。行政サービスは，サービスそのものは，道路をつけたり改修したり，戸籍事務を行ったり，高齢者福祉を提供したりなど個々さまざまであるけれども，組織全体としては，地域住民の生活に丸ごと関わることになる。それも長期的なサービス関係を視野のうちに入れなければならない。家電メーカーが冷蔵庫を，洗濯機を，テレビを家庭に届けるのとは本質的に意味が相違するのである。

特に，民生行政では，個々の行政施策が，その人の全体，人格そのものに関わるという危険さえある。ヒューマン・プロセッシング（Prottas [1979]），つまり，人の処遇そのことがサービスになり，その経過を誤れば，その人の福利を根底から壊すこともないことではないという危険が伏在していると考えなければならない。その意味では，まさしく弱者に対する強者の役割を，行政サービスは，本質的に担っていると考えてもよいであろう。とすれば，たとえ，評価の主導権がクライエントの側におかれたとしても，弱者である個々の住民が，正確に，その成果を評価できるものではない。このような行政サービスの権力的な構造を，リプスキー（Lipsky [1980]）はストリート・レベルの官僚制と呼んでいる。

行政サービスの組織は，特殊法人や第三セクターのような例外を除けば，評価のための手続きとして首長や議員の選挙があり，世論調査による評価がある。ただし，それらがフィードバックとして役立っているかどうかについては，多少の疑念が残されている。また，住民や関係団体は受けたサービス，期待するサービスについて，公報公聴の公式ルートを通して，自らの意見を表明することもできる。

ハーシュマン（Hirshman [1970]）によれば，ボイス（不平不満を述べ立てる）の機会があるが，それ以外にも，個々のサービスについて不平や不満を，たとえば，窓口で表明する機会もある。客観指標として生産性を評価できないとすれば，このような主観的な指標はそれなりに，たとえその根拠は薄弱であったとしても，かなりの重みが与えられることになる。

さらに，行政サービスでは，必ずしもできあがったもの，つまり，成果に対して，費やしたコストが少なかったということだけが効率ではないと考えるべきである。合意といい正当性といい，それらを得るに至る過程そのものを，量的というよりは，質的に把握できる指標が設定されるべきでもある。この場合，質的というのは，かなり広義に定義したい。地域社会であれば，組織そのものの成果としてよりも，住民の成熟のようなものと対応するような指標の設定が望まれる。というのは，行政サービスも含めて，サービス関係一般は，質のよさとは，送り手と受け手がどのような関係，どの程度良質の関係にあるかが重要である。質の向上とは，受け手であるクライエントの質の向上と表裏の関係にあるといわれる。

4 超高齢社会と地方自治体

以上のように，行政サービスの組織として，最も身近であるのが，地方自治体である。その組織をめぐる環境は今，大きく変貌しつつある。近未来の超高齢社会に対応するために以前にもまして，地方自治体の役割は大きくなりつつある。また，地方分権などの制度的な変更も加わって，その枠組みも大きく変わりつつあるといえるであろう。その組織を，組織論の視点から詳細に検討することは不可

欠のことである。

　地方自治体は，その規模が小さければ小さいなりに，大きければ大きいように，その地域を丸抱えした組織である。サービスの送り手だけではなく，受け手の問題も，その組織の生産性や効率に関わってこざるを得ない。行政の職員が総出で街をきれいにしようと努力しても，あるいは啓発活動に努めても，住民がそれに応えて努力しようとしなければその地域はよくならない。街からゴミを少なくするというのは，住民の積極的な応諾があってのことであり，まして，道路にゴミが落ちていないようなきれいな街路にするというのは，住民の中にある問題認識の成熟の度合が問われることになる。地方自治体における組織の評価とは，その環境から得る正当性とまさしくパラレルにあるというべきで，住民や関係団体から支持を得るかどうかによるところが大きい。

　しかし，地方自治体の行政ニーズの中には，いくつもの局面が同時に含まれている。その中身をひとつのものとしてとらえることはできない。さまざまの利害関係者が存在して複雑に絡みあっている。いくつものニーズがあり，それらは互いの利害が対立するようなこともある。複雑に絡みあった関係にあり，一方の利益が他方にとっても利益になることもあるが，一方の利益は他にとって損失になるようなゼロサム的な事態も少なくない。

　自治体組織では，限られた社会資源をできるだけ多くの人たちに公平に配分しなければならない。一方だけが損をする，一方だけが得をするようなことはあるべきではない。しかし，それはあくまでも公的な組織としての原理であり，原則である。それを具体化するに際しては，一方に肩入れせざるを得なくなることもある。それを他の利害関係者から批判されることもある。

　また，その組織がそれだけで，サービスを完結できないことが多

くある。公平や正義を実現しようとすると,つまり,公平にあらゆるニーズに対応しようとしても,そのための資源には絶対的に限界がある。そこで,その仕分けが当然問題になるが,それの一部が公私関係,あるいは,公私分担の考えである。特に,福祉サービスの分野では,膨大になりつつあるニーズに対して,それに応じるべき資源には限界があることが指摘され,緊急の課題である。どこまでが,公的なサービスであるか,どこから私的,いわば企業的に供されるべきであるか,その境目を厳格に定義することになる。とすれば,そこには,民間企業の経営管理の考え方や技法とのすり合わせも必要になることであろうし,相互にその考え方の異同を議論することは,今以上に欠かせられないことであろう。

● 参考文献 ●

Hirschman, A. O. [1970], *Exit, Voice, and Loyalty*, Harvard University Press. (三浦隆之訳『組織社会の論理構造』ミネルヴァ書房,1975)

Lipsky, M. [1980], *Street-level Bureaucracy : Dilemmas of Individual in Public Services*, Russel Sage. (田尾雅夫・北大路信郷訳『行政サービスのディレンマ――ストリート・レベルの官僚制』木鐸社,1986)

Mintzberg, H. [1973], *The Nature of Managerial Work*, Harper & Row.

Prottas, J. M. [1979], *People-processing*, D. C. Health.

田尾雅夫 [1990],『行政サービスの組織と管理――地方自治体における理論と実際』木鐸社。

第17章 ヒューマン・サービスの組織

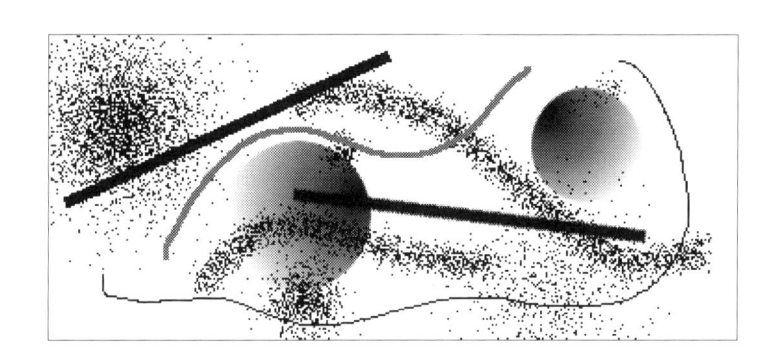

1 ヒューマン・サービス組織

　多くのサービスは対人的である。つまり，人が人に対してサービスを行う。その意味では，交通といい金融といい，いわゆるサービス産業の組織は対人的にサービスを提供している。運転手も車掌も，銀行員も，すべてサービスの提供者である。しかし，これらのサービスと，医療や保健，福祉などの組織が提供するそれは明らかに区別されるべきである。

　それは，ある特定の個人を対象にして提供される。いわば固有名詞をもった個人に対してサービスが送られる。サービスの受け手は不特定多数のマスではない。サービスの送り手は，受け手のひとり一人に関心を集中させなければならない。サービスがよくなければ，

その受け手の生存を脅かし,不幸に追いやることさえないことではない。また,そのようなサービスは,本来,家庭や地域社会が果たさなければならないようなことを,組織として代行したり,代替的に行うとも考えられている。であるからこそ,その関係は,一対一が望ましいとされ,いわばかゆいところに手が届くようなサービスが理想ということになる。しかし,これを達成しようとすると,非常なコストが負荷される。

このようなサービスを提供する組織が,ヒューマン・サービス組織である。具体的には,学校,病院や福祉施設などである。それを組織として管理運営するとは,どういうことなのか。特に,組織という,公的に大きなパワーをもった社会的な実体が,私的な,個人的な生活空間に入り込むと,どういう意味,あるいは意義をもつことになるのか。

そのことを考えるためにも,サービスとは何か,それと組織の関係について考え方を整理する必要がある。サッサー (Sasser [1976]) によれば,組織が提供するサービスには,以下に提示されるようないくつかの特徴がある。

サービスは,(a)直接的であり,生み出された瞬間から新鮮さを失う。(b)したがって,サービスをめぐって,その送り手と受け手,つまり,クライエント(顧客)の間には高密度の社会的相互作用ができるように互いに近いところにいる。(c)モノとは相違して,サービスは生産されると,その場で消費されることになる。比喩を用いれば,製造のための工場は,そのままサービス提供の小売り店になる。(d)また,サービスそのものを,眼でみて,手や足で触れて確かめることができない。それが,どの程度のものであるかは質的にしかとらえることができない。物理的な尺度がないので,評価は主観的にならざるを得ない。主観的になると,その妥当性や信頼性は低いも

のにならざるを得ない。強いて評価しようとすれば，その基準は曖昧で，身近にいる人や噂話に影響されることも少なくはない。したがって，ハーセンフェルド（Hasenfeld [1983]）によれば，成果の質はサービスを発給する人たちへの個人的な信頼関係の中で決められる。プロッタス（Prottas [1979]）はさらに，不安定な関係の中で評価されると，互いが信用しなくなる，それほど脆いものでもある。

　このように，基盤が確固としているとはいえないヒューマン・サービス組織とは，どのような視点から，組織としてとらえられるのであろうか。田尾 [1995] に準拠しながら，その特徴を考える。

　まず，これらの組織は多様な広がりをみせるようで，ヒトがヒトにサービスを提供しているという意味で，その働きは共通している。施設は収容している人たち，あるいは，相談に来た人たちに対して，病院は，いうまでもなく，患者に対して，それぞれ福祉や医療のサービスを施すことになる。そして，これらサービスの送り手と受け手の間には，均衡が成り立つことが難しく，不等号で結ばれるような関係である。サービス資源を独占できる送り手，医師や看護師，相談員，指導員などは強い立場に立つことができる。他方，患者や収容者など受け手は依存せざるを得ない弱い立場におかれる。端的にいえば，強者と弱者の関係にサービスのための場所を提供しているのがヒューマン・サービス組織である。

　従来，このような組織のそれぞれの特徴を強調して，福祉組織論，あるいは医療（病院）組織論として論じ，企業組織を中心に据えた経営管理論に対して，特殊な領域として自ら位置づけるようなことがあった。これを進めると，これらは特殊な組織であり，企業組織の変形，亜型であるとの考えに陥ることになる。企業組織論で得られた知見を適用して，これらの組織を論じることになれば，相違だけが強調されて，これらの組織は経営管理が難しい，効率向上の余

地が乏しく生産性の低い組織とされる。それらの欠点がないとはいえないが，他方で，その特異性を正面から見据えて，これらの組織の独自の論理にも注目すべきである。変形，亜型とするのではなく，一般的なモデルでとらえられるような方向に議論を深める努力も欠かせない。

そのためには，福祉組織論や医療（病院）組織論のような個々の領域を限った立論ではなく，共通項を探りながら，ヒューマン・サービス組織論として論理の構築を図る方が，新しい展望を期待できるであろう。企業組織論，また，行政組織論などに対して，強力に，独自の概念や方法論を主張できることになろう。

2 官僚制システムの特徴

あらゆる組織は，可能な限りコストを少なく便益を多くするような合理的な形態を採用しようとする。官僚制化である。ヒューマン・サービス組織でも，効率向上の余地は少ないといいながら，官僚制システムを採用する。しかし，その形態は，いくつかの点で特徴的である。

(1) 利害ブロックの集積

その組織の多くは，利害を同じくするブロックを集積するような形態となっている。たとえば，病院組織は，医師，看護師，療法士，検査技師など異質な職業ブロックの集合体である。異なる資格や異なる教育的背景をもった職種は互いに異なる下位集団を成しブロックを形成している。ということは，逆に，異質な集団間では，たえず競合関係を内在させており，経営管理においてその調整が不可欠なことになる。

(2) フラットなピラミッド構造

ヒエラルキーにおける階層数が少なく，タテにシャープというよりも，ヨコに広がるフラットな組織であるとされる。病院では，たとえば，看護部長のほかに師長，主任がラインを構成する程度である。権威の上下をつなぐ長い指示系統がない。教育組織としての学校や，さらに福祉施設なども，同様に，タテに比べれば，ヨコに大きく広がった組織である。

(3) ヨコ・コミュニケーションの発達

したがって，業種間の連絡調整のために，タテよりもヨコのコミュニケーション・チャネルが発達している。ヒエラルキーによる統制が効果的ではなく，対立や競合が発生しやすい。それを調整するためのメカニズムが組み込まれる。したがって，厳密な階層性や命令の一元化など，いわゆる古典的官僚制モデルが想定するような管理機構は顕著に発達しないことになる。

(4) 個人の裁量を大きくする

官僚制システムを稼働させるためのヒエラルキーによる権威が後退せざるを得ないので，個々人の判断や行動における自由の領域が相対的に拡大することになり，個人や個々の職場集団が独自に裁量できる範囲も広くなる。クライエントに対する現場サイドの判断が優先されることも，個人の裁量を大きくしている。

(5) インフォーマル集団の発達遅滞

その結果ともいえるが，ヒューマン・サービス組織では，大規模になるほど官僚制化は進むが，フォーマル集団に対して，インフォーマルな集団の発達は，それほど顕著ではない。発達することがあっても，ホーソン研究以来の情動重視の考えは妥当しない。個々人は仕事中心に結びつき，いわばタスク指向の集団となり組織となる。

これらの特性に加えて，外からの影響に対して有効に対応できることが，組織の存続に不可欠であり，密接な相互依存関係にある。いわゆるオープンシステムの視点が欠かせないような組織である。環境からさまざまな入力，たとえば，治療してほしい，看護してほしい，介護してほしい，補助してほしいなどというクライエントのニーズが大きな入力である。これに効果的に対応する，つまり，十分なサービスを提供することで，組織の正当性を得ることになる。環境適合的なシステムになることが要請される。

　しかし，これらのクライエントのニーズは曖昧である。何をどこまでどのようにすればよいかが必ずしも明示されていないからである。さらにいえば，それに応えるための技術も，曖昧なままである。どこまでできるかが，必ずしも確かとはいえない。この曖昧さの影響をどのように適切に処理するかが，環境適合組織としての組織の効率を決定することになる。

　この曖昧さのために，多くのヒューマン・サービス組織では，個々の単位を，一方では相互依存的，他方では独自性あるいは自律性を維持するという，互いの関係を限定しあい，かつ，影響を強く受けない，ルース・カップリング（Weick［1976］）のモデルを採用している。このような組織では，互いに独立している部分が他の部分に生じる変動を無視，あるいは避けることもできる。そのために，状況が大きく変わることがあっても，それによる影響を局所にとどめて深刻化させないような仕組みになっている。外部状況が変動を激しくするほど，組織全体としては，相対的な安定を確保しなければならない。そのためにも，このような組織システムは状況適合的とされるのである。

3 プロフェッションの組織

　ヒューマン・サービス組織は，プロフェッション集団の複合である。たとえば，病院という組織には，多くのプロフェッショナルな職業集団が並立している。医師や看護師がいる。また，放射線技師，理学療法士，作業療法士，検査技師もいる。そのほかにも，非常に細分化されたスタッフがいる。

　非常に多くの職種が複合的に合わさってできた組織であり，プロフェッション間における連絡調整などの共同関係は，システム統合のためにも，サービスの質を向上させ維持させるためにも欠かせなくなる。ヒューマン・サービス組織は，プロフェッションの組織として考えなければならない。

　プロフェッションとは何か。まず，プロフェッションとして，高度の知識や技術を修得していなければならない，また，それを実際的に活用できなければならない。専門性である。グリーンウッド（Greenwood [1957]）によれば，専門性は体系的でなければならない。医師に医学，弁護士に法律学のように，知識や技術の一貫した体系があり，それを教授する大学のような高等教育機関がなければならない。また，体系的であればこそ，いわば素人が容易に近づくことができず，彼らの無知に対して専門的な権威（professional authority）を行使できるのである。素人には可否の判断ができず，判断のための資料を入手できることもなく，判定する機会もない。

　さらに，専門的な権威によって，組織の中のフォーマルに定義された権限関係から離れて，自らの職業上の要請に従って仕事を進めることができる。自律性である。プロフェッションは組織の権威に

対して干渉されない立場を堅持できる。あるいは,堅持しなければならない。

なお,自律性は発達して,独自の文化を生み出すことになる。彼らは,独自の行動規範によって,他の社会集団からは閉鎖的に,何が意味のあることか,何が価値的であることかについて,暗黙の行動細目を定めている。秘儀的でもある。プロフェッションであるためには,これらの意味や価値に同調しなければならない。外に向かっては独自性を強調し,内に向かっては結束を促すのである。服装や紋章,隠語などはプロフェッション文化の極致である。当然のことながら,プロフェッションは自らが自らを律する以外に社会的統制の中に収まることはない。同僚による統制(collegue control)である。その意味では同業者が互いにかばいあう危険性もある。

さらに,ヒューマン・サービス組織の中で,プロフェッションは階層構造をもっている。これが組織を動態的にしている。たとえば,医師のような古典的ともいえる職種を除くと,よりプロフェッションらしく,社会から評価を得ようとし,また,クライエントに対して,あるいは,組織の中での自らの立場を強化すべく行動している。この動向がプロフェッショナリゼーションである。エチオーニ(Etzioni [1969])のいうセミプロフェッション,たとえば,看護婦,ソーシャル・ワーカー,初等教育の教師は,被雇用が前提であること,つまり,自前で資源を調達しクライエントにサービスを提供できる機会が乏しい。彼らセミプロフェッションでは,自立自営が困難,または不可能である。しかも,雇用されると,先行している法制度的に確立したプロフェッションに,一方的に応諾を強いられることもある。

セミプロフェッションでは,また,科学としての体系化が十分ではない。資格を取得し就業できるまでの年限が,完全なプロフェッ

ションに比べて短い。教育投資が少なくて済む。また，セミプロフェッションは，女性が多く就業する職業でもある。看護師もソーシャル・ワーカーも初等教育の教師も女性の多い仕事である。しかし，女性の就業比が高まるほど，その職業の社会的威信が低下する。同じ組織の中で，医師や弁護士など男性が多くいる完全専門職と，女性の多いセミプロフェッションはヒエラルキーの関係にあることも事実として否定しがたい。また，女性が多いということで，彼らの職業は高度の知識や技術の内容そのものよりも，クライエントにいかに人間的に接することができるかという過程が重要視される。知性よりも感性が重視されるのである。

パラプロフェッションもプロフェッションの亜型である。プロフェッションを補助し，しかも，プロフェッションによって統制される職業である。プロフェッションにおける過重な負担を解消するために補助者が必要になったことによって出現した。パラプロフェッションの存在は，プロフェッションの内部組織化，つまり，組織がプロフェッションを丸抱えしながらインテリジェント化を進めると，当然のことながら，手となり足となって忠実に動く人たちが必要になる。知識や技術が高度化するほど，確立された先行プロフェッションは，頭脳労働を中心に仕事全体の中枢を形成し，その他のプロフェッション，特に，パラプロフェッションはその度合の低さに応じて，周辺的な肉体労働を分担することになる。

たとえば，医師において，診察業務以外を看護師や検査技師，療法士などに委譲することで権威を高めたように，看護師もまた，付添婦などに現場労働を委ねながら専門職化を図っている。同じ職種の中で，看護師と准看護師，社会福祉士と介護福祉士のように二重資格が制度的に残されているのも，プロフェッションが新しい下級階層を，組織の中に創り出していることを示すものである。そのう

ち，セミプロフェッションとして，ある程度の威信を獲得して上向する職業もあるが，大半は依然として非プロフェッションとして残ることになる。

これらの職種がさまざまに絡みあいながら，組織が構成されるので，ヒューマン・サービス組織を考えるために，プロフェッショナリズムの視点は欠かせない。

4 経営管理の問題

ヒューマン・サービス組織は，以上にみられるような特徴のために，経営管理的に難しいさまざまの問題を内包している。たとえば，クライエントの満足という主観的な評価が唯一の指標として重視されるようになると，クライエントのいうまま，病院でいえば，医師も看護師も患者のいうまま望むまま，無際限に働かなければならなくなる。これでは，合理的な経営管理が難しくなるのは当然であろう。この組織独自のストレスも指摘されている（田尾・久保 [1996]）。しかし，他方，解決のための手法も経営的に工夫されているし，回避の方策も，少なからずあるので，経営管理がまったくできないということではない。

しかし，このような解決のための手法や回避の制度化が，組織の枠組みを歪めるということはある。たとえば，目標が抽象的であれば，より明示されやすい具体的な代替目標に置き換えられることもある。学校教育が人格の陶冶のような抽象的な目標から進学率のような目にみえる具体的な目標に代替されるなどである。病院でいえば，退院者の数や割合が評価のための指標になる。また，財務諸表も考えられる。しかし，これらは，病院というサービス組織の本来

の目標からいえば枝葉のことで，補助的な目標とされるべきである。代替というのは，あくまでも仮ということであって，それによって，サービスの質が問われることはあり得ない。しかし，ヒューマン・サービス組織の経営においては，通常みられることである。

それにしても，病院が，不可触，不可視のヒューマン・サービスを提供する組織であり，その成果を具体的に明示できないことによって，企業のような合理的な経営システムを展開できないことには留意すべきである。非合理的なところを伴いながらも，このような組織は，高齢化の進展などに伴って，いわゆる超高齢社会では，その重要性をいっそう増すことになるであろう。にもかかわらず，それらを組織論的に吟味することは，なお少ないようである。今後いっそうの議論の深化が必要とされる。

● 参考文献 ●

Etzioni, A. ed. [1969], *The Semi-professionals and Their Organization*, The Free Press.

Greenwood, E. [1957], "Attributes of a Profession," *Social Work*, 2.

Hasenfeld, Y. [1983], *Human Service Organization*, Prentice-Hall.

Prottas, J. M. [1979], *People-processing*, D. C. Health.

Sasser, W. E. [1976], "Match Supply and Demand in Service Industries," *Harvard Business Review*, 54.

田尾雅夫 [1995],『ヒューマン・サービスの組織』法律文化社。

田尾雅夫・久保真人 [1996],『バーンアウトの理論と実際』誠信書房。

Weick, K. E. [1976], "Educational Organizations as a Loosely Coupled System," *Administrative Science Quarterly*, 21.

第18章 ボランタリー組織

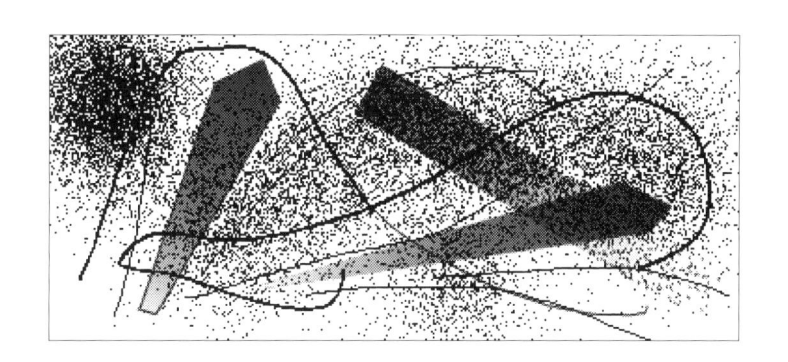

1 第三セクターへの期待

　第三セクターという言葉が使われることがある。たとえば，地方自治体が便宜的に設立した，土地開発公社やリゾート施設の管理団体などを指す言葉として使用されている。しかし，これは本来の用法としては正しくない。

　第三セクターとは，公的な第一セクター，私的な第二セクターの間に位置する，それぞれの，いわゆる政府の失敗，市場の失敗を克服するために設立される，中間的な，いわば折衷的な形態の組織である。公的でもない，しかし，私的ともいえない，その中間的な領域に位置する組織カテゴリーである（Anheier and Seibei [1990]）。多種多様の組織が含まれているので，明確に定義するのは難しい。

どちらにも属さないので，グレイゾーンという言葉が使われたりするが，要は，それらの長所を備えながら，しかも，どちらにもないものをも備えるということで，現状はともかく，将来において，期待されるところが非常に大きい組織群として捉えられている。

公私提携の企業体，公社や公団，協同組合のような自助的・自治的団体，また，ボランティアの集団なども含まれる。それらの中には，まだ組織として具体的な形態を備えていないものもある。今後とも，組織として形をなさないようなものもある。

特に，今後の超高齢社会の中で，第一セクターだけのサービス提供には限界があり，シルバー産業といいながら，私企業として育成するには，安定供給や公平公正などで信用を得ることの難しさなどが付きまとうことになる。社会システムの維持のためには，現実的な問題として，地域住民の協力，あるいは，ボランティアの参加などによって，さらには，自助的な努力によって，従来の資源の不足を補わなければならない。

地域社会には，まだほとんど手つかずの資源が眠っていると考えられる。グレイゾーンにおける，第三セクターとして位置づけられる組織を育成することによって，これらの資源を掘り起こすことができる。そのためにも，この組織類型は，近未来の超高齢社会において，特に福祉や医療の領域では欠かせないものになるであろう。

具体的には，第三セクターでは，一方で公的な制度的支援，他方では民間の私的で自主的な資源の調達がなされる。公と私の協力関係が，真の意味における第三セクターの組織において欠かせない。たとえば，在宅福祉のためには，現状の公的な資金の投入だけでは何もできないことは自明のことである。地域社会の実情に合わせて，必要なところに必要なサービスが，円滑に届くように，システムが構築されなければならない。そのためには，民間の自主的な，場合

によっては，自助的な参加，協力が欠かせないこともある。ボランティアなども必要な人的資源となる。人的資源にとどまらない。モノやカネも公的な資源に依存するだけではなく，公と私の協力が欠かせない。

そのためには，第三セクター独自の考えが必要になるであろうし，経営管理がなければならない。何をどのように調達するかなどは，組織論として対応すべきであるし，これまでの組織論の知見をそれに有意義に応用すべきである。その乏しい社会的なサービス資源をどのように有効利用するかは，欠かせない組織論の課題である。つまり，少ない資源で効率的な運営のための経営管理の手法などを活用するのは，組織論がこれまでに蓄えてきた知見の応用において，最も得意とするところである。

しかし，以上のような組織は，便宜的な用法で誤って理解され，その組織の本質が十分検討されないままという状況にあったことは否めない。今，その用語に替えて新しく，民間非営利組織（private non-profit organization）という言葉が使われるようになった。ボランタリー組織といわれることもある。しかし，それらの組織のドメイン，その概念は同じである。いずれにしても，従来，組織論として深くメスが入ることのなかった領域である。

2 ボランタリズム

ボランタリズムが，このような組織では主要な位置を占める。ボランタリズムとは，自発的で利他的な無償行為を価値的とする理念であり，行動様式である。この理念に準拠する人たち，つまり，ボランティアは，交換関係の均衡には配慮することが少なく，したが

って，貢献に応じての報酬を得ることに中心的な価値をもたない。つまり，賃金のような対価を求めないで，社会のために，あるいは，他人のために働くことになる。この新しい組織を構成する人たちは，当然，強制によるのではなく，自発的に参加するボランティアである。ボランティアの積極的な活動の結果が，組織の生産性であり，効率である。

 ボランティアは，政府の失敗，市場の失敗によって，第三セクターが急激に膨張する中で，欠かせない人的資源の供給源となりつつある。民間非営利組織とは，そのようなボランティアが集まって，何かをなすようなシステムであると考えればよい。

 このような組織が非営利であることの意味は，組織自身のために組織行動があるのではなく，組織が自らの存続のために営利を追求するのでもない。当然，参加者も自らの利得を，行動の代価として組織から得るようなことはない。参加者は，自発的な意欲，つまり，単なる経済的な動機づけではなく，むしろ，それを超えるようなモチベーションが期待されることになる。社会のための，他人のために，進んで貢献することに，大いに動機づけられた人たちの集合として組織が成り立っている。自発的で利他的な無償行為を優先させるボランタリーな心性を中核においた組織である。

 しかし，ここには，根本的ともいうべき相克が存在する。組織はたえずシステムの有効活用を考える。官僚制システムを構築しようとする。役割や地位を決めて，少ない資源をどのように配分すればよいか，その決定を合理的に決定しようとする。つまり，厳密な規範や基準をもって，人々の行動を規制しようとする。しかし，ボランティアは，自らの意図関心で判断し行動する。自発的な参加を旨とするので，規制を好まない，あるいはなじまない。好まなくても，組織として維持を図ろうとすれば，何らかの管理中枢ができるのは

避けがたい。長期的に活動を続けるボランタリー組織では，常任ボード（管理委員会）を有することになる。

当然，そこには，官僚制システムとボランティアとの間で，コンフリクトが発生する。自発的に無償の活動を提供するボランティアと，有償のスタッフ，あるいは，ボードとの対立や競合は避けがたいことであり，本来，その構成には深刻な矛盾を含んでいるといってよいであろう。したがって，その設立や，その後の管理システムが，その必要性や見通しがないままであると，その経営管理には，基本的なところで支障を来す可能性を，たえず伏在させている。

3 ボランタリー組織の経営管理

ボランタリー組織の成立を促す最も大きな要因は，従来の公的な供給が期待されていたサービスの資源不足である。特に，選択的余地の大きいサービス分野では，供給システムが公的な組織の外に移されることが多くなる。地方自治体では，高齢化に備えて，公共性の強いもの以外は外部化しようとする傾向がみられるようになった。アウトソーシングである。また，従来の組織では，資源が不足したりシステムが十分稼働しないなど，サービスの需要に対応できず，その外に新しく組織をつくることもある。

そのひとつの有効な組織形態がボランタリー組織である。たとえば，住民が受益者にもなれば，提供者にもなって，資源の不足やシステムの停滞に有効に対処しようとするのである。受益者である住民自身がボランティアとしてサービスの供給組織に関与するのである。地域住民からの要望は住民自らによって解決を図るというシステムの変化に，この組織は即応できると考えられている。

近年のグレイゾーンの広がりというのは，公的と私的の区分が曖昧になって，公私の機能分担が明確に定義できなくなったことと同義である。公的とも私的ともいえない領域が広がることである。その区分の再定義，つまり，ドメインの変更は，できれば，新しい領域は新しい組織に委ねたいとの考えを促すことになる。

　しかし，以上の組織群を組織としてとらえることの難しさは，さまざまに論じられている。ハンディ（Handy [1988]）によれば，この組織は，相互扶助的，サービス提供，キャンペーン的と3つに区分しているし，ディマジオとアネイア（DiMaggio and Anheier [1990]）は，この組織は単一ではなく，さまざまの形態で現れるとしている。それぞれが独自の目的をもち，一律に考えることはできない。ボランタリー組織の管理において，以下のように，いくつかの問題点を指摘できる。

　まず，そのメンバーシップが曖昧である。そのために外部との境界が明確ではない。正規のメンバーは存在するが，どこまでがメンバーであるかが厳格に規定されないで，参加が自由，場合によっては，ほとんど活動することがないにもかかわらず，メンバーとして位置づけられる人もいる。しかし逆に，メンバーシップを厳しく限定するようになると，組織の構造化が進行する。進行すれば自発的な参加というボランティアの理念を押さえ込むことになる。

　ボランティア中心の組織でも，オフィスを構え，常勤のスタッフをおくようになると，組織としてアイデンティティを有するようになる。しかし，それでも，厳格なヒエラルキーをもたないので，それぞれが成文化された規律のないままに行動することがあり，メンバーシップの定義は難しいことがある。

　また，運営の実務についても，問題が山積している。たとえば，ボランタリー組織の経営管理が難しいのは，それを経営しようとす

る明確な意思が欠けることがあるからである。大規模になっても,経営と管理と現場実務の明確な責任分担がないということもある。自らを組織としてとらえようとしないから,コストへの関心が乏しい。少ないコストで多くの便益を得ようと努める意欲に欠けるところもある。

　逆にいえば,ボランタリー組織とは,私企業の経営組織を下敷きにして管理せざるを得ないので,管理に当たる人たちが,自らを組織にいたらざる組織,組織ではない組織として,いわば後ろ向きの姿勢で,その場しのぎの経営管理を行いがちになることが問題である。また,その組織の領域の独自性,グレイゾーンにおける不明確さが,経営意欲の乏しさと相俟って,経営管理そのものを難しくしているとも考えられる。

　しかし,自らの経営基盤が脆弱になるのは避けられない。スポンサーや行政への依存を不可避とはいわないが,依存なくしての存立は難しい状況にある。ボードの構成についても,外部の利害関係者への配慮は欠かせない。外部環境との関係において,配慮なくしては安定的な相互関係が維持できない。安定のためには,相互信頼が重視される。そのために,組織目的の達成よりも人と人の信頼関係が組織維持のためには重要である。

　ボランタリー組織では,自前で資源を調達することができず,相当程度を外部のスポンサーシップに依存する。それの意向によって運営されることもあるので,自律性に欠けるという欠点もある。また,外部の制度的な組織との関係においても,他律的な関係の中で運営されがちになる。法的な規制,たとえば公益法人などの法人化についても,面倒な手続きが網の目のように絡んで自発性を活かしにくくしている。民間が主体的にボランティア活動を進めようとするほど,経営資源に不足が生じ,財源の脆弱さとスポンサーシップ

に悩まされ続ける。

　人的資源としての市民参加とはいいながら，むしろ，その参加を阻害するような結果にいたることさえもなくはない。外部への依存はボランティア的なメンタリティを崩すことになる。

　非営利組織一般にいえることであるが，サービスが組織のアウトプットであり，その生産性や効率を測定しがたい。外部環境の構成要因が，それぞれ，組織に入り込んで影響力を行使して，その個別の目標に従って，個別に考え行動しようとする。それに加えて，ボランタリー組織では，なおいっそう公私混合の経営技法を採用せざるを得なくなり，一方で，政府，つまり第一セクターへの信頼の回復を図り，他方で市場機能の活性化を図りながら，その存在を明示しなければならない。

　そのために，それらをひとつに集約できるような目標が定めがたい。組織目標をどのように定義するか，その構造や機能はどのようか，どのようであるべきかは経営管理において最も重要な課題である。

4　ネットワーク組織の展開

　これらの組織は，さらにより包括的な社会的な文脈で考えることで，有意義な知見を得ることができる。これらの組織はそれ自身がたえず変化している。参加者が，ボランタリーに，つまり，自発的に参加しているだけでは，永続的な貢献が期待できない。これは，組織としては弱いところではあるが，たえず新鮮な意図関心を呼び込めるということでは，むしろ長所に転じることもできる。

　ドメインが確定しなかったりメンバーが交替したりして，組織の

枠組みがたえず変動することで，むしろ新しい経営資源を掘り起こすことができる。このグレイゾーンに関心を向けないということは，貴重な資源を放置することと同義である。この領域をどのように組織としてとらえるか，活用するかは，超高齢社会に向けて必須の理念となり指針となるはずである。それには，かつて喧伝された民間活力という言葉だけには集約できないような，新しい考え方が必要である。

そのためには，行政課題として，一方的に認識されるだけではなく，市民からの働きかけもなければならない。行政の対応に限界があるのは，周知のことであり，むしろ，積極的に，グレイゾーン自体からの働きかけがあって当然といえる。積極的な市民参加，それを促すネットワーク組織の構築である。

行政サービスの量的な拡大には明らかな限界がある。しかも，広く浅く，公平と公正，正義と制約を同時に実現することは，公的によるだけでは，組織が硬直し，迅速な対応ができないとされている。これらの複合的な問題に対処するためには，コーディネーターなど，言葉の定義に曖昧さは残されるが，セミプロフェッション的あるいは職業的なボランティアも含まれるが，市民自身が意欲的に関与することである。ボランタリー組織が，自己組織的に考えることであり，それはネットワークの組織によって実現できる (Nohria and Eccles [1992])。

しかし，さまざまの，多様な市民の団体が，その経営基盤を厳密に問うことなく林立することで，社会を活性化しているとすれば，厳密な定義を問うのは不要なことであるかもしれない。公的と私的の狭間に，グレイゾーンとして成り立つ組織群は，厳密な定義を，積極的に拒否することで，むしろ存在感を誇示できるというパラドックスがある。

さらに，社会資源の配分と活用について，高齢社会はハイコストの社会であり，そのハイコストに耐えるためには，サービスの提供者だけではなく受給者にも，前向きな責任感覚がいるとの認識が普及すべきである。共通の価値認識を醸成するのがネットワークであり，ネットワーク組織である。なぜならば，誰もが参加することで，ヒエラルキー的な責任感覚を無効となし，ネットワークへの参加は自身が提供者となり受給者となる可能性をたえずもっているからである。

　たとえば，在宅福祉がある。家庭，特に主婦層に過剰に依存することで，存続が難しいこともあるであろう。それでも，在宅による高齢者の介護は，これから欠かせない社会システムの一部になる。これを補う，あるいは，支援して，これの機能を高めるようなシステムは，地域の自主的なネットワーク活動以外にない。ボランティア中心のネットワーク組織を自ら創出することで，本来，脆いシステムの補強材として機能することになるであろう。

　以上のように，ネットワーク組織は，超高齢社会における生活の質の確保のために，その役割は大いに期待されている。行政サービスの資源は限られ，しかも，行政の対応には限界があり，また，企業によるサービスに依存することにも限りがあるとすれば，サービスの受け手，つまり，市民自身がサービスを充実させ，その内容を豊かにすることは当然の道筋であるといえるであろう。そのためには，市民自らが，送り手と受け手の役割を兼任しながら，地域社会への積極的参加を促す施策が欠かせない。

　これは高度情報化社会の俯瞰とも重なり合う。つまり，誰もが参加できるという構図は，情報化社会のいっそうの進展と並行する。インターネットやマルチメディアなどの情報技術の発達は，社会の成り立ちを変えるであろうが，それが他方で，誰でも参加できるよ

うなネットワーク組織の構築に貢献するようになるとの期待もある。

しかし，技術の発達，技術革新が必ず痛みを伴うことは，これまでの産業革命以後の歴史が明らかにしていることであるし，バラ色の未来だけを夢みることは慎むべきである。

● 参考文献 ●

Anheier, H. K. and W. Seibei eds. [1990], *The Third Sector : Comparative Studies of Nonprofit Organizations*, Walter de Gruyter.

DiMaggio, P. J. and H. K. Anheier [1990], "The Sociology of Nonprofit Organizations and Sectors," *Annual Review of Sciology*, 16.

Handy, C. [1988], *Understanding Voluntary Organizations*, Penguin.

Nohria, N. and R. G. Eccles [1992], *Networks and Orgaanizations*, Harvard Business School Press.

終章 未来の組織と組織論の未来

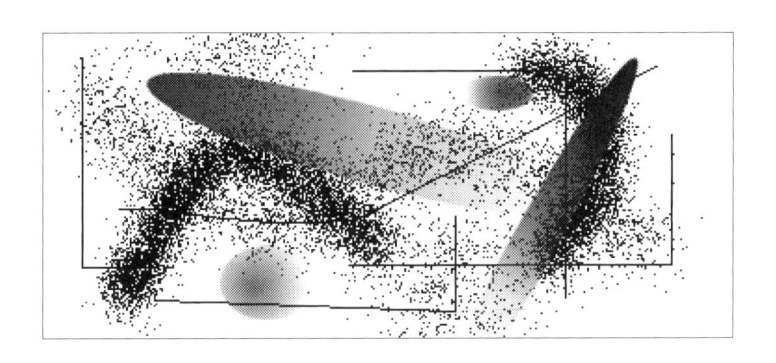

1 組織論の基本的な考え方

　組織とは，人の集合ではあるが，それだけではない。何らかの目標をもち，それを実現するために，人の集合が，意図的に，あたかもひとつの生き物であるかのように動いているかのようにみえる。そのようにみえることが，組織が望ましい姿にあるということでもある。

　しかし，そのようにみえないことの方がはるかに多い。いうまでもないが，人の集合とはいいながら，本来有象無象の，いわば訳の分からない人間が集まっている。これを，ひとつの方向に，集約することは難しい。不可能といえなくもない。

　出自や価値観を相違する人たちが，ひとつのところに集まって，

ひとつの目標をつくり上げること自体，本来は無理というべきで，まして，それを達成するために，全員が一致団結して協力しあうということなど，自然に考えれば，ありうることではない。

あり得ないことをありうるようにする，つまり，人の集合である組織を，どのようにすれば，ひとつの方向に動かせることができるのか。あるいは，動き出させる条件とは何か，それらの要件を，いわば診断的に検討することが，組織論の学問的な使命である。

それは，現代人が，単なる受け身の人，極端にいえば，古代中世の奴隷のように，あるいは，近代の，たとえば，器械の部品や歯車にたとえられるような存在ではないことを，最低限の合意としなければ，学問としての意味はない。その意味では，政治的民主主義の影響を強く受けながら，その枠組みの中で，自由な意志をもった個人として位置づけを得るような人間類型でなければならない。そこで働くことによって，賃金や給与から，自己実現にいたる，何らかの付加的価値を得ることになるような機会を得た人たちでなければならない。

つまり，ひとつの方向に一致団結して行動するということは，命令のままにただ唯々諾々と従うことではない。行動の一致を促すために，どのような仕掛けを，いわば民主的につくるか，さらに，そのためのさまざまの条件をどのように整備するか，その過程を支える条件を，むしろ積極的に創出することも，組織論の課題であろう。人事管理や労務管理，あるいは，モチベーション管理などは，そのほんの一部でしかない。

さらにいえば，組織は単なる人の集合ではない。目標をもつ以上，それを成し遂げるために，さまざまの原材料を購入したり，機械設備をよくして，よい製品，よいサービスをつくろうとする。よい顧客も得なければならない。つまり，人だけではない。モノやカネ，

あるいは，情報などをよりよく効果的に，使い切り，組織の効率や生産性の向上に貢献するように仕向けなければならない。

組織とは，人をひとつの方向に動員するシステムの構築だけではなく，モノやカネ，情報などを効果的に統合させるための知識のシステムでもある。この知識に欠けたところがあればあるほど，組織の経営管理には不足が生じる。効率的な，あるいは，生産性を向上させるような組織ができなくなる。

統合とは，どういうことを含意するのか。それは，さまざまの要因をひとつにまとめることではない。単なる加算ではない。加算したものに，従来，ばらばらではあり得なかった価値を追加できなければ，組織をつくる意味はない。

ひとりがつくっていたものが10人の共同作業によって10倍になるだけでは，ほとんど意味をなさない。組織をつくった意味がない。それが20倍，30倍，さらに100倍，1000倍になることが，人々が集まって組織を成す意味である。そのために，ただ人の集合である以上に，どのような工夫を施すかが，組織論の中心的な課題である。その工夫こそが，効率の，生産性の向上に結びつくのである。

そのような工夫のない組織は，存在する価値がほとんどないと考えてよいであろう。消滅するに至るといっても過言ではない。

2 組織論の発展と人間観

これまで，組織論は，比較的短い歴史ながらも，さまざまの展開をみせてきた。その流れは，それぞれの理論が前提とする人間についての仮定によって分類することができる。その考えは，その前提となる人間についての仮定が，非常に限られた側面のみを強調した

ものから, しだいに一般性の高いものに変遷してきたと考えられる。

人間の意思決定プロセスをより広義にみれば, (1)問題の認知, 定式化, (2)代替的選択肢の探索, デザイン, (3)代替的選択肢の評価, 選択, (4)選択された行動の実施, の4つの段階から構成される。このプロセスのどの段階をより強調するかによって, 以下のような4つの人間観を導くことができる。

(a) 機械としての人間：人間は主として受動的な機械であり, 決められた行動を実行することはできるが, 問題の認識や代替的選択肢の探索やその評価などは行わないと仮定している。

(b) 動機づけられる人間：人間は態度, 価値, 目的などを組織にもちこむが, 基本的にメンバー間の目標や個人目標と組織目標が完全に一致することはない。メンバーは与えられた選択肢の中から, 自分の目標に照らして行動を選択するため, 動機づけられなければならないと仮定している。

(c) 意思決定する人間：組織メンバーは, 所与の目標のもとで, 自らコンフリクトを解決したり, より高い成果を生む代替的選択肢を自ら探索し, また作成すると仮定する。しかし, 知覚や思考の過程に関わる合理性の限界が, 人間行動を制約すると考えている。

(d) デザインする人間：メンバーは自ら目標をつくり出し, 意味や価値を設定するという段階を強調する。目標や意思決定のコンテキストそのものを, どう認識するかによって, 意思決定は影響を受ける。人間存在の意味, 価値を創造する人知的な要因が, 中心的な関心となる。

組織論の発展は, 厳密にこの領域に従うわけではない。しかし, これまでに, ほぼ機械としての人間観から, デザインする人間観へとシフトしてきたということができる。

機械としての人間観を採用すると, 人間は所与の職務を実施する

主体であって，意思決定主体としては考えられない。したがって，人々や組織の成果に影響を与える要因は，その行動を行う人間の生理学的特徴である。

テイラー（F. W. Taylor）などを中心とする「科学的管理法」は，必要最小限の動作を最小限の時間内に，最小限の疲労しか伴わずに実施できる「唯一最善の方法（one best way）」を追求した。それは，意思決定の(1)から(3)の段階（27ページ参照）について考える必要がないという考えに立って，目的がただひとつに決まっていて，為すべき仕事を割り当てる仕方が一通りで，しかも，それぞれが最適の仕方で相互に矛盾なく統合されていなければならないとした。さらに，このような条件下で，体系的な分業と統合の組み方を研究したのは，ファヨール（H. Fayol）などの行政管理論である。

人間の動機的・態度的側面を強調する理論は，代替的選択肢の集合が与件とされている状況のもとで，各選択肢の結果を評価し選択するという問題解決過程に関係している。

メンバーは，組織に参加し続けるのか，辞めてしまうのか，それとも，組織内にとどまりつつも怠業するのか，といった代替的選択肢から成る集合に直面し，そこからひとつを選択することになる。経営管理の視点からは，いかにして彼らを組織に参加させ，効率や生産性の向上に貢献させるか，つまり，モチベーションが中心的な課題となる。監督者のリーダーシップ，課業の特性，集団圧力や凝集性，報酬制度などが，メンバーによって知覚される代替案の集合となり，それぞれがもたらす個人と組織の目的の乖離，一体化などへの影響を通じて，メンバーは意思決定するのである。

この代替的選択肢のレパートリーは，いわゆる「組織構造」を構成するものである。したがって，組織構造が矛盾なくまた環境に適応した仕方で構成され，諸活動が適切に調整されている限りにおい

ては，経営の主たる関心がモチベーションに集中することは当然である。しかし，組織が直面する環境が変わるならば，あるいは組織構造のデザインに合理性の限界を認め，それが不完全であることを認めるならば，組織内の諸活動の調整が自動的に行われるとは仮定できない。

しかし，既存の代替的選択肢の集合の中で相互にコンフリクトが発生し，あるいは環境不適応が起こり，組織の業績が悪化すると，動機的・態度的側面だけでは処理できない問題に直面する。代替的選択肢を与件として考えることはできなくなり，それの探索・作成を含む理論が必要となる。

人間の属性についての第3の合理的側面を強調する理論は，問題解決過程における代替的選択肢の探索・デザイン段階に密接に関係している。ここでいう合理性とは，行動の諸結果を評価できるような価値体系によって，望ましい代替的行動を選択することに関係した概念としてサイモン（H. A. Simon）によって定義された概念である。

つまり，ある意思決定が合理的か否かを，価値前提についての倫理的判断をしないで，実際に，行動が所与の状況において所与の価値を極大化するために正しい行動であれば，その決定は合理的であるとされる。しかし，現実には，認知能力に限界があるために，完全なる客観的合理性は，高いコストを支払わなければ達成されないかもしれない。

人間の合理的側面を強調する理論は，代替的選択肢の探索・発見・スクリーニングのプロセスに関係することになる。いつ革新が起こるのか，あるいは革新のプロセスに組織内の専門化や組織レベルなどの諸変数はどのような影響をもつのか等々が，この領域の研究の中心的課題となる。

以上のような人間の合理的側面，特に，その認知上の限界に焦点をあてた理論は，組織の構造や機能について基本的特徴を描き出した。しかし，この理論は，意思決定の前提となる価値体系‐目的を所与としていることによる限界が指摘され，目的が認識され定式化される過程，すなわち，問題そのものの認知・定式化の過程については，ほとんど解明されていない。組織が，環境の中でどのような価値を目的として認識するのか，その目的をどのような過程で定式化するのかは，きわめて重要な戦略的課題なのである。

　しかも，この経営戦略の決定は，組織の長期的成長・発展に関わる基本的な決定であり，問題を認識し定式化するという人間の属性に関わらざるを得なくなる。つまり，デザインする人間によって，組織論の刷新が試みなければならないということであり，今後に残された重要な課題とされている。

3　今後の課題

　デザインする人間とは，組織における問題を認知し，それを定式化できる能力をもった人間を仮定している。そのような人間が，具体的にどのような人間であるかについては，多々議論はあろうが，現代の組織が，そのような積極的な人間類型を，まさしく組織の中で不可欠としていること，また，その創出に，組織が積極的に関与せざるを得ないことは，すでに常識に近いと考えてよいであろう。

　高度情報社会，組織のインテリジェンス，あるいは，グローバル化などさまざまな形で，積極的に組織に，さらに，社会に関わる人材を求めている。このような組織の中では，人間は受動的にではなく，自ら意味や価値を創造できなければならない。しかも，人間存

在の意味，価値を創造する人知的な要因が中心的な関心となるとすれば，いわゆる自己実現が，組織における主要な価値となり，実現すべき目標となる。

逆にいえば，このような価値を実現できる組織をどのように創り出すかが基本的な経営問題となる。このような組織はどのような組織であるか，それはどのようにして創り出すことができるか，ということである。今後の中心的な課題になることであろう。

さらに，今，さまざまの組織がさまざまの状況でみられる。それらの組織が，経営学としてではなく組織論として，ひとつの枠組みで議論されるようになったということは，従来とは相違する含意をもっている。

これまでは，経営学といえば，どちらかといえば，大規模の民間企業が，その分析の対象とされた。中小企業なども，どちらかといえば，周辺的な対象とされなくもなかったといえる。経営学に対して中小企業論が別個の講義科目としてあるのは，その証左である。また，私企業以外は，経営ということすら論じられない，極端にいえば，論じることさえあり得ないような認識がなくもなかった。特に公組織には，経営がなじまないとさえいわれることがあった。

組織論という学問領域は，これに対して，組織の多様性を前提にしている。民間企業，特に大企業の組織だけが組織ではなく，さまざまの組織が，この社会には林立しており，さまざまの貢献を社会に対して行っていることは自明である。それらの組織を，すべて経営の対象として認識することは，この社会を，この時代を，組織の社会，組織の時代として，描くために不可欠の意味をもっている。今，まさしく組織の社会であり，組織の時代である。

第16章以降で紹介したような，中央官庁や地方自治体などの公的セクター，民間企業との連携による公営企業や，いわゆる第三セク

ターのようなものもあり、さらに、医療や福祉、教育などの組織も、看過できないサービスを、この社会に提供している。ボランタリー組織も、今、注目されつつある。近未来の超高齢社会では、組織の意義が、さらに広い文脈で問われることになるであろう。

　また、さらに組織論では、もうひとつの捉え方ができる。組織論は、戦略論に対置される。マクロ組織論とすれば、それはミクロ組織論であり、組織内部の経営管理の一般原則の確立を狙っていると位置づけることができる。環境に対する経営を議論するのではなく、組織内部の諸価値の統合を、前述の人間類型に絡めながら考えるのである。

　その内部的な管理経営のためには、どのような視点の確立が望ましいのか、あるいは、どのような経営手法や管理技法があるべきであるかを、単に企業経営ではなく、企業以外の組織カテゴリーにおいても議論を試みることができる。環境との関係で、従来は考えられなかった戦略的な経営管理さえ配慮すべきとされている。分析の枠組みが、組織論となることで、経営学よりも幅広くなり、その思考もより深くなったというべきである。

　以上のように、その幅を広く、その深さを深くすることで、組織論も、その学問の枠組みを変容させてきた。その基本的な認識は、その管理がどのようであれ、その戦略がどのようであれ、その組織と、そこで組織のために働く人間が、どのような関係にあるかについて考えなければならない。そのためには、社会工学的な視点は欠かせない。

　組織論を含めて、社会科学とは、砂上楼閣の学問であってはならない。単なる理想を語るだけの学問は無用の長物である。その社会のために、さらに、来るべき社会のために、何をなすか、何ができ

るかがたえず問われなければならない。有閑の，あるいは，単にペダンティックな学問であるべきではない。その学問的意味が，社会との関係において問われるのは当然である。その社会のために，どのような意味を構築するか，そのことで，学問としての正当性が，社会から賦与されることになる。

これまで，組織論，あるいは，経営学は，わが国の戦後の経済復興，あるいは高度成長，さらには，オイルショック以後の経済情勢の変化に対して，どのように組織が経営管理されるかについて，場合によっては，不足するところもあったが，相応の示唆的な仮説やモデルを提供してきた。

今後，高齢化の進行によって，組織論の学問としての重要性は，さらに大きなものになるであろう。これまでに得たさまざまの知見を集約しながら，さらにその視野を広げることになるであろう。

しかし，その方向は，必ずしも従来の視点に拘束されることはないであろう。なぜならば，以後において，私的な企業経営だけが組織論の対象ではない。それも含めた，この来るべき社会を成り立たせる組織すべてを，研究の対象にしなければならない。さらに，その方向に秘められた含意は，そのコストや便益を，単に金銭だけには解消しないような，新たな論理，分析の基本的な考え方が求められている。

新たな理解のためには，新しい概念，方法論が必要になるであろう。新しい組織論の構築が求められているといってもよいであろう。

索　引

● あ 行

アイオワ研究　232
アシュビー(Ashby, W. R.)　326
アシュフォース(Ashforth, B. E.)　186
アージリス(Argyris, C.)　286
新しいシステム　159
アネイア(Anheier, H. K.)　366
アルダファ(Alderfer, C. P.)　214
アレン(Allen, T. J.)　286
安定性　134
　——と慣性　309
安定的整合性　296
暗黙的知識　323
ERG モデル　214
委員会　241
移行管理者　329
移行状態　327
　——のマネジメント　329
維持期　209
意識的調整　22, 24
　——の及ぶ範囲　51
意思決定　27, 169
　合成された——　37
　最適化——　27, 28
　満足化——　27, 29
意思決定する人間　376
意思決定前提　27
　——の探索活動　56
意思決定プロセスの解明　36
偉人説　237
移動障壁　117
意図関心の分岐　252
インセンティブ・システム　155
インフォーマル・コミュニケーション　170

インフォーマル集団　353
　——とフォーマルな組織　261
ヴァン・デ・ヴェン(Van de Ven, A. H.)　313
ウィリアムソン(Williamson, O. E.)　53
ウィルソン(Wilson, J. Q.)　201
ウィルダフスキィ(Wildavsky, A.)　202
ウェーバー(Weber, M.)　11
ウェルズ(Wells, L. T.)　280
ウォムズレイ(Wamsley, G. L.)　251
ウッドワード(Woodward, J.)　171
ヴルーム(Vroom, V. H.)　219
影響過程　37
影響関係　229
影響評価　175
衛生要因　215
エチオーニ(Etzioni, A.)　356
エリストン(Elliston, F.)　257
LPC　235
オーガニゼーション・マン　10
オハイオ研究　232
オープンシステム　55, 354
オープンシステム・モデル　135
オルダム(Oldham, G. R.)　180
オルドリッチ(Aldrich, H. E.)　115

● か 行

カー(Kerr, S.)　235
下位集団リーダー　331
下意上達　170
階層数　151
外部環境からの統制　95
外部環境へのロックイン　309
外部基準　132
外部志向　134

外部の人材　284
下位文化　285
科学的管理法　377
学　習
　　曖昧さのもとでの——　306
　　傍観者的——　305
　　迷信的——　304
　　役割制約的——　303
革新的変革過程　297
革新のコスト　308
革新のプロセス　378
拡大化　178
確立あるいは発展期　209
過剰適応　210
過程説　212
　　——の理論　216
株式会社制度　79
株式の証券化　80
株式の分散　79
ガルブレイス (Galbraith, J. K.)　11, 69
ガルブレイス (Galbraith, J. R.)　278
環　境　49
　　——の戦略的選択　68
　　——の操作　68, 69
　　——の不確実性　83
　　——の複雑性　83
　　——の分割　66
　　——の変化性　83
　　一般的——　68
　　心理的な——　184
　　創出された——　119
　　組織と——　53, 71
　　特定的——　68
環境決定論　117
かんばん方式　88
管理者　242
　　——とリーダーの区別　243
　　——の役割　244
　　——のリーダーシップ　244
管理道徳　200
官僚主義　150
官僚制　144, 189, 352, 364
　　——の逆機能　275
　　——の限界　146
　　——の動揺　157
　　ストリート・レベルの——　345
　　大規模化と——　148
機会主義　73
機会主義的行動の排除　78
機械的管理システム　85
機械としての人間　376
企業者的段階　136, 274
企業の財務目標ネットワーク　127
技術決定論　171
技術の高度化　4
擬制資本　80
帰属意識　194, 221
規則と手続き　144
既存の秩序の破壊　328
既存のルーティン　307
期待説　218
期待の網の目　143
技能アイデンティティの喪失　175
機能別部門組織　277, 278
規範性　195
キャメロン (Cameron, K. S.)　165, 274
キャリア　208
キャリア発達段階　208
境　界　48
　　組織と環境の制度的——　71
　　ドメインとしての——　50
業界標準　103
強化 (学習) 説　217
供給業者　53
凝集性　195, 240
行政管理論　377
行政サービス　343
　　——の評価　345
行政組織　339
　　——における日本的経営　343
　　——の生産性　340
　　——の目標　344
強制的説得　289
業績悪化への組織的反応　311

競争戦略　45
共通目的　26
協働体系　20
　——の成長　272
共同体段階　136, 274
近接性　191
キンバリー (Kimberly, J. R.)　147
クイン (Quinn, R. E.)　134, 165, 273
グッドマン (Goodman, P. S.)　217
クナート (Kuhnert, K. W.)　238
グリーンウッド (Greenwood, E.)　355
グループ・ダイナミクス　239
クローズドシステム　55
グローバル構造　280
グローバル・マトリックス構造　280
経営管理　10
　ヒューマン・サービス組織の——
　　358
経営管理能力　11
経営参加　170
経営資源の蓄積期　277
経営者
　——の役割　25
　——のリスク選好　321
　シンボルとしての——　101
経営者革命　79
経営者サービス　291
経営人　30
経営戦略の本質　69
経営哲学　140
経営理念　140
経済人　28
ケイブス (Caves, R. E.)　117
経路依存性　290
結果と過程のトレードオフ　340
結託　103
欠乏動機　213
権威　229
権威受容説　230
権限の委譲　230
権限の集中化と分散化　148
権力問題への対処　331
広義の会計責任　109

貢献意欲　25
高次学習　301, 319
公式化段階　137, 275
公式化の程度　85
公式組織　23
交渉　103
硬直化　149, 157
公的な目標　164
行動環境　185
行動規範　140
行動の予測可能性　9
行動プログラム　33, 57, 298
公と私の協力関係　362
高度情報化社会　370
公平説　217
合理性　28, 378
　——の限界　28, 29, 66
　局所的——　131
　限定された——　30, 146
合理的目標モデル　135
小売業界　105
顧客　52
コーサー (Cosier, R. A.)　255
個人間コンフリクト　256
個人差　222
個人と活動との区別　20
個人の裁量　353
コストへの関心　367
個体群生態学モデル　104
　——と経済学　116
　——の特徴　116
コッター (Kotter, J. P.)　245
コーポレートガバナンス　79
コミットメント　220
　——の上昇　311
　行動的——　221
　態度的——　221
　生のデータへの——　321
コミットメント・プロセス　115
コミュニケーション　57
コミュニケーション技術　258
コミュニケーション・コントロール
　168

索　引　385

コミュニケーション・チャネル　57
　上意下達の——　144
コミュニケーション・ネットワーク
　　192, 193
　不完全な——　260
コミュニケーション・プロセスのプログ
　　ラム　57
雇用契約　52, 79
コングロマリットの形態　278
コンティンジェンシー・アプローチ
　　83
　構造——　82
コンティンジェンシー・モデル　234
コンピュータ化　174
コンフリクト　22, 322
　——の解消　263
　——の機能性　254
　——の暫定的解決　130
　——の準解決　14
　——の政治的解決　322
　——の発生　251
　構造的——　259
　垂直的——　260
　水平的——　259
コンフリクト過程　254
コンフリクト処理モデル　265
コンフリクト・マネジメント　264
コンフリクト・モデル　251
コンフリクト要因　260
混乱問題への対処　330

● さ　行

再活性化　276
財・サービスの生産・提供　6
最小多様性の法則　326
財務目標決定のケース　126
サイモン(Simon, H. A.)　146, 378
サッサー(Sasser, W. E.)　350
サットン(Sutton, R. I.)　319
サービス
　——の資源不足　365
　——の特徴　350
サランシック(Salancik, G. R.)　95

ザルド(Zald, M. N.)　250, 251
参加者　48
　——の概念　43
参加の必要性　158
参入障壁　108
JDS　181
ジェームス(James, L. R.)　151
シェリフ(Sherif, M.)　263
シェリフ(Sherif, C. W.)　263
ジェルミャ(Jermier, J. M.)　235
自我没入　220
事業ドメイン　69
事業部制組織　278
事業部制組織構造　278
資源
　——に対するコントロール　97
　——の希少性　252
　——の緊要性　96
　——の重要性　95
　——の相対的な取引量　96
資源依存関係　92, 250
資源依存パースペクティブ　54
資源依存モデル　116
資源取引に対する統制能力　54
試行期　208
自己管理　158
自己実現モデル　213
市場開発戦略　71
市場浸透戦略　71
市場メカニズム　14, 75
システムとしての特性　21
システムの9つのレベル　21
システム4　224
自然淘汰モデル　109, 112
自然な進化　283
実効理論　286
自発的で利他的な心性　364
資本家の影響力行使　81
シャイン(Schein, E. H.)　189, 224,
　　281
社会化　115
社会-技術システム　21, 172
ジャニス(Janis, I. L.)　242

従業員　52
従業員指向　232
充実化　179
集団圧力　78
集団間コンフリクト　259
　──の効用　263
集団基準・集団規範　239
集団浅慮　242
集団の論理　10
柔軟性　134
シュエンク(Schwenk, C. R.)　255
シュミット(Schmidt, W. H.)　265
準分割可能な環境　66
上意下達　169
小集団の行動様式　239
小集団の病理　242
昇進という誘因　78
冗長性　326
焦点組織　94
　──の行動の可視性　100
消費者　6
情報活用　159
情報コスト　72, 76
情報の潜在的多義性　320
情報の流れ方　169
情報の偏在　74
初期環境コンテキスト　111
職場集団の変化　176
職場の社会化　187
職　務　9
　──の特異性　76
　──を記述するコスト　75
諸制約の全集合　125
ショックレー(Shockley, W.)　112
ジョブ・デザインのモデル　179
所　有　97
　──と経営の分離　51, 79
ショーン(Schon, D. A.)　286
ジョーンズ(Jones, A. P.)　151
自律性　179
　──の確保　252
自律的組織単位　324
シングル・ループ学習　301

人　事　98
人事考課　156
人事システム　155
人事評価　156
信奉された理論　286
シンボルの共有　188
心理的契約　224
衰退期　209
垂直統合戦略　277, 278
スコット・モートン(Scott Morton)　286
スタジル(Stogdill, R. M.)　231
スタッフ　154, 261
スターバック(Starbuck, W.)　49
ストウ(Staw, B.)　311
ストーカー(Stalker, G. M.)　85
ストップフォード(Stopford, J. M.)　280
ストリンガー(Stringer, R.)　185, 198
スーパー(Super, D. E.)　208
スパンオブコントロール　152
スペシャリストとジェネラリスト　106
スラック資源　88, 320
スラック探索　321
スレーター(Slater, P. E.)　233
斉一化　195
斉一性への圧力　195, 240
生活空間　184
正義実現のコスト　341
精巧化段階　137, 276
生産性指向　233
成熟期　288
　──の組織文化変容メカニズム　289
成長動機　214
制　度　140
制度的リーダー　333
正当性の要求　109
製品開発戦略　71
製品・市場戦略　70
製品市場での競争　127
政府組織　339

索　引　387

政府の規制・政策　114
制約条件　122
セクター　67
　公的——　339
積極的問題解決学習　299
ゼネラルスタッフ　154
セミプロフェッション　356
セルズニック (Selznick, P.)　140, 157
ゼロサム的状況　261
漸次的進化過程　296
漸進主義　287
選択説　212
選択・淘汰　109, 113
専門化と分業　144
専門化の利益　57
戦略グループ　117
戦略的近視眼　310
戦略的選択の理論　65
戦略的組織変革　317
　——のプロセス　318
戦略と組織の発展段階モデル　278
相互依存関係の増大　5
相互依存性　192
相殺パワー　99
組織　25
　——と各参加者との関係　48
　——と環境　53, 71
　——と個人の相克　10
　——におけるプログラム　115
　——の影響過程　6, 8
　——の概念　20
　——の革新　278
　——の環境戦略　102
　——の環境適応　51
　——の三要素　25
　——の時代　4, 380
　——の指導原理　140
　——の柔構造化　158
　——の衰退　167
　——の成長　165, 273, 282
　——の世代年齢　281
　——の選択　173
　——の存続条件　42
　——の多様性　380
　——の誕生・成長初期　281
　——の定義　19, 20
　——の適応力　59
　——の動態化　158
　——の発達期　285
　——の発展段階　273, 281
　——の発展プロセス　296
　——の分割　152
　——の遍在性　4
　——の目標形成プロセス　14
　——の有効性　132, 134
　情報処理システムとしての——　82
　人間の集合としての——　155
　プロセスとしての——　24
　プロフェッションの——　355
　文鎮型の——　177
　ルースな結合の——　111
組織化　25
組織開発　158, 200, 286
組織学習　298
　安定的段階における——　303
組織学習サイクル　300
組織間関係の概念　92
組織間関係論　93
組織間コンフリクト　263
組織慣性　107
　——への制約　108
組織均衡　43, 45, 296
組織均衡論　42
　——の中心的公準　42
組織形態　105
　——についての強い慣性　117
組織構造　56, 143, 280
　——の概念　58
　——の精巧化　303
組織効率　147
組織サイズ　147
組織セラピー　284
組織的知識創造　323
組織デザイン　163
組織デモグラフィー　294
組織ドメイン　70

組織内コミュニケーション　8
組織風土　185
組織文化　189, 199, 281
　――の解読　187
　――の機能　282
　――の形成　186
　――の破壊　290
　柔軟な――　288
組織文化変容メカニズム　282, 283, 285, 289
組織変化　158
　――の認知　184
組織変革　200, 224, 279
組織目標　121, 122
　――の形成過程　125
　――の水準　130
　――の複雑性　124
組織有効性指標　133
　――のダイナミクス　135
組織有効性の4つの側面　135
組織らしさ　197
組織理論の基本定理　66
組織ルーティン　115, 298
組織論　3, 12, 380
　――の発展　376
ソーシャル・リアリティ　195

● た　行

大企業　5
大企業病　149
第三セクター　361
退出障壁　108
対人スキル　245
対人的影響　229
対人的なネットワーク　245
体制づくり　232
代替性仮説　235
代替的選択肢　377
代替的な取引関係の開発　102
代替目標　358
第2段階学習　301
ダウンサイジング　153
多角化戦略　71, 102, 277

タスク・アイデンティティ　179
タスク・オーガニゼーション　155
タスクの種類の多さ　152
タスクフォース　241
達成動機説　215
タテマエとホンネ　286
多能工化　179
脱官僚制化現象　158
ダブル・ループ学習　301
多様性　179
短期適応　59, 271, 298
探索のモード　320
探索プロセス　32
知識の高度化　4
地方自治体　346
チャンドラー（Chandler, A. D.）　277
チャンドラー・モデル　277
注意力　120
中心的権力集団　321
長期適応　59, 271, 298
超高齢社会　362
調整・統合のコスト　57
強い文化　197
TOB　81
抵抗問題への対処　329
ティシー（Tichy, N.）　238
低次学習　301
ディバナ（Devanna, M. A.）　238
ディマジオ（DiMaggio, P. J.）　366
テイラー（Taylor, F. W.）　377
適応　210
適材適所　155, 157
テクノストラクチャー　11
デザインする人間　376
デザイン要素　151
デシ（Deci, E. L.）　223
伝達　25
動機　121
動機づけ　21, 212
動機づけ要因　215
動機づけられる人間　34, 376
統合担当者　87
投資家　51

投資計画　13
同質性　192
統制力の集中　99
淘汰の圧力　105
同調と逸脱　240
同僚による統制　356
特性論アプローチ　236
トップマネジメントの支援　154
トーマス(Thomas, K.)　255
ドメインの決定　68, 163
ドメインの定義　50
トリスト(Trist, E.)　172
取引関係　69
取引コスト　72
　——の決定要因　73
取引コスト・アプローチ　72
トンプソン(Thompson, J. D.)　163, 171

● な　行

内部監査能力　77
内部告発者　257
内部志向　134
内部組織のデザイン　69
内部プロセス・モデル　135
内部労働市場　74
　——の利点　77
内容説　212
ナサンソン(Nathanson, D. A.)　278
ニア(Near, J. P.)　257
ニッチ　106
二要因説　215
人間関係モデル　135
人間関係論　240
人間の行動　26
　——の説明　35
人間の動機的側面　377
認知ギアの切り換え　319
ネットワーク組織　369
能率　45, 56, 133
野中郁次郎　323

● は　行

ハイコストの社会　370
ハイブリッド人材　284
配慮　232
ハウス(House, R. J.)　237
バエツ(Baetz, M. L.)　237
パーキンソン(Parkinson, C. N.)　150
　——の法則　150
バーク(Burke, R. J.)　266
パスゴール・モデル　235
ハーズバーグ(Herzberg, F.)　215
ハーセンフェルド(Hasenfeld, Y.)　351
ハックマン(Hackman, J. R.)　179, 180, 219
場としての影響　9
バーナード(Barnard, C. I.)　11, 230
　——の定義　20
パフォーマンス・ギャップ　198
ハムナー(Hamner, W. C.)　217
バムフォース(Bamforth, K. W.)　172
パラプロフェッション　357
パワー関係　249
パワーの行使　92, 127
パワーバランスの変化　328
パワー・ポリティックス　250
バーンズ(Burns, J. M.)　238
バーンズ(Burns, T.)　85
判断と実行の区分　154
ハンディ(Handy, C.)　366
PM論　233
ヒエラルキー　144, 151
　——に伴う役割行動　243
比較静学的モデル　271
非公式組織　23
肥大化　149
非対称的な依存関係　99
人と人の信頼関係　367
ヒューマン・オーガニゼーション　155
ヒューマン・サービス組織　350, 352
　——の経営管理　358

ファヨール(Fayol, H.) 377
不安除去学習 299
フィードラー(Fiedler, F. E.) 234
フェイス・トゥ・フェイス・コミュニケーション 325
フェスティンガー(Festinger, L.) 195
フェファー(Pfeffer, J.) 95
不確実性 82
──への組織の対応 84
普及プロセス 112
複雑性の増大 5
不適応 210
部分環境 66
部門間の調整 87
フラットなピラミッド構造 353
フリードマン(Friedman, A.) 217
フリーライダー的行動 78
プレスマン(Pressman, J.) 202
ブレーム(Brehm, J. W.) 257
プロジェクトチーム 241
プロッタス(Prottas, J. M.) 351
プロフェッショナリゼーション 356
文化・社会への影響 6
分化と統合 85
分業化 151
分業と統合 5, 56
文書重視主義 145
文脈説 212
ベッカー(Becker, H. S.) 221
ベールズ(Bales, R. F.) 233
ペロー(Perrow, C.) 164, 171
変異 109, 110
変化への抵抗 328
変革の過程 200
変換体系 44
ベンソン(Benson, J. K.) 201
ホイッスルブロワー 257
方向転換 289
報酬システムの構造 155
包摂 103
方法論的個人主義の限界 13
法や規制 98
保持 110, 114

ホーソン研究 240
ポーター(Poter, M. E.) 117
ポーター(Porter, L. W.) 219
ボランタリズム 363
ボランティア 363
ポリティカル・マネージャー 246
ホール(Hall, R. H.) 149
ボールディング(Boulding, K. E.) 21
ホロン 326
ホワイト(Whyte, Jr., W. H.) 10
ポンディ(Pondy, L. R.) 252, 254

● ま 行

マイナー(Miner, J. B.) 246
埋没コスト 108, 308
マウデイ(Mowday, R. T.) 221
マクレランド(Mclleland, D. C.) 215
マズロー(Maslow, A. H.) 213
マーチ(March, J. G.) 307, 310
マトリックス組織 87, 159
マートン(Merton, R. K.) 158
マネジメント
──の細密化 177
移行状態の── 329
会議の── 241
集団の── 238
満足化ルール 31
ミシガン研究 232
未熟な組織内関係 262
三隅二不二 233
ミセリ(Miceli, M. P.) 257
民間非営利組織 363
ミンツバーグ(Mintzberg, H.) 146, 169, 245
──の構造モデル 146
無関心域 230
無関心圏にある要求 101
村八分 240
メンバーシップ 366
燃え尽き症候群 211
目 標 121
──の置換 275
──の逐次的注目 132

目標間コンフリクト　131
目標設定モデル　219
持株会社　278
モチベーション　181, 224, 377
モチベーション管理　207, 224
　　内発的――　223
モニタリング・コスト　72, 76
モニタリング能力　100
問題解決過程　377
問題主導型探索　321

● や 行

役割の状況適合　234
役割分化　234
誘因の信頼性　109
誘因‐貢献　44
弱い文化　197
有機的管理システム　85
有限責任制度　79
有効性　45, 56
有能さのワナ　310
ゆでガエルシンドローム　313
要求の知覚　100
ヨコ・コミュニケーションの発達　353
欲求説　212
世　論　7

● ら 行

ライン　154, 261
ラウ（Lau, A. W.）　245
利益計画　13
利害関係組織　94, 309

利害関係の対立・競合　261
利害者集団　94
利害ブロック　352
リスキーシフト　242
リーダーシップ　140, 231, 281
　　――の二次元構造　233
　　カリスマ的――　237
　　管理者の――　244
　　行動のスタイルとしての――　232
　　変革的――　238
リッカート（Likert, R.）　224, 238
リッチな経験　319
リットビン（Litwin, G.）　185, 198
リプスキー（Lipsky, M.）　345
流　行　7
ルイス（Louis, M. R.）　319
ルーサンス（Luthans, F.）　217
ルース・カップリング　354
レヴィン（Lewin, K.）　184
レービス（Lewis, P.）　238
レビット（Levitt, B.）　310
連結ピン・モデル　239
労働者　52, 98
労働と余暇　222
ローシュ（Lorsch, J.）　87
ロビンス（Robbins, S. P.）　254
ローボウ（Rohrbaugh, J.）　134
ローラー（Lawler, E. E.）　179, 219
ローレンス（Lawrence, P.）　87

● わ 行

ワイク（Weick, K. E.）　120, 326
ワーカホリック　212

組織論〔補訂版〕
Orgnization Theory

1998年4月20日	初版第1刷発行
2010年3月20日	補訂版第1刷発行
2025年7月20日	補訂版第13刷発行

ARMA 有斐閣アルマ

著 者	桑田 耕太郎（くわだ こうたろう）
	田尾 雅夫（たお まさお）
発行者	江草 貞治
発行所	株式会社 有 斐 閣

郵便番号　101-0051
東京都千代田区神田神保町2-17
https://www.yuhikaku.co.jp/

印刷・製本　共同印刷工業株式会社
© 2010, Kotaro Kuwada, Masao Tao. Printed in Japan
落丁・乱丁本はお取替えいたします。
★定価はカバーに表示してあります。

ISBN 978-4-641-12412-7

JCOPY　本書の無断複写（コピー）は、著作権法上での例外を除き、禁じられています。複写される場合は、そのつど事前に（一社）出版者著作権管理機構（電話03-5244-5088, FAX03-5244-5089, e-mail:info@jcopy.or.jp）の許諾を得てください。